21世纪经济管理精品教材
工商管理系列

推销与谈判技巧

黄聚河◎著

清华大学出版社
北京

内 容 简 介

本书是作者在长期专注推销与商务谈判的学术研究，以及本科教学和企业培训的基础上几易其稿，以著作形式呈现给大家。该书最大的特点是理论体系完整、营销理念先进、原理通俗易懂、案例解析透彻、操作指导性强。书中引用了大量的视频案例、图片、游戏、延伸阅读等内容，只要你扫描书中二维码就能生动地呈现眼前，使学习变得生动、形象、趣味、简单。让人一看就明白，一学就会用。它既是市场营销专业的适用教材，又是企业销售团队培训的优选讲义，更是推销员自学的好帮手。

本书封面贴有清华大学出版社防伪标签，无标签者不得销售。
版权所有，侵权必究。举报：010-62782989，beiqinquan@tup.tsinghua.edu.cn。

图书在版编目（CIP）数据

推销与谈判技巧 / 黄聚河著. —北京：清华大学出版社，2020.6（2024.8重印）
21世纪经济管理精品教材. 工商管理系列
ISBN 978-7-302-52288-1

Ⅰ. ①推… Ⅱ. ①黄… Ⅲ. ①推销－高等学校－教材 ②贸易谈判－高等学校－教材 Ⅳ. ①F713.3 ②F715.4

中国版本图书馆 CIP 数据核字（2019）第 024478 号

责任编辑：杜　星
封面设计：李召霞
责任校对：宋玉莲
责任印制：沈　露

出版发行：清华大学出版社
网　　址：https://www.tup.com.cn，https://www.wqxuetang.com
地　　址：北京清华大学学研大厦 A 座　　邮　编：100084
社 总 机：010-83470000　　邮　购：010-62786544
投稿与读者服务：010-62776969，c-service@tup.tsinghua.edu.cn
质 量 反 馈：010-62772015，zhiliang@tup.tsinghua.edu.cn
课 件 下 载：https://www.tup.com.cn，010-83470158
印 装 者：大厂回族自治县彩虹印刷有限公司
经　　销：全国新华书店
开　　本：185mm×260mm　　印　张：15　　字　数：333 千字
版　　次：2020 年 6 月第 1 版　　印　次：2024 年 8 月第 5 次印刷
定　　价：39.80 元

产品编号：082128-01

前言

提起推销,有人想到的是没完没了的电话、死缠硬磨的劝说、以次充好的骗术等,于是对推销行为深恶痛绝,对推销职业避若瘟疫;还有人想到的是财源滚滚,一夜暴富,于是对推销行业心生向往。其实这都是对推销的片面解读,其原因是有人曾经有过被死缠硬磨甚至吃亏上当的经历或身边人有一年上百万销售收入的事例。我们不否认,社会上确实存在一些曲解营销和推销、为达目的而不择手段的害群之马玷污了推销职业,给人们留下了不良的印象。

其实,真正的推销是神圣的职业。推销员是人们幸福的使者,他们通过自己辛苦的工作(用产品或服务)帮助顾客解决了生活和工作中的难题,帮助顾客享受生活、追求快乐。正如世界推销大师齐格勒所言,如果你向顾客推销产品只是为了自己多赚钱,那你顶多是一个为生计奔波的小贩;如果你向顾客推销产品是为了顾客的利益,那么你才是推销的行家。因为在顾客需求得到满足的同时你也得益。所以,真正的推销是以满足顾客需求为核心,是买卖双方互惠互利的双赢。所有不顾顾客需求而强行推销的行为都是对推销职业的亵渎。从实际工作的效果来看,不择手段、强行推销的业务员不仅不能做大、做久,甚至会遭人唾骂;只有以满足顾客需求为核心的交易才能维系顾客忠诚,并能把事业做大做强。

从另一角度讲,推销应当是现代人必备的生存技能和社交手段。英国散文家塞缪尔·约翰逊(Samuel Johnson)曾经这样说:"每个人在某种程度上都是商人:他不是购买东西,就是推销东西。"你劝说安慰别人、论文答辩、求职面试、说服领导、交友求爱……无一不在向别人推销你的知识、观念、能力甚至自身,几乎你在职业生涯中所做的每件事,都与推销有关。所以,推销是所有现代人必备的技能,如果你不具备这一技能,就处理不好人际关系、无法与别人和谐相处,会让人觉得你"情商低"。

再从职业角度来看，推销几乎是打造"强人"的熔炉。为提高说服能力，你需要学习训练说话及沟通技巧，长此以往你会发现自己由性格内向、天生怯弱的胆小鬼，变成在大庭广众侃侃而谈的演说家；为了能与各种各样的顾客找到共同话题，你需要学习和掌握各方面的社会知识，逐渐成为一个博学多才、受人尊敬的智者；为了培养回头客和顾客忠诚度，你需要建立广泛的人脉并结交铁杆朋友，使你朋友遍天下、条条道路能走通；为了成功达成交易，你必须忍受身体、精神等各方面的痛苦，逐渐让自己变得坚强、豁达；推销职业的高收入又能让你和家人过上有品质的生活……所以，朋友们，要想成熟、强大、富有，需认真学习现代推销。

笔者从事推销与谈判技巧方面的教学、科研和实践长达 30 年，曾为数百家企业的销售团队主持过推销技能方面的培训，也在企业兼任过销售管理工作，积累了大量的理论素材和实战经验。10 多年来，笔者在本科教案和企业培训讲义的基础上几易其稿，今天终于将这方面的研究成果和工作经验以书籍形式呈现给大家。该书最大的优点是理论体系完整、案例解析透彻、操作指导性强。书中引用了大量的视频案例、图片、游戏、延伸阅读等内容，只要你扫描书中二维码就能马上阅读这些内容，使学习变得生动、形象、趣味、简单。本书既是本科市场营销专业的适用教材，又是企业销售团队培训的优选讲义，更是推销员自学的好帮手。让人一看就明白，一学就会用。当然，书中肯定存在不足，期望广大读者批评指正。同时，本书在写作过程中借鉴了许多国内外专家学者的研究成果，在此一并表示感谢。

黄聚河

2019 年 9 月于天津

目录

第1章 推销概述 ··· 1
 1.1 推销及其特点 ···································· 1
  1.1.1 推销的概念 ·································· 1
  1.1.2 推销与市场营销的关系 ························ 2
  1.1.3 推销的特点 ·································· 4
 1.2 推销的基本任务与步骤 ···························· 5
  1.2.1 推销的基本任务 ······························ 5
  1.2.2 推销的基本步骤 ······························ 7
 1.3 如何学习推销技巧 ································ 9
  1.3.1 为什么要学习推销技巧 ························ 9
  1.3.2 学好推销技巧应注意的问题 ···················· 10

第2章 推销原理 ··· 12
 2.1 推销方格理论 ···································· 13
  2.1.1 推销员方格 ·································· 14
  2.1.2 顾客方格 ···································· 15
  2.1.3 推销员方格与顾客方格的关系 ·················· 16
 2.2 推销公式 ·· 17
  2.2.1 吉姆公式 ···································· 17
  2.2.2 爱达公式 ···································· 19
  2.2.3 迪伯达公式 ·································· 21
  2.2.4 费比公式 ···································· 26
  2.2.5 SPIN 模式 ··································· 27

第3章 成功推销员的基本条件 ···························· 29
 3.1 应具备的营销理念 ································ 30
  3.1.1 营销理念的类型 ······························ 30
  3.1.2 推销员树立现代营销理念的重要性 ·············· 31

3.2 应具备的个性特点 ·· 32
3.2.1 气质与性格 ·· 32
3.2.2 仪表与装束 ·· 35
3.2.3 说话语气与交谈习惯 ·· 36
3.2.4 礼貌与规矩 ·· 36
3.2.5 人品及敬业精神 ·· 37
3.2.6 社会知识与灵活处事态度 ·· 38
3.2.7 团队意识及协作精神 ·· 39
3.2.8 应当克服的痼癖和习惯 ·· 40
3.3 应具备的知识与能力 ·· 41
3.3.1 应具备的知识 ·· 41
3.3.2 应具备的能力 ·· 42

第 4 章 推销员的管理 ·· 45
4.1 推销员的招聘 ·· 45
4.1.1 明确招聘标准 ·· 45
4.1.2 招聘的途径 ·· 46
4.1.3 发布招聘广告 ·· 47
4.1.4 面试 ·· 50
4.1.5 笔试 ·· 54
4.2 推销员的培训 ·· 55
4.2.1 培训体系与方法 ·· 55
4.2.2 培训内容 ·· 55
4.2.3 训练的方式 ·· 57
4.2.4 训练的实施 ·· 57
4.3 推销员的报酬管理 ·· 59
4.3.1 制定推销员报酬制度的原则 ·· 59
4.3.2 确定推销员报酬水平的依据 ·· 60
4.3.3 推销员报酬制度的类别 ·· 60

第 5 章 目标顾客的购物心理 ·· 64
5.1 顾客的心理活动过程 ·· 66
5.1.1 顾客的心理活动 ·· 66
5.1.2 顾客对推销的认识过程 ·· 66
5.1.3 顾客对推销的情感过程 ·· 67
5.1.4 顾客对推销的意志过程 ·· 68
5.2 顾客的购买动机分析 ·· 69
5.2.1 动机的含义及作用 ·· 70

  　　5.2.2　顾客的购买动机模式 ·· 71
  　　5.2.3　顾客的具体购买动机 ·· 72
  　　5.2.4　不同性别的消费心理特点 ·· 74
  　　5.2.5　不同年龄段消费者的购买心理特点 ···································· 77
  　　5.2.6　不同性格特征的消费者特点 ··· 80
　5.3　合理利用顾客心理启发劝购 ·· 83
  　　5.3.1　顾客购买动机的可引导性 ·· 83
  　　5.3.2　如何运用顾客心理进行劝购 ··· 83
  　　5.3.3　启发顾客购物的要诀 ·· 85
  　　5.3.4　准确把握顾客购物心理规律的脉搏 ···································· 89

第 6 章　寻找可能买主的技巧 ·· 92

　6.1　可能买主的界定 ··· 93
  　　6.1.1　可能买主的含义 ··· 93
  　　6.1.2　可能买主的验定 ··· 93
　6.2　寻找可能买主的方法 ·· 94
  　　6.2.1　充分利用商品使用的最佳场合寻找可能买主 ······················· 95
  　　6.2.2　建立无限扩大的联系链条寻找可能买主 ······························ 95
  　　6.2.3　在自己的交际圈中寻找可能买主 ······································· 95
  　　6.2.4　想方设法接近能够发挥影响力的核心人物寻找可能买主 ········· 96
  　　6.2.5　派初级推销员寻找可能买主 ··· 96
  　　6.2.6　发放宣传材料寻找可能买主 ··· 96
  　　6.2.7　查阅有关资料寻找可能买主 ··· 96
  　　6.2.8　通过咨询寻找可能买主 ··· 97
  　　6.2.9　个人观察寻找可能买主 ··· 97
  　　6.2.10　利用新媒体吸引可能买主 ··· 97
　6.3　可能买主购买资格的判断 ··· 98
  　　6.3.1　推测可能买主手头是否充裕的方法 ···································· 98
  　　6.3.2　如何全面评价准顾客 ·· 99
  　　6.3.3　可能买主资料库的准备 ··· 100

第 7 章　拜访可能买主的技巧 ·· 103

　7.1　拜访前的准备工作 ·· 104
  　　7.1.1　制订拜访计划 ·· 104
  　　7.1.2　准备主要问题及应对方法 ·· 105
  　　7.1.3　物质方面的准备 ··· 105
  　　7.1.4　整理行装、仪容 ··· 106
  　　7.1.5　提前预约 ·· 107

7.2 如何拜访可能买主 ························ 115
7.2.1 接近可能买主的任务 ···················· 116
7.2.2 接近可能买主应注意的问题 ············ 117
7.2.3 拜访可能买主的具体技巧 ··············· 117
7.3 洽谈的技巧 ·································· 121
7.3.1 洽谈的语言技巧 ························· 122
7.3.2 面谈中谛听的技巧 ······················· 124
7.3.3 面谈中询问的技巧 ······················· 126
7.3.4 洽谈时应对的技巧 ······················· 129
7.3.5 产品说明的技巧 ························· 129

第 8 章 应对拒绝、化解异议的技巧 ············ 136
8.1 顾客异议及其作用 ·························· 137
8.1.1 顾客异议的含义 ························· 137
8.1.2 顾客异议的作用 ························· 137
8.1.3 顾客异议的种类 ························· 138
8.2 化解顾客异议的原则及步骤 ··············· 140
8.2.1 化解顾客异议的原则 ···················· 140
8.2.2 消除顾客异议的步骤 ···················· 142
8.3 处理顾客异议的具体方法和技巧 ········· 143
8.3.1 直接驳正法 ······························ 143
8.3.2 间接否认法 ······························ 144
8.3.3 转化法 ····································· 145
8.3.4 截长补短法 ······························ 146
8.3.5 反问巧答法 ······························ 147
8.3.6 置之不理法 ······························ 148
8.3.7 价格异议的化解技巧 ···················· 149
8.3.8 货源异议的化解技巧 ···················· 151
8.3.9 购买时间异议的化解技巧 ··············· 153

第 9 章 成交技巧 ··································· 155
9.1 成交失败的主要原因分析 ·················· 155
9.1.1 害怕失败 ································· 156
9.1.2 理亏心怯 ································· 157
9.1.3 觉得没有必要采取行动 ················· 157
9.1.4 脑子不灵活 ······························ 157
9.1.5 有思想禁忌 ······························ 157
9.2 成交的基本策略 ····························· 158

	9.2.1 学会捕捉成交信号	158
	9.2.2 把握成交机会，适时成交	159
	9.2.3 消除心理障碍，促成交易	159
	9.2.4 正确对待顾客的否定	160
	9.2.5 创造单独洽谈环境，防止第三者介入	160
	9.2.6 如何在成交关头把握自己	161
9.3	成交的具体方法	162
	9.3.1 直接请求成交法	162
	9.3.2 暗示成交法	163
	9.3.3 假定成交法	163
	9.3.4 选择成交法	164
	9.3.5 小点成交法	165
	9.3.6 异议成交法	166
	9.3.7 最后一分钟成交法	167
	9.3.8 对犹豫不决顾客的成交方法	167
	9.3.9 "大T"成交法	168
	9.3.10 对挑三拣四顾客的成交方法	168
	9.3.11 激将成交法	169
	9.3.12 欲擒故纵成交法	169
	9.3.13 从众成交法	170
	9.3.14 最后手段成交法	171

第10章 如何做好售后服务 173

10.1	成交后如何分手	174
	10.1.1 可以对买主道谢，但不可谢个没完	174
	10.1.2 不要以胜利者自居，不可一世	175
	10.1.3 给顾客留下美好的印象，不可冷漠	175
10.2	未成交如何分手	175
	10.2.1 未能成交也要留下你的微笑	175
	10.2.2 为"再来"拜访创造机会	176
10.3	做好售后服务	177
	10.3.1 核验订货	177
	10.3.2 调整订货规模	178
	10.3.3 安装与使用	178
	10.3.4 收罗新的可能买主	178
	10.3.5 进一步检查顾客是否满意	179
	10.3.6 巩固友谊	179
	10.3.7 做好售后随访	180

第 11 章　商务谈判技巧 ·· 182

11.1　商务谈判概述 ·· 182
11.1.1　商务谈判的基本概念 ··· 182
11.1.2　商务谈判的类别 ··· 184
11.1.3　商务谈判三要素 ··· 186

11.2　商务谈判前的准备工作 ··· 187
11.2.1　知己知彼 ··· 187
11.2.2　谈判地点的选择 ··· 191
11.2.3　谈判计划书的拟订 ·· 193

11.3　商务谈判的过程 ·· 194
11.3.1　开局 ·· 194
11.3.2　报价 ·· 195
11.3.3　僵持（讨价还价） ··· 196
11.3.4　拍板、签约 ··· 197

11.4　商务谈判的策略与技巧 ··· 198
11.4.1　报价策略与技巧 ··· 198
11.4.2　让步策略与技巧 ··· 209
11.4.3　拒绝策略与技巧 ··· 215
11.4.4　最后通牒策略与技巧 ··· 219

参考文献 ·· 227

第1章 推销概述

你想过富裕的生活，就朝富商去努力

案例背景：一个乞丐在地铁出口卖铅笔。这时过来了一位富商，他向乞丐的破瓷碗里投入了几枚硬币便匆匆离去。过了一会儿，富商回来取铅笔，对乞丐说："对不起，我忘了拿铅笔，我们都是商人。"

几年后，这位富商参加一次高级酒会，一位衣冠楚楚的先生向他敬酒致谢并告知说，自己就是当初卖铅笔的乞丐。自己生活的改变，得益于富商的那句话：我们都是商人。

案例赏析：设想，如果乞丐一直没能遇到这样一位商人，自己一直未能觉醒，一直没有成为富商的梦想，一直认为自己只能做一名乞丐，也许，他的人生就少了一份成功。

因此，自己要能给自己定位：你认为自己只能做乞丐，当然你就只能做乞丐；你认为自己也可以成为富商，并往这个方向去努力，你很有可能会成为富商。朋友们，这对你有何启发呢？你愿意过富裕的生活吗？就将自己定位为富商，并去努力吧！

1.1 推销及其特点

1.1.1 推销的概念

提起推销，我们每个人都不陌生，生活中处处有推销。从商家尽心尽力地推广产品，到应聘者极尽所能地展示自己，再到求爱者倾其所有地打动爱人……推销活动几乎无处不在。在生活中，推销并不仅仅是一种促销手段，更是一种日常生活方式，是一种生存和发展的技能，是现代人必备的生存技能之一。

众所周知，推销活动作为一种社会的经济现象，它的历史悠久，几乎可以追溯到商品经济的原始阶段。当人类社会第一次出现商品这个概念时推销就应运而生。最原始的推销形式是以物易物，原始部落的人聚在一起，互相交换本部落剩余的产品，交易完成之后，大家满意而归。第三次社会大分工时商人出现了，专门从事商品交换的商人就成了人类历史上的职业推销员。战国时代的诗人屈原在《天问》中写道："师道在肆后何识？鼓刀扬声后何喜？"记录了姜太公在朝歌这个城市贩卖肉食的场面。文中"鼓刀"即屠宰，"扬声"是叫卖。姜太公大声叫卖，招徕生意，可算是中国推销员的鼻祖了。商品经济越发达,推销就越重要。张骞出使西域,郑和七次下西洋,可以说是向世界人民展示我国优秀产品和文化文明的伟大推销壮举。

在国外,推销活动也是源远流长。自从货币出现后,早期的罗马商人便沿街吆喝和叫卖。到美国独立时,小贩们成群结队地骑马长途兜售商品已十分普遍。从某种意义上说,资本主义的商品经济发展史就是一部推销发展史。关于推销学的研究与书籍,最早出现在美国。19世纪末20世纪初,美国生产过剩,导致产品积压滞销,影响了企业的生存和经济的发展。为了解决销售问题,一些学者开始对产品推销进行研究,随后出现了关于推销技巧和推销人员培训方面的教科书,进而确定把推销作为一门学科加以研究。

自从推销的概念出现后,学者和企业经营者都在对其研究和应用。其含义也随着不同时期、不同国家、不同的生产经营实践在不断演变。

1960年,美国市场营销学会(AMA)认为:推销是人员或非人员的行动过程,其目的在于帮助或说服潜在顾客购买某种商品或劳务,或者使潜在顾客接受一种对销售人员具有商业意义的观念,并按照这种观念行事。

这一概念的宗旨就是如何让顾客接受推销人员的观念和思想,从而接受所推销的产品、服务或生活方式。

日本是亚洲国家中引进市场营销理论及方法较早的国家之一,而且在应用方面效果显著。日本推销行家从实战的角度认为:推销就是热情,就是战斗,就是勇气,就是勤奋地工作,就是忍耐,就是执着地追求,就是时间的魔鬼,就是与拒绝打交道的职业。

澳大利亚的推销学家认为:推销是说服人们需要你的商品和劳务或意见,它是一种具有发现和说服双重作用的活动——发现人们的需要,并说服他们采用你的商品或劳务以满足其需要的活动。

这一概念和之前的概念相比有了显著的改进,它强调推销不仅是让顾客接受你的商品或劳务,还要以满足顾客需要为前提。

我国学者在对国外推销概念研究的基础上提出了逐步完善的定义。最具代表性的是侯铁珊在《推销原理与技巧》中提出的概念,即推销是推销员确认、激活顾客的需求,引起注意,激发兴趣,并说服顾客购买,满足其需要,达到双方互惠互利目标的一种促销活动。

这一概念相对完整和准确,它包含了四个方面的内容:①发现:找准并满足顾客的需要;②说服:打动顾客,使其主动购买;③利益:不只是向顾客推销商品,还要达到双方互惠互利;④情感:推销过程既是交易过程又是人际沟通、情感交流过程。

1.1.2 推销与市场营销的关系

1. 推销与市场营销的区别

许多人认为市场营销就是推销,这种看法是错误的。为准确说明两者的关系及区别,我们首先看一下如图1-1所示的市场营销冰山模型。

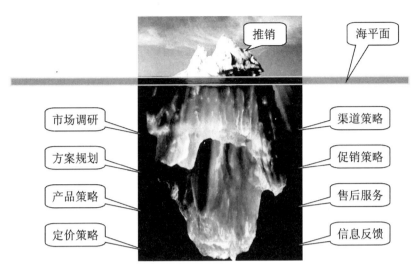

图 1-1 市场营销冰山模型

从市场营销冰山模型可以看出，若把整个冰山看作市场营销，那么，推销只是海平面上面的部分。也就是说，推销只是营销冰山的 1/10，而大量的营销工作在海平面的下面，若没有下面这些环节的支撑，推销冰山也浮现不出来。

由于最初的市场营销（marketing）主要是围绕如何解决产品积压问题展开的，再加上市场营销所有工作的最后成果都要通过把产品卖出去才能体现。所以长期以来许多人把推销误认为是市场营销。

简单地说，营销可以理解为"营"和"销"，市场营销更强调营，营就是海平面下面的各个环节。没有营好，是不可能销好的。例如产品不能满足顾客的需求，怎么推也不可能卖出去。市场营销的出发点是顾客需求，而推销的出发点是现有产品或服务。

推销并非是营销，推销仅仅是市场营销的内容之一。著名管理学家彼得·德鲁克曾经指出，"可以设想，某些推销工作总是需要的，然而营销的目的就是要使推销成为多余，营销的目的在于深刻地认识和了解顾客，从而使产品或服务完全地适合他的需要而形成产品自我销售，理想的营销会产生一个已经准备来购买的顾客，剩下的事就是如何便于顾客得到产品或服务……"美国营销学权威菲利普·科特勒认为，"营销最重要的内容并非是推销，推销只不过是营销冰山上的顶点……如果营销者把认识消费者的各种需求、开发适合的产品，以及订价、分销和促销等工作做得很好，这些产品就会很容易地销售出去"。正如这两位著名学者所述，营销不是推销。营销工作早在产品制成之前就开始了。企业营销部门首先要确定哪里有市场，市场规模如何，有哪些细分市场，消费者的偏好和购买习惯如何。营销部门必须把市场需求情况反馈给研究开发部门，让研究开发部门设计出适应该目标市场的最好的可能产品。营销部门还必须为产品走向市场而设计定价、分销和促销计划，让消费者了解企业的产品，方便地买到产品。在产品售出后，还要考虑提供必要的服务，让消费者满意。所以说，营销不是企业经营活动的某一方面，它始于产品生产之前，并一直延续到产品售出以后，贯穿于企业经营活动的全过程。

2. 推销与市场营销的联系

从现代营销的角度讲，企业市场营销的主要内容包括营销环境分析，目标市场选择与市场定位，产品策略，价格策略，渠道策略，促销策略，品牌战略等。推销只是促销的一种手段，而促销是市场营销的一个环节。若把市场营销看作一棵大树，推销就是其中的一个树枝。

市场营销理论是推销的理论基础之一，"以消费者为中心"的营销理念也是推销最基本的指导思想。成功的推销是建立在有效的市场营销基础之上的。推销与其他营销策略和促销手段相辅相成、互相配合，共同支撑着企业的营销活动。

若把市场营销比作一棵大树，每个分枝是市场营销活动的各个环节，如图1-2所示。从图中可以看出，促销是市场营销大树的一个分枝，那么人员推销只是促销分枝中的一个小树枝。若把推销看成是市场营销，就相当于用一个小树枝代替了整棵大树。

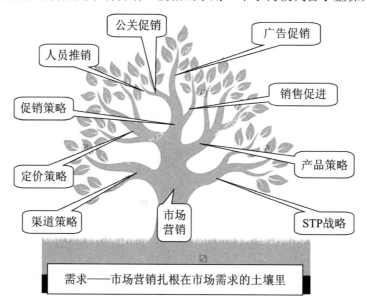

图1-2 营销树形结构示意图

1.1.3 推销的特点

从推销与市场营销的关系来看，推销是与广告促销、公关促销、销售促进不同的促销手段，那么，它有什么特点呢？

1. 推销以说服为核心

说服是推销的主要手段，在现代社会，推销活动的基本手段和方法已经发生了很大变化，但语言艺术仍然是劝导顾客购买的必要手段。同时，推销员可以借助现代的通信工具、运输工具、宣传工具，配合企业的产品策略、价格策略、分销策略及公关、广告活动使用个人的推销策略和技巧。说服顾客的关键有：①语言艺术，沟通技巧；②宣传手段；③证据。

2. 推销以顾客为导向

推销目的具有双重性。推销活动的参与者推销员和顾客在这个过程中所要达到的目的是不同的。推销员希望以有利于自己的条件卖出商品，赚到钱；而顾客则想以尽可能少的代价得到商品，满足需求。双方的目的都能实现，交易才能达成。所以，推销是一种互惠互利的活动。在推销活动中，推销员的行为具有更大的主动性。他不仅要认识到买卖双方的不同要求，而且要把握好顾客的购买目的和购买动机，帮助顾客解决问题，满足其需要。在顾客受益的同时，自己也能达到目的。概括地说：①推销是一种互利互惠活动；②只有顾客需求满足了，推销的目的才能达到。

3. 推销过程是信息传递过程

一方面，推销员向潜在顾客传递有关产品、企业、市场、服务的信息；另一方面，潜在顾客对来自卖方的信息作出反应或传递新的信息，这种信息沟通不断进行，直到推销过程完结。这种双向信息沟通是广告宣传、公共关系等促销方式所不具备的特征。推销是推销员和顾客"心对心、面对面"的挑战。

4. 推销活动重视人际关系

推销要想成功，必须赢得顾客的信任。信赖感大于实力，销售的97%都在建立信赖感，3%在成交。推销能让你广交朋友，建立良好的人脉网络。

5. 推销活动要受到各种推销环境的制约和影响

（1）人文及政治法律环境。

（2）社会对推销活动的看法。

（3）从业者的看法和素质。

（4）推销手段。

人们的生活会受到各种自然环境和社会环境的制约，同样，人们的消费需求也会受到种种市场环境的影响和制约。这些环境因素包括：人口环境、经济环境、地理环境、技术环境、政治法律环境、文化环境、道德环境、国际环境等。

1.2 推销的基本任务与步骤

1.2.1 推销的基本任务

概括地说，推销工作的基本任务就是推销员用自己辛勤的劳动或服务帮助顾客认识自己的某种需要，并满足这种需要。

具体地说，推销工作的主要任务就是通过寻找潜在的顾客，向其展示所推销的商品，说明商品的功能和效用，采用商品效用比较法、经济利益核算法等方法和技巧，帮助潜在的顾客了解推销的商品，刺激和唤起顾客对所推销商品的购买欲望，促进购买。

1. 寻找潜在的顾客

推销不是漫无目的地逢人就问，见门就敲。推销员必须首先找准自己的推销对象，才能顺利地开展推销工作，提高成功率。推销员不仅要与现实的顾客保持联系，服务于现有的客户，更重要的是不断寻找潜在的顾客，不断开拓新的销售市场。因此，寻找潜在的顾客是推销员的首要任务。所谓潜在的顾客是指某一些消费者对所推销的商品存在需要，并且也具备一定的购买力，通过推销员的工作唤起这部分消费者的购买欲望，使其消费需要由潜在的转化为现实的。潜在的顾客可以是个人，也可以是机构组织。

寻找潜在的顾客是推销员一项基本任务，只有找到潜在的顾客，才可能进行拜访、沟通信息，并达成协议，满足顾客的需要，实现推销的目标。

2. 收集信息并双向沟通

推销是买卖双方信息相互沟通的过程。推销就是通过与现实的或潜在的顾客取得联系，推销员将所推销的商品的特点、种类、功能、价格和所在地等信息以及生产和销售该商品的企业的有关信息传递给推销对象；而顾客则把自己的需要、购买力和购买要求反馈给推销员的过程。通过买卖双方的信息相互沟通实现商品的销售和顾客需要的满足。推销信息沟通过程如图1-3所示。

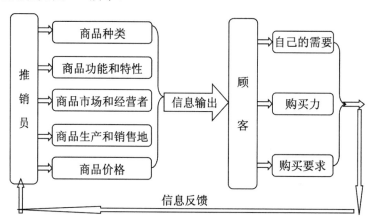

图1-3 推销信息沟通过程

推销员首先要正确选择信息及输出方式，透过信息扩散去影响和说服顾客。推销的效果如何取决于信息的可靠性、及时性、准确性和可接受性。顾客或潜在顾客接受信息，理解和消化后，启动购买欲望，形成购买行为。

同时，推销员在信息传递出去以后，还必须跟踪进行市场调研，了解目标顾客对信息的接受状况，对所推销商品的接受程度和购买行为的变化。将顾客的需求、市场状况，特别是顾客的新需求或不满、建议等信息及时反馈给企业。这些信息对下一步产品研发、营销策略调整等具有重要的作用。

3. 销售商品

销售商品是推销的中心任务，推销员通过接近和面谈与顾客达成交易。实现商品销售的过程主要分为以下三个阶段。

（1）准备阶段。推销员在接近某一特定的目标顾客之前，必须对目标顾客的基本情况有所了解，分析目标顾客的需要、现实和潜在的购买力和购买行为，以便积极主动地刺激顾客的需求，创造需求。同时，根据有关资料，准备样品和说明书等信息工具。

（2）接近阶段。这是推销员与目标顾客相互接触、洽谈的过程。接近顾客时，要选择适宜的切入口，采用推销对象欢迎的方式或话题开始，争取顾客的好感。

接近顾客主要有以下两种途径。

①根据目标顾客的需要和所推销商品的特性,提出经济或技术方面的问题进行讨论,用交流沟通方式接近顾客。

②通过提供有关资料介绍商品,为顾客提供商品的信息;或者通过了解顾客的困难,有目的地给予帮助,通过提供服务接近顾客。接近顾客时,要学会打开僵局,即使遭到拒绝也不泄气,要用自己的宽容和自信去说服对方,开创新的推销局面。

(3)成交阶段。这是目标顾客接受推销员的建议并作出购买决定的过程。推销员要及时抓住成交信号,进一步提示推销重点和优惠条件,达成交易。

4. 提供服务

提供服务是推销的基本职能之一。销售商品不是推销过程的终点,推销不仅要把商品销售给顾客,而且要在销售商品的过程中,根据顾客的实际需要提供各种服务,向顾客展示所推销的商品信誉和企业形象。提供服务主要有以下几种形式。

(1)销售服务。向顾客介绍商品、帮助顾客选择商品,提供送货上门、消费信贷等服务,方便顾客,促进购买。

(2)技术维修服务。向顾客讲解、示范或提供技术培训,使顾客能够掌握所推销商品的使用、保养和简单的维修技术;并为顾客安装和调试商品,定期或不定期上门为顾客维修所推销的商品,解除顾客购买的后顾之忧。

(3)信息服务。向顾客提供所推销商品的相关信息,诸如材料来源、价格、市场供求状况、配件供应等,方便顾客进行比较,从而作出购买决定。

1.2.2 推销的基本步骤

推销工作是个循序渐进的过程,不能急于求成。一般情况下,推销要遵循如图1-4所示的六个步骤来进行。

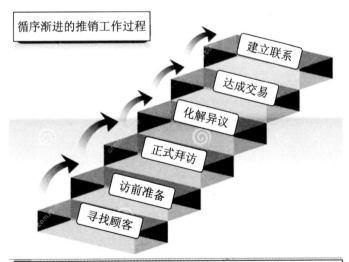

图1-4 推销工作步骤

1. 寻找顾客

所谓寻找顾客，就是指推销员主动找出潜在顾客即准顾客的过程。准顾客是指对推销员的产品或服务确实存在需求并具有购买能力的个人或组织。寻找顾客是推销程序的第一个步骤，对于能否成功推销起着重要的作用。

由于推销是向特定的顾客推销，推销员必须先确定自己的潜在顾客，然后再开展针对性的推销工作。寻找顾客实际上包含了这样两层含义：一是根据推销品的特点，提出有可能成为潜在顾客的基本条件。这个基本条件框定了推销品的顾客群体范围、类型及推销的重点区域。二是根据潜在顾客的基本条件，通过各种线索和渠道，来寻找符合这些基本条件的合格顾客。

2. 访前准备

拜访前准备越充分，拜访时应对就越从容，成功的概率也自然就高了。一般情况下，拜访前要做好以下几方面的准备。

（1）物质准备

包括宣传资料、样品、证明材料、展示工具、礼品、合同等必备物品。

（2）应对准备

顾客可能提哪些问题或异议，应怎样回答或应对。这些问题都要在出发前认真准备。

（3）心态准备

推销不是旅游，特别是想到即将面对顾客很多难听的话和拒绝，许多推销员不免会产生紧张心理。推销本身就是与拒绝打交道的职业，迈过这个坎儿前面就是光明。要多想想你是帮助顾客解决难题、满足其需求而来的。你是顾客幸福生活的使者，同时你的辛勤回报将使家人过上富足的生活。为了顾客的需求，为了你和家人的幸福，还有什么困难不能克服，还有什么理由紧张不安呢！

（4）行动准备

一是制订好拜访计划，包括拜访客户的目的、拜访方式、时间及路线安排，交通工具的选择，突发情况应对等。二是做好电话预约。三是个人形象准备。

3. 正式拜访

正式登门拜访，要注意第一句话怎么说，如何引起顾客的好感，如何介绍及展示商品等。无论是语言接近还是动作接近，都要注意完成三个任务：争取注意、引起兴趣、转入洽谈。

4. 化解异议

面对推销员，顾客习惯性的举动就是拒绝。在作出购买决定前，为使自己购买最合适，顾客自然会吹毛求疵、讨价还价，这是顾客的权利或避免上当的自然反应。所以推销员要正确看待顾客的异议，并用合理的方法化解顾客的异议，最终达成交易。

5. 达成交易

当成功化解完顾客异议后，成交的时机就到来了。这时，推销员要果断抓住时机提议成交。成交的具体策略与方法后面章节将详细介绍。

6. 建立联系

对推销员来说，每一次成交等于在这个世界上又多了一个信任你的人。客户关系对营销者来说就是最大的资源，与顾客建立良好的关系不只是培养回头客，还能通过老顾客推荐新顾客。所以要及时留下客户的电话、微信、邮箱等联系方式，并保持良好沟通，并逐步建立顾客忠诚度。

1.3　如何学习推销技巧

1.3.1　为什么要学习推销技巧

当代美国著名的推销员乔·吉拉德说："每一个推销员都应以自己的职业为骄傲。推销员推动了整个世界，如果我们不把货物从货架上和仓库里面运出来，美国整个体系的钟摆就要停摆了。"当然，今天的推销不仅是推销商品，更多场合是为了推销自己，而人际沟通是现代人的基本生存技能。

1. 人人都需要推销

每个人都会涉及推销，即使你不是专业销售人员。除非你在一个不需要与任何人打交道的环境中生存。英国散文家塞缪尔·约翰逊（Samuel Johnson）曾经这样说："每个人在某种程度上都是商人：他不是购买东西，就是推销东西。"你在职业生涯中所做的每一件事，都是在推销理念、产品、观点、人员。因此，我们每个人都应学习怎样专业地推销。克莱斯勒公司的前董事长李·亚科卡（Lee Iacocca）相信，推销技巧是任何人取得成功的关键因素，"我认识许多很有见解的工程师，他们在向其他人介绍时有麻烦。当一个天才向外界介绍他头脑中的想法时，他总是很紧张、很害羞。这都是缺乏推销技巧的表现。"最近笔者受邀为一家律师事务所进行了一个为期3天的有关销售技巧的培训，内容从怎样与你的客户保持眼睛的交流，到怎样在甚至不知道客户的麻烦时就能知晓公司的法律问题。培训后，律师们普遍认为推销对他们真的很重要。

推销让你学会跟各种人打交道，学会如何交朋友、如何赢得别人的好感。推销有利于提高你的情商，特别对于性格内向、不善沟通的人来说，推销是挑战自我、完善自我的极好方法。

一项研究显示，成功的管理者往往善于与人合作，不成功的管理者则做不到这一点。斯坦福的研究机构表明，一个人所赚的钱只有12.5%由他的知识决定，87.5%由他处理人际关系的能力决定。卡耐基基金（Carnegie Foundation）的一项为期5年的研究表明，一个人获得工作、保持工作以及推进工作，15%决定于他的知识，85%决定于他与人打交道的能力。

2. 推销是富有吸引力的职业

从职业角度讲，推销员的收入比公司中的其他白领高，因为推销员都有较高的销售提成。高收入可以让你和家人过上有品质的生活。

3. 推销岗位晋升机会最多

一般来说，推销员三年就可以混出个模样来（最容易做出业绩）。在企业的高管人员中，40%～60%是从业务员中提拔上来的。

4. 推销员掌握的客户资源多

客户资源是最大的财富,推销员认识很多客户,这些客户资源就是你今后事业发展的基础。

5. 推销员人际交往广泛

推销员经常和客户接触,社交面极为广泛。好人缘是开拓自己事业的基础,市场经济是交际经济,要使自己的事业和生活顺风顺水,就需要有众人相助。

6. 推销职业是培养商人的摇篮、造就富翁的梦工厂

推销就是如何做生意,交易经验、客户资源、资金的积累为成为成功商人奠定了良好的基础。

1.3.2 学好推销技巧应注意的问题

推销既是一门科学也是一门艺术。作为一门科学,它有许多规律可循;作为一门艺术,它需要大量的实践积累和升华。所以,要想学好这门科学和艺术,必须注意以下几点。

1. 树立强烈的成功意识

俗话说,不想当将军的士兵不是好士兵。只有树立强烈的成功意识、具有强烈成功欲望的人,才能经受历练、承受失败的打击。才能坚定信念、永不言败、勇往直前。很多人做销售就怕被拒绝,其实销售就是从应对拒绝开始的。顾客的每一次拒绝都是在为你通向成功的台阶添砖加瓦。

2. 系统学习专业知识及专业素养

正如前面所述,推销只是市场营销冰山的顶端,只是整个市场营销的1/10。没有系统的市场营销专业知识和专业素养,仅靠几招推销招数是很难成功的。有些业务员认为,推销靠的是"厚黑学",靠的是拼酒量,靠的是关系。我们承认,在改革开放初期,这些手段确实起到过作用。但今天随着企业家素质的普遍提高,随着我国物质及精神文明建设的不断进步,特别是技术化、信息化、知识化的快速发展,原来的老一套做法处处碰壁,不再灵验了。他们在与营销本科毕业的年轻人销售竞赛中纷纷败下阵来,终于体会到"没文化,太可怕啦!"

3. 为人诚实、自信,注重建立广泛人脉

诚信是人品之本,也是经商通则,没有诚信的人是无法在商海立足的。另外,人际关系是推销成功的基础,要想学好推销技巧,就必须重视处理人际关系,学会如何交朋友。

4. 多研究分析营销案例

见多才能识广,尽量多去研究分析营销案例,无论成功的还是失败的。只有多研究案例才能巧妙借鉴、触类旁通。同时还要多实践,多思考。

5. 善于总结经验教训

俗话说,失败是成功之母。成功的推销员会把每次失败的教训变成往上走的一步步台阶,不会在同一地点摔倒两次。不成功的推销员不论是失败还是成功的经历都可能演变成上升的障碍。有效的做法是不断总结:若失败了,分析是哪个环节没处理好,哪句话没说好,假如重新来一遍应该怎么做;若成功了,也要分析这次的成功之处在哪,并记载下来。这些经验教训要经常温习,不断思考,终究有一天你会发现它的作用。笔者在企业兼职做销售管理时,就要求手下所有业务员每月记推销日志,一开始他们抵触,坚持一年后普遍感觉进步很大。

延伸阅读 1

不当总统就当推销员——一名推销员的心路历程

思考题

1. 什么是推销?推销与市场营销有何区别与联系?
2. 推销的基本过程是什么?
3. 推销职业有何吸引力?为什么推销技巧对每个人都很重要?
4. 学好推销技巧应注意哪些方面?

第 2 章

推 销 原 理

奇妙的 SPIN 销售法

案例背景： 推销员运用 SPIN 销售法成功地说服了客户，以下是销售过程。

推销员：王主任，您好，听说咱们公司的产品在市场上销售得特别好，主要都是在国内销售，是吗？

客户：不完全是国内，也有 20% 左右是出口的。

推销员：公司产品走向了国际，销量又这么好，那咱们一年的销售额非常可观吧？

客户：还行吧，大概 5 亿，每年都以 30% 的速度增长。

推销员：真是了不起，咱们公司主要有几方面的支出啊？

客户：主要是原材料、人员工资、办公费用、水电费等。

推销员：是啊，这几项支出都蛮大的，咱们工厂的电费一年大约是多少？

客户：800 万元左右。

推销员：哇，这么高，咱们工厂没有安装节电设备吗？

客户：没有。

推销员：电费的开支在你们运行成本中占多大比例啊？

客户：除去原材料和人员工资以外，就是电费，居第三位。

推销员：除了电费惊人，您是否注意到 7—9 月这三个月电压也不稳？

客户：的确是这样，工人们反映那几个月电压有时偏高，有时偏低，不过这种情况并不多。

推销员：民用高峰期电压不足，电压偏高对你们费用的支付意味着什么？

客户：那肯定会增加我们实际的使用量，使我们不得不支付额外的电费。

推销员：除了支付额外的电费，电压偏高或不稳对你们的电机有什么影响吗？

客户：电压高和不稳会缩短电机使用寿命，增加维护和修理的工作量与费用。严重时可能直接损坏设备，使生产不能正常进行，甚至全线停产。

推销员：有没有因电压不稳损坏设备的情况发生，最大的损失有多少？

客户：有，去年发生了两起，最重的一起是烧毁了一台大型烘干机，直接损失就达 50 万元。

推销员：如此说来，节约电费对咱们工厂控制成本非常重要！

客户：是呀，节流就是增效。

推销员：是啊，这么多问题也够您烦的了，我这里有一份既节约电费又能稳定电压的解决方案，不知您感不感兴趣？

客户：可以呀！

推销员：您看这个项目要走什么流程？我还需要同哪些领导沟通啊？

客户：我要向陈总汇报一下，他主管采购。

推销员：对啊，这肯定要同陈总沟通。陈总会对此事有什么看法？

客户：陈总很着急，特别想尽快解决这件事，生产部的申总催得也很紧。

推销员：那陈总主要关心哪些问题呢？

客户：陈总咨询了一些专家，也了解了很多方案，就是想要一个既可以节约电费又可以稳定电压的方案。

推销员：陈总对哪家公司的产品比较满意呢？

客户：除了价格以外，陈总比较满意南方节能公司的产品，其他几家公司的产品价格相差不大，但性能方面没有太多保障。

推销员：南方节能公司和你们公司接触得多吗？

客户：好像同申总挺熟的，听说他们是校友。

推销员：是主抓生产的申总吧，他们是校友？

客户：是的，他们接触比较多，南方节能公司也是申总介绍过来的。

推销员：除了陈总外，技术方面有哪些人要参与这个解决方案？

客户：技术方面主要是厂里的高祥工程师。

推销员：高工程师倾向于哪家公司？

客户：高工程师倾向于石家庄电器设备厂的产品，看重的是产品耐用，安全性能好，操作又简便。

推销员：除了你们三个，还会有其他人参与决策吗？

客户：财务的石总也会参与，比较大的采购项目我们都是集体讨论。

推销员：王主任，谢谢你，我们的合作是非常符合公司发展要求的，您觉得是这样吗？

客户：是的，你们的方案很不错，我们会通知你们投标的。

案例赏析： 推销人员按照情景性（situation）、探究性（problem）、暗示性（implication）、解决性（need-payoff）的思路，首先了解客户现状并称赞客户生产经营的情况，其次探查客户在一片大好形势下可能存在的问题，然后分析这一问题继续下去的危害和严重性，最后提供解决这一问题的方案。这种销售技巧循循善诱、丝丝入扣，很容易赢得顾客好感并达成交易。

2.1　推销方格理论

推销活动是推销员与顾客打交道的过程，在这个过程中，双方都会有一定的心理活动，形成各自的心理状态。不同的推销心态往往会带来不同的推销效果。美国管理学家罗伯特·R. 布莱克教授和 J. S. 蒙顿教授曾以"管理方格理论"而蜚声经济学界。在此基础上,他们研究了推销员和顾客之间的人际关系与买卖关系,提出了推销方格理论(sale grid)。

2.1.1 推销员方格

推销员方格理论认为,推销员在进行推销工作时,应该有两个心理目标:一是把产品卖出去,完成推销任务;二是与顾客建立良好的人际关系,以便日后开展业务。在具体的推销活动中,推销员追求两种目标的心理态度就构成了推销方格。

罗伯特·R.布莱克和J.S.蒙顿教授用一个平面坐标系中的第一象限的图形来表示推销员方格,如图2-1所示。纵坐标表示推销员对顾客的关心程度,横坐标表示推销员对完成推销任务的关心程度。两个坐标值都从1到9。坐标值越大,表示关心程度越高。每一个方格交点就代表一种推销员的心理态度或推销风格。其中,(1,1)、(9,1)、(1,9)、(5,5)、(9,9)是五种典型的推销风格。

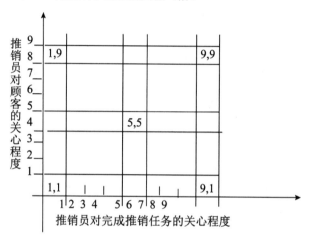

图 2-1 推销员方格

1. 事不关己型——(1,1)型

(1,1)型推销员对推销成功与否及顾客感受的关心程度都是最低的。事不关己型的推销员对本职工作缺乏责任心。究其原因,也许是主观上不愿做推销工作,当一天和尚撞一天钟;也许是客观上对工作不满意。例如,有些企业把销售任务分配到每一名员工身上,那些非销售部门的员工就不满意,甚至抵触,也不可能善待顾客。

2. 强行推销型——(9,1)型

这部分推销员认为,既然由我负责这一顾客,并向其硬性推销,我便应施加压力,迫使其购买。因此,他们为提高推销业绩,不惜采用多种手段,全然不顾顾客的心理状态和利益。

强行推销不但损害了顾客的利益,而且损害了企业的市场形象和产品信誉,导致企业的经济利益受损,最终使推销活动和推销员给顾客留下极坏的印象,影响了推销行业的发展。

3. 顾客导向型——（1，9）型

持这种心态的推销员认为，我是顾客之友，我想了解他并对其感受和兴趣作出反应，这样他也会喜欢我。建立了私人感情可促使他购买我的产品。他们可能是不错的人际关系专家，因为他们始终把与顾客处好关系放在第一位，但并不是成熟的推销员。因为在很多情况下，对顾客的百依百顺并不能换来交易的达成。这其实是强行推销的另一种表现。正确的推销要求把顾客的利益和需要放在第一位，而不是把顾客的感受摆在首位。

4. 推销技术导向型——（5，5）型

持有这种心态的推销员既关心推销效果，也关心顾客。他们往往有一套行之有效的推销战术，注重揣摩顾客的心理，并善加利用这种心理促成交易。他们可以凭经验和推销技术诱使顾客购买一些实际上并不需要的东西，因此，他们可能会有极佳的推销业绩。但这类推销员仍然不是理想的推销员。他们放在首位的是顾客的购买心理，而不是顾客的利益和需要。

5. 解决问题导向型——（9，9）型

这类推销员把推销活动看成是满足双方需求的过程，把推销的成功建立在推销员与顾客双方需求的基础上。从现代推销学角度讲，这类推销人员是最理想的推销专家。这种推销的心理态度是最佳的推销心态。

世界超级推销大师齐格勒说："假如你鼓励顾客购买很多的商品只是为了自己可以多赚钱，那你就是一个沿街叫卖的小贩；假如你鼓励顾客购买很多的商品是为了顾客的利益，那你就是推销的行家，同时你也得益。"

2.1.2 顾客方格

用同样的方法可以建立起顾客方格。顾客购买也至少有两个目的：一是在有利的购买条件下购买合适的商品来满足自己的需求（对完成购买的关心程度）；二是与推销员建立良好的人际关系（对推销员的关心程度）。把顾客对推销员的关心程度作为纵坐标，把顾客对完成购买的关心程度作为横坐标，便构成了顾客（购买）方格，如图 2-2 所示。在所有方格中，也有以下五个典型的购买风格。

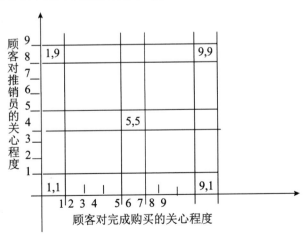

图 2-2 顾客方格

1. 漠不关心型——（1，1）型

具有这种心态的顾客既不关心推销人员，对购买行为也不关心。其原因是根本不需要推销员所推销的商品或没有购买决策权。

2. 防卫型——（1，9）型

防卫型又称购买利益导向型。他们只关心如何以更佳的条件购买商品，而对推销员不但不关心，反而极为反感，甚至敌视。这类顾客可能受传统观念的影响，认为"无商不奸"或者有受骗上当的经历，认为推销员都是骗子。对待持这种心态的顾客，推销员应首先推销自己，消除对方的防范意识，然后再推销产品。

3. 软心肠型——（9，1）型

这是一类情感型的顾客，他们对推销员极为关心，尤其体谅推销员的心情和处境。所以，他们也许只是因为推销员热情周到，认为推销员工作辛苦而感动并购买产品。软心肠型的顾客自然是所有的推销员都希望碰到的顾客。

4. 干练型——（5，5）型

顾名思义，这类顾客有商品知识和购买经验，在与推销员打交道时显得非常聪明，既考虑到自己的购买，又关心推销人员，非常合作。但干练型的顾客与推销员打交道时摆在首位的是显示自己的知识、经验、聪明、公正、宽容等，而不是自己的真正需要，是否购买受个人的心理影响较大。

5. 寻求答案型——（9，9）型

这是最成熟的购买人。他们了解自身的需要，通过倾听推销员的推销介绍，分析问题所在，购买合适的产品或服务来满足自身的需要，解决存在的问题，他们的购买行为是理智的。

2.1.3 推销员方格与顾客方格的关系

推销方格理论可以帮助推销员更清楚地认识到自己的推销能力，更深入地了解自己的推销对象，掌握顾客的心理特征。各种心态的推销员与顾客接触，哪一种搭配能导致推销成功呢？布莱克教授和蒙顿教授给出了推销方格与顾客方格的关系表，如表2-1所示。

表2-1 推销员方格与顾客方格的关系

推销风格 \ 购买风格	漠不关心型（1，1）	防卫型（1，9）	干练型（5，5）	软心肠型（9，1）	寻求答案型（9，9）
解决问题导向型（9，9）	+	+	+	+	+
强行推销型（9，1）	0	+	+	0	0
推销技术导向型（5，5）	0	+	+	−	0
顾客导向型（1，9）	−	+	0	−	0
事不关己型（1，1）	−	−	−	−	−

注：表中"+"号表示推销取得成功的概率高；"−"号表示失败的概率高；"0"表示成功与失败的概率大体相当。

从表 2-1 中可以看出，解决问题导向型的推销员无论遇到什么类型的顾客都有成功的可能性。事不关己型的推销员则几乎没有推销成功的可能性。而在实际工作中，各种类型的推销员的推销业绩的确符合这一规律。

推销方格理论可以给予我们什么启示呢？

（1）成功的推销，一个重要因素就是推销员的推销风格与顾客的购买风格相一致。

（2）客观地说，由于人的局限性，世界上不存在任何情况下都有效的推销风格。

（3）每个人只要热爱推销工作，都可以去做推销。但要取得成功的推销业绩，推销员不仅要搞清楚自己的推销风格，学会用正确的态度去对待顾客，而且也要学会如何应对不同态度的顾客。

2.2　推 销 公 式

推销本没有公式，因为没有放之四海而皆准的推销模式。所谓推销公式，就是推销专家们根据推销活动的特点和对顾客购买活动各阶段心理演变的分析，以及推销员应采用的策略等进行系统归纳并经实践检验后，总结出的一套程序化的标准公式。以使我们的推销新人少走弯路，提高推销的成功率。

在实践中，由于推销活动的复杂性、市场环境的多变性和推销员自身能力的差异性，推销员要针对具体的推销目标，灵活运用这些推销公式。既需要掌握推销活动的基本规律性，又不被标准化的推销公式束缚。

2.2.1　吉姆公式

吉姆公式（GEM），又称为自信公式（图 2-3）。即推销员必须相信自己推销的产品（G）、相信自己所代表的企业（E）、相信自己（M）。吉姆公式强调和培养推销员的自信心，推销的成功与否与推销员的自信心有着密切的关系。如果连推销员都不相信自己所推销的产品，他怎么可能说服顾客；推销员自己对所代表的企业充满信心，才可能努力工作；同时推销员还必须对自己的推销能力充满自信，才具备战胜困难的决心和毅力。推销成功是产品、企业和推销员综合作用的结果。

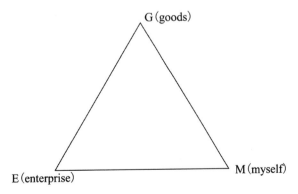

图 2-3　吉姆公式

1. 相信自己所推销的产品

企业在销售产品之前,要对推销员进行产品知识的培训。推销员本身也要积极主动地熟悉即将要推销的产品,了解产品的功能和效用,并与同类竞争产品比较,看到本企业产品的长处,相信自己的产品,热爱自己所推销的产品。但在实际推销活动中,真正热爱自己的产品的推销员并不多。据有关资料表明,只有20%的推销员是专家和成功者,他们熟悉自己的产品,对自己的产品充满信心;另有20%的基本合格推销员,他们能够正确认识自己所推销的产品,并积极宣传产品的长处;而60%的推销员属于得过且过的一族,他们谈不上对自己所推销的产品有什么热爱和信任,只是不得已而为之。这就是所谓推销员评判的"二、二、六"法则。一个推销员若要取得推销的成功,必须真正了解和熟悉自己的产品,对自己的产品充满信心,满怀爱心地宣传推销,才可能取得良好的推销效果。

2. 相信自己所代表的企业

现代企业制度的推行,企业有选择推销员的权利,同时推销员也可以自由选择企业。推销员进入哪一家企业都是自愿的。因此,推销员对自己所选择工作和服务的企业应该是满意和信任的,相信自己所工作和代表的企业是从事推销工作的重要前提。具备了这种信任,推销员在工作时就会充满信心,从而产生推销激情,并为自己所代表的企业和所推销的产品感到自豪。但企业的产品质量和信誉是推销员相信企业与产品的基础。企业要努力创造和谐的企业文化环境,树立良好的企业形象和个性,提供满意的售后服务,为推销活动铺就宽阔的大道,提升推销员对所服务企业的信任感。

3. 推销员必须相信自己

推销员若要取得推销的成功,要对每一次产品推销都充满必胜的信心。要相信自己的推销工作能力,相信自己的辛勤劳动会换来丰硕的推销成果。推销员的自信心是建立在专业技术培训和成功的推销经验的基础上。推销员是一种专业技术工作岗位,在上岗前必须进行专业技术培训,掌握一定的推销技能,从而建立自信心。推销员要使顾客对自己的企业和产品充满信心,他自己必须先对企业和产品充满信心。而推销的成功经验对建立这种自信是十分有益的。在激烈的市场竞争中,要保持推销工作没有"失败"的记录是不现实的。推销工作的主管必须在推销员受到挫折时,给予他们理解、支持和鼓励,而不是指责,使他们重新树立必胜的信念。为了避免挫伤推销员的自信心,销售主管应实事求是地分析遭受"拒绝"或"失败"的原因,指导和帮助推销员总结经验,分析目标顾客的特殊性,并针对这种特殊性,拟定相应的推销策略。从而使推销员鼓起勇气,战胜困难,取得推销的成功。推销员要获得成功的动力,其经验有以下两种。

(1)采取先易后难的循序渐进方法,先寻找容易达成交易的顾客,其后再对付难缠的业务,以此逐步增强推销员的自信心。

(2)在推销失败时决不放弃,但可以在推销成功时停手。若能常常回忆自己的成功,就可以保持旺盛的推销热情和积极性。

吉姆公式表明,向顾客推销任何一种产品,都需要推销员在精神和感情上作出极大的努力才能取得成功。推销员必须做"吉姆公式"的笃信者,相信自己所推销的产品,相信自己所服务的企业,相信自己具有取得推销成功的能力。

俗话说，"不想当将军的士兵不是好士兵"。有自信心的人能够实事求是地估价自己的知识、能力，能虚心接受他人的正确意见，能正确面对挫折和困难，对自己所从事的事业充满信心。

自信心是一种内在的精神力量，它能鼓舞人们去克服困难，不断进步。美国教育家戴尔·卡耐尔在调查了很多名人的经历后指出："一个人事业上成功的因素，其中学识和专业技术只占15%，而良好的心理素质要占85%。"高尔基指出："只有满怀信心的人，才能在任何地方都把自己沉浸在生活中，并实现自己的理想。"战胜逆境最重要的是树立坚定的信心，自信心可以使人藐视困难，战胜邪恶，集中全部智慧和精力去迎接各种挑战。

吉姆公式主要是从推销员如何增强自信心的角度进行总结和提炼的，实际上这一原理也同样适用于推销员如何赢得顾客的信赖。推销员要想赢得顾客的信赖，首先要成功地推销自己，让顾客信任推销员的身份和人品。其次要成功地推销企业及其品牌，让顾客对生产厂家和品牌深信不疑。最后要成功地推销产品，让顾客对产品的功能、卖点、性价比等充分信任。只有做到以上三点，推销人员才能在顾客心中建立信赖感。

视频1—自信心

2.2.2 爱达公式

爱达公式是现代推销学中的一个重要公式，由著名推销专家海因兹·姆·戈德曼总结而成。他认为推销要经过几个不同的发展阶段。即注意力（attention）、购买兴趣（interest）、购买欲望（desire）和购买行动（action）。"AIDA"是这四个英文单词的首字母合写，译为"爱达"。爱达公式指出，一个成功的推销员必须把顾客的注意力吸引或转移到你推销的产品上来，使顾客对你所推销的产品产生兴趣，随之刺激顾客产生购买该产品的欲望，最后促使顾客采取购买行动。

1. 引起顾客注意

（1）说好第一句话

戈德曼认为，顾客最初感兴趣的就是推销员所说的第一句话。如果这个头开得好，顾客就乐意听下去。因此，推销员在开始推销前首先应该考虑以下六个问题。

①我怎样用简单的一句话向顾客介绍这项产品的实用价值？
②为促使顾客坦诚地说出对这一产品的看法，我应向顾客提出哪些问题？
③有哪些既能说明产品优点，又能令顾客信服的实例可以引起顾客的兴趣？
④我怎样帮助顾客解决他的问题？
⑤我能向顾客提供哪些有价值的资料，使他乐于接受我的产品呢？
⑥为了与顾客进行推销谈话，在一开始时，我应该说些什么？

（2）把顾客的利益和问题放在第一位

关注顾客的利益和顾客亟待解决的问题是现代推销方法的一个重要的着眼点。无论用什么理论分析，现实中人们最感兴趣的问题还是切身的利益问题。成为解决顾客问题的专家，说顾客感兴趣的话，推销才能有的放矢，无往而不胜。

（3）保持与顾客的目光接触

"眼睛看着对方讲话"，不只是一种礼貌，也是推销成功的条件。让顾客从你的眼睛里感受到真诚、尊重与信任。抓住顾客的心首先就要捕捉顾客的目光。

（4）与众不同

"他又来了，又是老一套"。这种厌倦的情绪是阻碍顾客的注意和兴趣的。人们都会对习惯的东西熟视无睹。推销工作是有创造性的，学会与别人不同，与自己的过去不同，与顾客的期望不同，让顾客对你和你的工作有新鲜感、好奇心、自然就能吸引顾客的注意力。

2. 引起顾客的兴趣和认同

先要集中顾客的注意力，才能进而引起顾客的兴趣。戈德曼认为，示范是引起顾客兴趣最有效的办法。示范是通过对产品功能、性质、特点的展示以及使用效果的示范表演等，使顾客看到购买产品后所能获得的好处和利益。心理实验表明，听见的事情，3小时后只有10%的人能记住，而见到的事，3小时后仍有70%的人能记住，即所谓的"百闻不如一见"。如果推销时能随身携带样品，一定要展示样品。不能携带的话，可以用模型、照片、图片等作示范。也可以通过纸笔的写写画画进一步向顾客介绍产品。让顾客看看其他顾客签订的合同、推荐信，增加顾客的信任感，也是一种示范。戈德曼关于示范有以下六点提示。

（1）无论哪种产品都要作示范（样品、图表、文字、数据、照片等）。

（2）在使用中作示范、要融入情感。

（3）让顾客亲自参与（亲身体验，易产生兴趣）。

（4）示范过程不要过长、过难，要增加戏剧性。

（5）帮助顾客在示范中得出正确的结论（要及时引导）。

（6）不要过早强迫顾客下结论。

3. 激发顾客的购买欲望

（1）建立与检验顾客对推销的信任。

（2）强化感情。

（3）多方激发顾客的购买欲望。

（4）充分说理。

4. 促使顾客采取购买行为

戈德曼认为，达成交易要具备以下几个条件。

（1）顾客必须完全了解你所推销的产品及其价值。

（2）顾客必须信赖推销员和他所代表的企业。

（3）顾客有购买欲望。

（4）要了解清楚，谁掌握购买决策权。

应用爱达公式开展推销活动，推销员必须通过某种媒介（广告、语言或产品示范等）吸引顾客的注意力。只有顾客对推销员及其产品表示关注时，才有可能采用推销技巧激发顾客对产品的兴趣。在刺激顾客的购买欲望时，关键是要使顾客相信，他想购买这种产品是因为他存在需求，而他所需要的产品正是推销员向他推荐的产品。最后的购买决定应由顾客自己作出，推销员只要不失时机地帮助顾客确认，他的购买动机是正确的，选择该产品满足他的需要是明智的，交易基本就成功了。

爱达公式四个发展阶段的完成时间不是固定的，可长也可短。

推销过程根据交易的规模、交易的对象等的不同可能会历时数月或多年，也可能几分钟就能完成。注意力阶段一结束，购买兴趣在数秒之间就可能产生，而购买欲望阶段则可能需要一个较长的时间。不管怎样，达成交易的可能性总是存在的，这是爱达公式的最终目标。运用爱达公式要根据推销的具体时空和对象，灵活地调整。四个阶段的先后次序可以颠倒，有时候也可以省掉其中某一个阶段，一切围绕着高效率地达成交易展开。如果顾客主动表示对你所推销的产品感兴趣，推销员就没有必要再去吸引他的注意力或唤取他的兴趣，零售商店里就经常出现这种情况。

在具体的推销工作中，可以如下实施爱达公式。

推销员："您好，我是喜乐公司的王涛，我带来了一种新型的调料盒，您看，就是这种。"（A）

顾客："调料盒？我家有，不买！"

推销员："那您的调料盒一定有好几件喽？"

顾客："那当然。你看，这是花椒盒，这是味精盒，这是……"

推销员："真不少，看来您对烹调很内行啊，光调料盒就排了这么一大溜，挺占地方吧？"

顾客："为了吃得可口。没办法。"

推销员：（开始示范产品）"这种调料盒能分装十种调料，可以挂起来，对，就挂这。您看，既卫生，又好看，不占地方，使着特别方便。如果用它，您的厨房就更利索了。"（I）

顾客："看起来是不错，多少钱？"

推销员："5 元钱，一种调料盒仅 5 元钱，挺便宜的。"（D）

顾客："确实不贵。"

推销员："那就把这套给您留下吧？"（A）

顾客："好。给你钱。"

推销员："谢谢！祝您生活愉快！"

2.2.3 迪伯达公式

迪伯达公式（DIPPDA），也是由海因兹·姆·戈德曼在推销实践中总结出来的一种行之有效的推销公式。迪伯达公式把推销过程分为循序渐进的六个阶段。

阶段 1：准确发现顾客的需求与欲望（definition）。

阶段 2：把产品与顾客需要结合（identification）。

阶段 3：证实产品是顾客所需要的（proof）。

阶段 4：促使顾客接受产品（acceptance）。

阶段5：刺激顾客的购买欲望（desire）。

阶段6：促使成交（action）。

1. 准确发现顾客的需求与欲望

前面已经介绍过推销的步骤，发现顾客的需求是现代推销理论的出发点。迪伯达公式强调推销员不仅要了解顾客，还必须了解自己的企业及产品，了解本企业的销售政策，同时还要了解竞争者。要对顾客、本企业和市场三个因素有准确的把握。

发现顾客需求与欲望的主要方法有以下几种。

（1）市场调查预测法。

（2）市场咨询法。

（3）资料查找法。

（4）社交发现法。

（5）同行了解法。

（6）建立信息网络法。

（7）个人观察法。

（8）连锁介绍法。

（9）网络搜索法等。

不管是推销员还是顾客，每个人只要活着就有需求。推销员要培养对顾客需求发觉和引导的职业敏感度，只要找准了需求，推销就容易多了。

例如，一位老太太每天去菜市场买菜、买水果。一天早晨，她提着篮子，来到菜市场。

遇到第一个小贩（第一个销售人员），卖水果的问：你要不要买一些水果？

老太太问你有什么水果？小贩说我这里有李子、桃子、苹果、香蕉，你要买哪种呢？

老太太说我正要买李子。小贩赶忙介绍说，我这个李子又紫又甜又大，特好吃。老太太仔细一看，果然如此。但老太太却摇摇头，没有买，走了。

老太太继续在菜市场转。遇到第二个小贩（第二个销售人员）。这个小贩也像第一个一样，问老太太买什么水果？老太太说买李子。

小贩接着问，我这里有很多李子，有大的，有小的，有酸的，有甜的，你要什么样的呢？老太太说要买酸李子，小贩说我这堆李子特别酸，你尝尝。老太太一咬，果然很酸，满口冒酸水。老太太受不了了，但越酸越高兴，马上买了一斤李子（成功销售一次产品）。

老太太没有回家，继续在市场转。

遇到第三个小贩（第三个销售人员），同样问老太太买什么？（探寻顾客基本需求）老太太说买李子。小贩接着问你买什么李子，老太太说要买酸李子。他很好奇，又接着问，别人都买又甜又大的李子，你为什么要买酸李子？（通过深度提问挖掘顾客需求）

老太太说，我儿媳妇怀孕了，想吃酸的。小贩马上说，老太太，你对儿媳妇真好！儿媳妇想吃酸的，就说明她要给你生个孙子，所以你要天天给她买酸李子吃，说不定真给你生个大胖小子！老太太听了很高兴。（适当的时机夸奖顾客）

小贩又问，那你知道不知道孕妇最需要什么样的营养？（激发出顾客需求）老太太说不知道。小贩说，其实孕妇最需要的是维生素，因为她需要为胎儿供给维生素。这样，您大孙子将来不光又白又胖，还非常聪明。所以光吃酸的还不够，还要多补充维生素（创造顾客需求）。

老太太听后笑着点点头。

他接着问那你知不知道什么水果含维生素最丰富？（引导顾客解决问题）老太太还是不知道。小贩说，水果之中，猕猴桃含维生素最丰富，所以你要经常给儿媳妇买猕猴桃才行！这样的话，才能确保你儿媳妇生出一个漂亮健康的宝宝。

老太太越听越高兴，马上买了一斤猕猴桃。当老太太要离开的时候，小贩说，我天天在这里摆摊，每天进的水果都是最新鲜的，下次来就到我这里来买，还能给你优惠。从此以后，这个老太太每天在他这里买水果。（不但成功销售两次产品，还与顾客建立关系，为下次成交做好铺垫。）

2. 把推销的产品与顾客的需求和欲望结合起来

达成交易，"结合"是一个必要的过程。对顾客而言，这个过程也许是主动的，也许是被动的。主动的结合是推销员努力的结果，而被动的结合必须得到顾客的接受和认可。因此，结合的原则就是：结合必须符合客观实际，牵强的结合只会葬送推销；结合必须令顾客的需求得到满足；结合必须符合顾客的利益；结合必须是可以证实的，通过各种手段令顾客信服；结合的技巧讲究不留痕迹、自然而然。

就结合的形式而言，有语言结合法和行为结合法。前者是通过语言表达，说明产品符合顾客需要的特性；后者是通过推销员的行动把推销活动和满足顾客的需求、解决顾客的问题结合起来，用行动向顾客表明诚意，赢得信任与合作。两种方法一并使用，言行一致，能达到最佳效果。

按照结合的内容来区分，有物的结合、产品整体概念结合、观念结合、信息结合、关系结合等方法。物的结合是指从推销产品的特征上可以体现的结合，推销员善用示范的方法，使顾客了解和接受产品能带来的效用就是物的结合。产品整体概念结合意味着推销是一个系统工程，不仅仅提供给顾客物的满足，还可以提供诸如售后服务、优惠措施等附加利益、品牌效应、社会效益等无形商品方面的满足。推销员应善于利用推销的方方面面，寻找切入点，达到与顾客需求的结合。观念结合法是指推销员与顾客在观念上的认同而达到的结合。如长期合作奠定的信任基础可以使买卖双方进一步合作。朋友关系导致的生意关系也是观念结合在推销上的体现。信息结合是指推销员通过及时地传达适用信息给顾客，从而引发顾客对推销产品的大量需求。现代社会是信息社会，推销员要善于运用各种传播媒介创出推销的光辉业绩。关系结合指利用各种社会关系，每个人都有先天带来的和后天营造的关系网，在推销活动中，关系网产生的能量是巨大的，不仅能传递信息与信任，而且蕴含着需求的宝藏。扩大、营造、利用关系网是推销员的必修课。

从结合的范围与路线分，有两点直接结合法与三点式或多边式结合法。顾名思义，前者是购销直接挂钩，后者是多边的连锁购销关系，其范围涉及产、供、销三大领域。其中任何一个环节与节点，都可以导致产品与需求的结合。

从与顾客关系网结合的不同层面划分，可以有上行关系结合法、下行关系结合法与平行关系结合法之分。上行关系结合法是指推销员寻找对顾客的生产、经营、消费等活动有管理、制约、影响的单位与个人，运用他们的影响使推销与需求结合起来。顾客的下行关系，如其产品与服务的买家，推销员能够保证顾客货畅其流，获得利润，也能够推销成功。顾客的平行关系，个体购买者购买行为的评价者、大众传播媒介等对顾客的生产经营活动有影响的人或单位都是顾客的平行关系户。推销员寻找和了解这些关系，寻求他们的支持和帮助，也能达到推销与需求结合的目的。

从需求的角度，也可以分为如下几种结合法：适应需求结合法，调整需求结合法，引导需求结合法。在对顾客需求的处理上，也有一个适应、调整、引导的过程。推销员不仅要善于发现顾客的需求，用推销工作去满足顾客的需求，同时还要做顾客的良师益友和购买参谋，调整不合理需求和教育引导真正的需求。

3. 证实推销的产品符合顾客的需求

证实就是为顾客寻找购买的理由与证据。理由和证据应该具备客观性、可信性、针对性、全面性、完善性的特征。推销员应努力使自己的推销言之有据。在推销面谈之前的准备工作中，就要收集整理各种证据并排练演示，争取在推销过程中运用自如，达到最佳效果。

（1）证据的种类

人证：老顾客的使用情况。

物证：化验单、鉴定报告、使用测试记录、获奖证书、推荐信、合作意向（或合同）书等。

例证：典型事例（顾客使用前后的效果比较）。

（2）证据获得的渠道

证据获得的渠道有生产现场，销售与使用现场，顾客的自我经验。

（3）证据的形式

证据可以包括文字证据、图片证据、证言、录音录像证据等多种形式。

4. 促使顾客接受所推销的产品

在第三个阶段之后，推销员必须问顾客是否认为所提供的证据真实可信。前三个阶段都是推销员扮演主要角色，顾客则是第四阶段的主角。

推销员在这一步把握的原则就是明确顾客的态度，并对前段推销工作做总结。具体的方法有：①询问法，通过提问的方式，搞清楚顾客对推销的接受程度。②总结法，边推销边总结，强调经过前三步的努力双方达到的共识。③试用法，"免费试用"往往是促使顾客接受产品的一个法宝。④部分接受法，如果不能促使顾客全部接受推销要点，也要让顾客在部分问题与方面上接受产品，这样积少成多，逐步引导顾客接受整个产品。⑤等待接受法，有时顾客因为某种原因无法立即接受产品，推销员就要学会耐心等待，并不断与顾客接触。长时间的等待与积极的推销相结合可以创造良好的业绩。

第 5 阶段刺激顾客购买欲望和第 6 阶段促成购买行为与爱达公式相同，这里不再赘述。

请看下面的例子：

某手表生产商对一些手表零售商店的销售状况进行调查，发现商店的售货员对推销该厂的手表不感兴趣，手表零售商的销售策略也有问题。厂方决定开办一所推销技术学校，并派出厂里的推销代表（包括萨姆纳·特伦顿在内）到各手表零售商店开展说服工作，目的是使他们对开办推销技术学校产生兴趣并积极配合，安排人员参加学习等。特伦顿来到了一家钟表店，运用迪伯达公式对表店的负责人进行了成功的推销。

下面是特伦顿与表店负责人迪尔的对话。

特伦顿："迪尔先生，我这次来这里的主要目的是想向你了解一下商店的销售情况。我能向你提几个简短的问题吗？"

迪尔："可以。你想了解哪方面的情况？"

特伦顿："你本人是一位出色的推销员……"

迪尔："谢谢你的夸奖。"

特伦顿："我说的是实话。只要看一看商店的经营状况，就知道你是一位出色的推销员。不过你的职员怎样？他们的销售业绩与你一样吗？"

迪尔："我看还差一点，他们的销售成绩不太理想。"

特伦顿："完全可以进一步提高他们的销售量，你说呢？"

迪尔："对！他们的经验还不丰富，而且他们当中的一些人现在还很年轻。"

特伦顿："我相信，你一定会尽一切可能帮助他们提高工作效率，掌握推销技术，对吗？"

迪尔："对。但我们这个商店事情特别多，我整天忙得不可开交，这些你是知道的。"

特伦顿："当然，这是难免的。假如我们帮助你解决困难，为你培训商店职员，你有什么想法？你是否愿意让你的职员学习和掌握怎样制订销售计划、赢得顾客、增加销售量、唤起顾客的购买兴趣、诱导顾客作出购买决定等技巧。使他们像你一样，成为出色的推销员？"

迪尔："你们的想法太好了。谁不愿意有一个好的销售班子。不过如何实现你的计划？"

特伦顿："迪尔先生，我们厂为你这些零售商店的职员开办了一所推销技术学校，其目的就是训练这些职员掌握你希望他们掌握的技能。我们特别聘请了一些全国有名的推销学讲师和高级推销工程师负责学校的培训工作。"

迪尔："听起来很不错。但我怎样知道他们所学的东西正是我希望的呢？"

特伦顿："增加你的销售量符合我们的利益，也符合你的利益，这是其一。其二，在制订训练计划时，我们非常希望你能对我们的教学安排提出宝贵的意见和建议。"

迪尔："我明白了。"

特伦顿："给，迪尔先生，这是一份课程安排计划。我们把准备怎样为你培训更好的销售人员的一些设想都写在这份材料上了，你是否把材料看一下？"

迪尔："好吧，把材料交给我吧。"（特伦顿向迪尔介绍了计划）

特伦顿："我已经把你提的两条建议都记下来了。现在，你还有什么不明白的问题吗？"

迪尔："没有了。"

特伦顿："迪尔先生，你对我们这个计划有信心吗？"

迪尔："有信心。办这所学校需要多少资金，需要我们分摊吗？"

特伦顿："你只需要负担受训职员的交通、伙食、住宿费用。其他费用，包括教员的课酬、教学费用、教学工具等，通通由我们包了。我们初步计算了一下，每培训一个推销员，你最多支付45英镑。为了培养出更好的推销员，花费45英镑还是值得的。你说呢？假如经过培训，每个受训职员的销售量即使只增加了5%的话，你也很快就可以收回所支付的这笔费用了。"

迪尔："这是实话，可是……"

特伦顿："假如受训职员的推销水平只是你的一半……"

迪尔："那就很不错了。"

特伦顿："迪尔先生，我想你可以先派3个有发展前途的职员参加第一届训练班。这样，你就知道训练的效果如何了。"

迪尔："我看还是先派两个吧。目前我们这里的工作也比较忙，不能多派了。"

特伦顿："那也是。你准备先派哪两位去受训呢？"

迪尔："初步考虑派……不过，我还不能最后决定。需要我马上作出决定吗？"

特伦顿："你先考虑一下，下周一告诉我，好吗？我给你留两个名额。"

迪尔："就这么办吧！"

2.2.4 费比公式

费比公式（FABE）是由美国俄克拉荷马大学企业管理博士、台湾中兴大学商学院郭昆漠教授总结并推荐的。

F（featuer），即产品的特点，指该产品与其他品牌相比与众不同之处，是差异化的一种体现；这种特点是基于产品本身属性的，如材料、工艺、设备、技术、设计、款式、品牌、产地等方面的独特性。

A（advantage），即产品的优点，指该产品的以上特点带来的优点或优势。如功能、品质、成本、心理、服务等方面的优势或优越性。

B（benefit），即产品的优点给顾客带来的利益，对顾客的好处。如效率、效益、安全、舒适、便利等。

E（evidence），即能证明以上三点真实性的证据，通过证书、证明、照片、操作、示范、销售记录、老顾客的订货凭证、市场流行程度等来证实自己产品的优势和给顾客带来的好处。

例如，以冰箱的省电作为卖点进行介绍。

F（特点）你好，这款冰箱用了最好的压缩机、最好的制冷工艺、最优化的省电设计，它的输入功率小，所以它省电。

A（优势）它每天的用电才0.35度，也就是说3天才用1度电。以前的冰箱每天用电都在1度以上，质量差一点的可能每天耗电达到2度。现在的冰箱耗电设计一般是1度左右。你一比较就知道一天可以为你省多少钱。

B（利益）假如0.8元1度电，一天可以省可以0.5元，一个月省15元。就相当于省下了你的手机月租费。

E（证据）你看它的输入功率是 70 瓦，就相当于一个电灯泡的功率。（利用销售记录）这款冰箱销量非常好，你可以看看我们的销售记录。假如合适的话，我就帮你试一台。

费比公式要求事先把产品特征、优点及带给顾客的利益等列出来，印在纸上，写在清单上，使顾客容易了解，节省顾客产生疑问的时间，减少异议。推销员应事先准备好各种推销用语，即拟好介绍产品、指出优点的销售用语，拟好对产品效用价值作特别介绍的销售用语，拟好刺激顾客购买欲望的销售用语，拟好说明企业文化、企业营销思想的销售用语等，然后把以上各点印在纸上，牢记心中，达到运用自如、脱口而出的程度。

郭昆漠博士将成功的推销与推销额倍增的推销技巧总结为引导顾客购买心理的七个阶段，这七个阶段如下。

（1）引起对方的注意。

（2）引起顾客的兴趣。

（3）使顾客产生联想。出色的推销员应有演员般的表演天才，用生动的语言感染顾客，使其心情愉悦，产生有益于推销的联想。

（4）激发顾客的购买欲望。这是七个阶段中的重要阶段。分三个步骤：第一，让顾客明白你所推销的产品正是他所缺乏的；第二，让顾客相信，你所推销的产品可以满足他的需求；第三，让顾客了解与明白，购买你所推销的产品可以得到各种利益与满足。

（5）给顾客进行比较的机会。一是把顾客要求支付的货币与他所能得到的利益比较；二是把所推销的产品与竞争产品进行比较，使顾客在比较中相信所推销产品的优点。

（6）让顾客信服。

（7）促使顾客下决心采取购买行动。

2.2.5 SPIN 模式

SPIN 模式是尼尔·雷克汉姆（Neil Rackham）先生创立的。尼尔·雷克汉姆先生的 SPIN 销售法是在 IBM 和 Xerox 等公司的赞助下通过对众多高新技术营销高手的跟踪调查提炼完成的。

营销活动一般要经历四个阶段：①开场启动阶段；②调研交流阶段；③能力展示阶段；④买卖承诺阶段。只有上一个阶段完成了才能进入到下一个阶段，但是第二阶段即调研交流阶段是最关键的，在这一阶段的表现将在很大程度上决定营销成功与否，很多营销失败就是营销人员将重点放在了其他阶段而在第二阶段浅尝辄止。SPIN 销售法提供了一种巧干的高效系统方法。

所谓 SPIN，其实就是情景性（situation）、探究性（problem）、暗示性（implication）、解决性（need-payoff）问题四个英语词组的首位字母合成词，因此 SPIN 销售法就是指在营销过程中职业地运用实情探询、问题诊断、启发引导和需求认同四大类提问技巧来发掘、明确和引导顾客需求与期望，从而不断地推进营销过程，为营销成功创造基础的方法。

SPIN 销售法教人如何摸清顾客的实际情况，引发顾客说出隐藏的需求，放大顾客需求的迫切程度，同时揭示自己产品或服务的价值或意义。使用 SPIN 策略，销售员还能够全程掌控长时间销售过程中顾客细微的心理变化。

SPIN 销售法从谈话提问技巧和谈话条理性角度提供了一种全新的营销理念和方

法，为不少欧美高新技术公司所倚重，财富 100 强中的半数以上公司都利用它来训练营销人员。

SPIN 推销模型主要建立在顾客的需求上，因此问顾客所重视的问题是 SPIN 推销模型有效而且成功的主要因素，它的发问程序完全是配合顾客在购买过程中的心理转变而设计的，如本章开篇案例中的情形。因此推销员可以将 SPIN 模型当作销售指南，透过发问来了解顾客心理需求的发展过程，使其了解购买产品或服务的急迫性和重要性。

根据研究显示，成功的推销员所采用的 SPIN 推销模型程序大致如下。

首先，利用情景性问题（situation questions）（例如先生从事什么职业？贵公司销售情况怎样？看您春风满面的，最近生意不错吧？……）来了解顾客的现有状况并建立背景资料库（收入、职业、年龄、家庭状况……），推销员透过资料的收集，方能进一步导入正确的需求分析。此外，为避免顾客产生厌烦与反感，情景性问题必须适可而止。

接着，推销员会以难题性问题（problems questions）（如你的保障够吗？对产品内容满意吗？发生过某某问题吗？等等）来探索顾客隐藏的需求，使顾客透露出所面临的问题、困难与不满足，由技巧性的接触来引起准顾客的兴趣，进而营造主导权使顾客发现明确的需求。

下一步，推销员会转问隐喻性问题（implication questions）使顾客感受到隐藏性需求的重要性与急迫性，由推销员列出各种线索以维持准顾客的兴趣，并刺激其购买欲望。

最后，一旦顾客认同需求的严重性与急迫性，且必须立即采取行动时，成功的推销员便会提出需求—代价的问题（need-payoff questions）让顾客产生明确的需求，以鼓励顾客将重点放在解决方案上，并明了解决问题的好处与购买利益。

然而，并不是所有销售情况都会遵照 SPIN 推销模型的发问顺序，例如：当顾客立即表达明确的需求时，推销员可以立即问需求——代价的问题；有时候推销员在询问隐喻性问题以探索隐藏性需求的同时，需辅以情景性问题来获取顾客更多的背景资料。但是大致而言，多数的销售会遵循 SPIN 模型的发展。

延伸阅读 2
推销心态和心理准备上最可能犯的 10 个错误

思考题

1. 什么是推销方格和顾客方格？推销员应该树立怎样的推销心态？
2. 什么是吉姆公式？如何应用？
3. 什么是爱达公式？如何应用？
4. 什么是费比公式？如何应用？
5. 什么是 SPIN 模式？如何应用？

第3章 成功推销员的基本条件

不轻言放弃是推销员需要具备的首要心态

案例背景： 小赵是一家网络科技公司的销售代表，负责北方地区的电力系统服务器销售工作。第一次去拜访河南省的电力系统时，他将整个省电力局跑了个遍。他首先了解省电力局哪个部门有可能采购电脑，然后逐门逐户地去认识顾客。当他敲开郑州用电处大门的时候，一个年轻的工程师很遗憾地告诉他：用电处马上要采购一批服务器，采用公开招标的形式，但是由于你们的公司以前没有联系过，所以没有将你们公司列入投标名单。而且几天以前就截止发招标书了，得到标书的供应商们已经开始做投标书了，三天以后就开标。工程师接着说："这是我们的第一次采购，最近还会招标，到时欢迎你们投标。"办公室里人来人往，工程师讲完之后，就回到座位去招呼其他人了。小赵一个人站在办公室中间，不知何去何从。

小赵离开用电处，开始给当地IT圈的朋友打电话，了解这个项目的情况。朋友一听这个项目，就劝他不要做了，因为这个项目的软件开发商早已经选定了，不但软件已经开发完了，而且试点都做得很成功，这次招标就是履行程序。小赵想办法弄来这个软件开发商的电话号码，打电话到开发商的总经理那里谈是否可能采用自己的产品，开发商的总经理很客气地拒绝了他的要求：软件开发一直基于另一家公司的硬件，而且投标书已经写好了。他的态度很明确：这次不行，欢迎来谈，以后可以合作。

所有的门似乎都被封死了。顾客的招标书的截止日期已经过了。即使想办法拿到标书，关键的软件开发商又不肯支持，顾客又几乎一个都不认识，时间也很有限。况且要做出投标书，还需要立即请公司的工程师从北京飞到郑州做报价、合同和一份高质量的投标书。总之，如果这时他放弃，其实没有人会责怪他。

但小赵没有放弃，转身又找到用电处的工程师，希望他能够将招标书给他。工程师说，我这里没问题，但是你必须得到处长的同意，处长在省内另外一个城市开会。小赵立即拨通处长的手机，并进行自我介绍，处长说他正在开会，让小赵晚一点儿打过来。

小赵不再有任何犹豫，果断地来到长途汽车站直接搭车赶往处长所在的城市，下车后直奔处长下榻的宾馆。这时已经是中午了，他来到会务组，打听到处长的住处。他上去敲门敲了很久，没人开门，他一推发现门是虚掩的，就缓缓地将门推开。处长正光着膀子躺在床上午休。他进门时处长醒了，正揉着睡眼惺忪的眼睛。小赵上前自我介绍，讲明希望能将标书发给自己。没有谁会愿意在午休的时间被人堵到房间里进行"强行"

推销,处长满面怒容。小赵一直不断道歉着,他向顾客解释:他也知道这样不好,但是他特意从北京飞过来,而且自己的公司在这个领域非常有经验,对顾客的项目应该有所帮助。精诚所至,顾客逐渐原谅了他,松口同意发给他标书。小赵再三感谢以后,火速赶回郑州,当他到达电力局办完手续拿到标书时,已是下班时间了。

虽然拿到标书,但仅仅意味着有了一个机会。于是,小赵请求负责写标书的工程师第二天飞往郑州。他的想法是死马当活马医,输了也没关系,下次投标的时候至少可以混个人熟和脸熟。投标书一定要做得完美,即使死,也要死得漂亮。

这时已经只有两个晚上一个白天了,他们安排好了分工以后,开始行动。三天以后,他们终于将三本漂漂亮亮的投标书交到电力局。为了能够赢得这个订单,他们放出了可以承受的最低价格。开标那天,所有的厂家都聚到顾客的会议室。其他的标很快定了,但讨论服务器的标时,时间很长,他们一直等到晚上。终于,顾客宣布他们中标。

案例赏析:永不言败是推销员需要具备的首要心态。在这个案例中,情况对小赵很不利,他几乎没有获胜的机会,为什么最终却赢得了这个订单?后来小赵问用电处的处长:"为什么您在招标书的截止时间已经过了的时候还是发了标书给我?"用电处的处长说:"你这个小伙子很敬业,居然立即就坐长途汽车来找我,那就给你标书吧!"小赵又询问负责投标的总工程师,总工说:"我进到会议室的时候,所有的投标书都摆在桌上,你们的标书非常抢眼,印刷得很精致,就像一本精装书一样。其他公司的投标书就只有几片纸,这个初始的印象告诉我你们公司值得信赖。再考虑到价格的优势,我就拍板选了你们。"

推销员永不放弃的举止经常会令顾客产生抵触情绪,这时热情的态度可以避免顾客的不快。当处长光着膀子从床上坐起来看见小赵的时候,他的第一个反应一定是不高兴,小赵如果没有热情地向顾客解释,顾客可能会更加不快。小赵的热情是可以传染给顾客的。热情也是推销员需要具备的心态。

对于顾客来讲,最重要的是通过采购的商品创造更大的价值,价格是次要的因素。小赵是帮助顾客实现愿望的关键人物,因为顾客必须与小赵合作才可以得到需要的产品。从这个角度来说,小赵是帮助顾客成功,帮助顾客创造价值或者节约费用的人,而不是从顾客的钱包里赚钱的人。只有抱着帮助顾客成功的心态,推销员与顾客接触时才可以正确调整自己的角色,克服胆怯的心理,并与顾客建立双赢和互信的关系。

3.1 应具备的营销理念

3.1.1 营销理念的类型

市场营销理念是指企业进行经营决策、组织管理市场营销活动的基本指导思想,也就是企业的经营哲学。它是一种观念,一种态度,一种企业思维方式。营销理念贯穿于营销活动的全过程,并制约着企业的营销目标和原则,是实现营销目标的基本策略和手段。市场营销理念正确与否,直接关系到企业营销活动的质量及其成效。无论从历史还是现实来看,企业和其他组织都是在以下四种观念的指导下从事营销活动。

1. 生产观念——生产导向型

生产观念产生于 19 世纪末 20 世纪初。由于社会生产力水平还比较低，商品供不应求，市场经济呈卖方市场状态。表现为企业生产什么产品，市场上就销售什么产品。在这种营销理念指导下，企业的经营重点是努力提高生产效率，增加产量，降低成本，生产出让消费者买得到和买得起的产品。因此，生产观念也称为"生产中心论"。生产观念是指导企业营销活动最古老的观念。曾经是美国汽车大王的亨利·福特为了千方百计地增加 T 型车的生产，采取流水线的作业方式，以扩大市场占有率，至于消费者对汽车款式、颜色等主观偏好，他全然不顾，车的颜色一律是黑色。这是典型的只关心生产而不关心市场的营销理念。

2. 产品观念——产品导向型

该理念认为，消费者或用户最喜欢质量好、性能佳、有特色的产品，只要质量好，顾客自然会上门，顾客也愿意为高质量付出更高的价钱。"酒香不怕巷子深""皇帝女儿不愁嫁"，是这种指导思想的生动写照。概括为一句话就是"只要产品好，不怕卖不掉"。

3. 推销观念——推销导向型

第二次世界大战后，资本主义工业化大发展，使社会产品日益增多，市场上许多商品开始供过于求。企业为了在竞争中立于不败之地，纷纷重视推销工作，组建推销组织，培训推销人员，研究推销术，大力进行广告宣传等，以劝导消费者购买产品。这种营销观念是"我们会做什么，就努力去推销什么"。由生产观念、产品观念转变为推销观念，是企业经营指导思想上的一大变化。但这种变化没有摆脱"以生产为中心""以产定销"的范畴。前者强调生产产品，后者强调推销产品。所不同的是前两种观念是等顾客上门，而推销观念是加强对产品的宣传和推介。

4. 市场营销观念——营销导向型

该种观念认为，实现企业目标的关键是切实掌握目标顾客的需要和愿望，以顾客需求为中心，集中企业的一切资源和力量，设计、生产适销对路的产品，安排适当的市场营销组合，采取比竞争者更有效的策略，满足消费者的需求，取得利润。它强调企业一切目标包括利润目标的实现都必须建立在充分满足顾客需求的基础上。

市场营销观念与推销观念的根本不同是：推销观念以现有产品为中心，以推销和销售促进为手段，刺激销售，从而达到扩大销售、取得利润的目的。市场营销观念是以企业的目标顾客及其需要为中心，并且以集中企业的一切资源和力量、适当安排市场营销组合为手段，从而达到满足目标顾客的需要、扩大销售、实现企业目标的目的。

市场营销观念把推销观念的逻辑彻底颠倒过来了，不是生产出什么就卖什么，而是首先发现和了解顾客的需要，顾客需要什么就生产什么、销售什么。突出强调"Consumer is the King!"顾客需求在整个市场营销中始终处于中心地位。它是一种以顾客的需要和欲望为导向的经营哲学，是企业经营思想的一次重大飞跃。

3.1.2 推销员树立现代营销理念的重要性

顾客至上（Consumer is the King!）是现代企业的共同理念，是市场的基本游戏规则。

一切为顾客着想是赢得顾客信赖的关键，所以一名合格的推销员必须树立现代市场营销理念，为顾客着想，成为顾客的好参谋、好顾问、好朋友。正如前面提到的，如果你劝说顾客购买很多商品是为了顾客的利益，那你就是推销的行家，同时你也得益。

纵观企业的营销活动，成功的方法有多种多样，但失败的做法几乎都有共性，即把顾客的利益抛在脑后。所以，推销人员要想赢得顾客的信任，就必须为顾客着想。一定要懂得体察顾客的心理，多站在顾客的角度想问题。你想卖给顾客东西，先要想想如果自己是顾客，愿不愿意买这东西，质量怎么样，价格是否公道，能够给自己带来什么好处。如果自己能够信服自己的产品，那就证明产品是有吸引力的，是对得起顾客的钱的。只有保证了这一点，我们在向顾客销售时才能有底气。

3.2 应具备的个性特点

既然推销要讲究艺术和技巧，既然推销要与消费者的行为和心态打交道，那么，它就不是一个简单的职业，一个任何人都能从事的职业。推销应该是严肃的工作，它要求推销员有较高尚的个人品格。每天一早，推销员上班后，便要处理一大堆业务。面对心态、行为各异的顾客，受各种各样社会因素的影响。因此，为了促进推销的成功，为了适应各种环境和正确处理各类人际关系，推销员必须有较强的个性特点。

3.2.1 气质与性格

1. 气质特点

气质指影响人的心理活动和行为的个性特征，也就是人们通常说的"脾气""性情"。它主要表现为情绪体验的强弱，情绪表现的显著性，动作的灵敏或迟缓，讲话节奏的快慢等。人的气质可分为四种基本类型，每种气质的人都有不同的特点，但生活中纯属单一类型气质的人是少数，大多数人属于多种气质在不同程度上混合的类型。

（1）胆汁质。这种类型的人由于神经活动具有高度兴奋性，精力旺盛，工作热情，但行为上表现出不平衡，工作特点带有周期性。他们对工作具有极大热情，具有创造性，能够克服工作中的困难；然而一旦对工作失去信心，颓丧情绪便明显表露出来。胆汁质气质的人对人直率、热情、活泼，但易于激动、暴躁。

（2）多血质。这种气质的人机智灵敏，对新鲜的事物敏感，容易形成或改变神经活动的暂时联系，具有神经活动的高度灵活性，适合做反应迅速而敏捷的工作。他们待人热情稳重，容易理解别人，能够成为热忱和具有显著效率的活动家。

（3）黏液质。这种类型的人，神经活动过程具有稳定性和一定程度的惰性，具有较强的自我克制能力，埋头苦干，但缺乏灵活性和创新精神。他们对待他人和事物的态度持重，交际适度，最适合于有条理和持久性的工作。

（4）抑郁质。这种气质的人细心、谨慎，感受能力强，但较孤僻，多愁善感，容易培养稳定和深刻的情绪。

推销工作是与人打交道、与人交往的事业。因此，应尽可能由多血质气质的人担任。这种人善交际又稳重，有热情又不急躁，是推销中外勤工作的合适人选。胆汁质和黏液质的人，也可以从事推销工作。一般来说抑郁质的人，与推销工作的性质要求距离较大。当然，人的气质虽然主要由遗传而来，但是依靠其他的特点和工作方法补偿，努力发挥个人气质的优点，仍能克服和限制其不足之处。

2. 性格特点

性格是人在对他人或外界事物的态度和行为方式上所表现出来的特点，是个人对外界态度行为方式的习惯化表现。性格与气质有密切的关系，互相渗透又彼此制约；性格又不同于气质，性格是人的高级神经活动系统类型在环境影响下所表现出来的行为活动特征，气质是人的高级神经活动系统类型在行为活动中的直接表现。

性格可以按人们的心理活动倾向，划分为外向型与内向型。外向型性格的人，心理活动倾向于外，特点是开朗、活跃、善于交际；内向性格的人相反，一般表现为沉静，反应缓慢，顺应困难。所以，从事推销工作，外向性格比内向性格有更多便利、优势。

顾客喜欢的性格有以下几种。

（1）热情

热情是推销员性格的情绪要求。推销员要富于热情，在业务活动中待人接物更要始终保持热烈的感情。热情会使人感到亲切、自然，从而缩短与你的感情距离，同你一起创造出良好的交流思想、情感的环境。热情也要把握好度量，过分的热情会使人感到虚情假意，而有所戒备，无形中就筑起一道心理上的防线。

（2）开朗

开朗的性格表现为坦率、爽直。具有这种性格的人，能积极主动地与他人交往，并能提高交易成功的可能性。

（3）温和

性格温和的推销员乐意与别人商量，能接受别人的意见，使别人感到亲切，容易同别人建立亲近的关系。但是，温和不能过分，过分则令人乏味，受人轻视，不利于交际。

（4）坚毅、有韧性

销售工作实际是很辛苦的，这就要求推销员具有吃苦、坚持不懈的韧性。"吃得苦中苦，方为人上人"。销售工作的一半是用脚跑出来的，要不断地去拜访顾客，去协调顾客，甚至跟踪顾客提供服务，销售工作绝不是一帆风顺的，会遇到很多困难，但要有解决的耐心，要有百折不挠的精神。

与其他工作相比，推销活动具有更大的难度，推销员实现业务活动目标总是与克服困难相伴随，因此推销员必须具备坚毅的性格。只有意志坚定，有毅力，才能找到克服困难的办法，才能最终获得营销活动的胜利。

（5）耐心

推销员是连接企业产品与顾客之间的桥梁，因而不免会遇到公众的投诉，被投诉者当作"出气筒"。这时推销员如果没有耐心，就会使自己的组织或顾客、雇主与投诉的公众之间的矛盾进一步激化，本身的工作也就无法开展。在被投诉的公众当作"出气筒"的时候，最好是迫使自己立即站到投诉者的立场上去。只有这样，才能忍受"逼迫心头的挑战"，然后客观地评价事态，顺利地解决矛盾。推销员在日常工作中，也要有耐性。要既做一个耐心的听者，对别人的讲话表示兴趣和关切；又做一个耐心的说服者，使别人愉快地接受你的想法而丝毫没有被强迫的感觉。

（6）宽容

成功的推销员必须具备容忍他人的心理素质。在推销过程中，推销员要允许不同观点的存在，如果别人无意间侵害了你的利益，也要原谅他。你谅解了别人的过失，允许别人在各个方面与你不同，别人就会感到你是个有气度的人，从而尊敬你，这样你就会增大成功的概率。

笔者的一个学生毕业后到南方某建筑材料公司做销售代表。一次他坐火车到济南开拓新市场，同车厢中铺的山东大汉半夜去厕所时迷迷糊糊地穿错了他的一只鞋。这鞋是他为了拜访顾客刚买的新皮鞋。当山东大汉返回后，他打开手机的手电照在被踩得变形的那只鞋上，山东大汉也发现了，立马道歉："对不起哥们儿，没看清楚，把你的鞋给踩成这样了，要不我赔你吧。" 本来窝了一肚子火，想冲对方发脾气。但想到当初学习时老师一再嘱咐，要学会宽容，再加上对方一直道歉，他把即将喷出的怒火压下去冲山东大汉说："没关系哥们儿，中国近14亿人，咱俩能穿一双鞋那就是缘分。"山东大汉是个性情中人，一听他这样说，非常感激，便要跟他交朋友。巧的是，这位山东大汉正是济南一家房地产公司的老总，通过这位老总，他顺利打开了济南市场，而且合作的都是大顾客。他感慨地说："一句宽容的话让我的职场第一仗一炮打响。"

（7）大方

推销员因为业务需要会参加多种社交活动，这种活动对推销工作的成败有很大影响，所以一定要讲究姿态和风度，做到举止落落大方，稳重而端庄。不要缩手缩脚，扭扭捏捏；不要毛手毛脚，慌里慌张；也不要漫不经心或咄咄逼人。坐立，姿势要端正；行走，步伐要稳健；谈话，语气要和气，声调和手势要适度。唯其如此，才能使人感到和你合作是可以放心的。

（8）幽默感

幽默感是指推销员应具备有趣或可笑而意味深长的素养。推销员应当努力使自己言谈风趣、幽默，能够使人们觉得因为有了你而兴奋、活泼，并能使人们从你身上得到启发和鼓励。

幽默能活泼交往的气氛。在买卖双方正襟危坐、言谈拘谨时，一句幽默的话往往能妙语解颐，使双方开怀大笑，气氛顿时活跃起来了。幽默的语言有时也能使局促、尴尬的推销场面变得轻松和缓，使人立即不再拘谨不安，它还能调解矛盾。老舍先生曾经举过一个例子：一个小孩看到一个陌生人，长着一只很大的鼻子，马上叫出来："大鼻子！"假若这位先生没有幽默感，就会觉得不高兴，而孩子的父母也会感到难为情。结果陌生人幽默地说："就叫我大鼻子叔叔吧！"顿时，全家都哭了。当然，幽默只是手段，并不是目的，不能强求幽默，否则反而弄巧成拙。

成功的推销员大多都是幽默的高手。例如，一个推销员当着一大群顾客推销一种钢化玻璃酒杯，并向顾客作商品示范，把一只钢化玻璃杯扔在地上而证明它不会破碎。可是他碰巧拿了一只质量不过关的杯子，猛地一扔，酒杯碎了。

这样的事情以前从未发生过，他感到很吃惊。而顾客也很吃惊，因为他们原本已相信推销员的话，没想到事实却让他们失望了。场面变得非常尴尬。

但是，在这紧要关头，推销员并没有流露出惊慌的情绪，反而对顾客笑了笑，然后幽默地说："你们看，像这样的杯子，我就不会卖给你们。"大家禁不住笑起来，气氛一下子变得轻松了。紧接着，这个推销员又接连扔了 5 只杯子都没碎，博得了顾客的信任，很快推销出了很多杯子。

在那个尴尬的时刻，如果推销员不知所措，没了主意，让这种尴尬继续下去，不到 3 秒钟，就会有顾客拂袖而去，交易会失败。但是这位推销员却灵机一动，用一句幽默的话化解了尴尬的局面，从而使推销继续进行，并取得了成功。

3.2.2 仪表与装束

在现代社会里，以貌取人是普遍现象。恰当的仪表和装束不仅对买主而且对推销员自身都会产生良好的效果。一个人如果知道自己的外表不会引起别人的反感，他就能产生一种自信心；相反，如果他忽略了衣着和装饰，外表很不完美，买主不时地投来挑剔的目光，这种自信心就会消失。有个推销员讲述了他遇到的一件尴尬事：一次与一位买主谈生意，他伸手到口袋里掏一份重要文件，突然发现上装的衣缝裂开一个难看的口子。同时，他清晰地意识到，买主也发现了这个裂口，顿时心慌意乱，完全失去了镇定，对商品的介绍再也进行不下去，推销失败。一个推销员必须具备良好的仪表，这不是为了显摆，而是为了在推销时不为仪表担忧。

恰当的衣着是仪表的关键，衣着不但应当适合于预期的场合，而且应当适合于具体的推销工作。过于标新立异的服装会把买主的注意力吸引去，使他们难以专心听取你要传达的信息。所以，长期担任国际商业机器公司（IBM）总裁的托马斯·丁·沃森就坚持要求他的推销员穿深色西装，戴黑领带，穿黑皮鞋和白衬衣。不过，也有许多推销员故意穿奇装异服，他们认为这样做可以让别人记住自己。这样做对于拜访长期固定顾客可能是好办法，但若想以此给别人留下最初的良好印象就不那么高明了。

我们并不是说，所有推销员都必须永远穿深色西装、戴黑领带。如果一位企业的饲料推销员穿一套笔挺的西装去拜访农民，那就等于是自寻绝路。所以，推销员的衣着方式应当与他们准备去拜访的人的衣着方式基本相仿，否则会使受访者自惭形秽或内心紧张。

在衣着问题上，女推销员比男推销员遇到的困难更大，因为女推销员的衣着选择范围比男推销员广得多，她们穿戴什么最合适，买主更为挑剔。

显而易见，一般地讲，女推销员不应当穿准备去参加鸡尾酒会或准备去过夜生活的服装。不过，有些女推销员又走了另一个极端，她们为了避免显露女人的柔弱气质就设法把自己打扮得异常严肃和刚强，这样做同样会招致批评。

但是，有一位年轻的汽车女推销员说："我推销时总是穿工作服。实用的工作服适于做户外工作，适于钻进钻出汽车，更适于干脏活儿。漂亮的服装并不能帮我推销汽车。毫无疑问，别的汽车女推销员会另有意见。"

另外，推销员自身的整洁状况和卫生习惯也会影响购效果。假如推销员不讲卫生、邋邋遢遢，就可能失去许多成交机会，因为买主遇到这种人会产生心理障碍，从而不愿考虑他们的推荐。

有个大学毕业生想当服装推销员，但他发现他难以如愿，因为他体重超标——250斤，身高只有1.80米。上学期间他曾在一个零售店卖过男装，工作得不错，虽然他有当时的合同和老师的极力推荐做证明，所有制造商考虑到他体型外表的缺陷都将他拒之门外。

毫无疑问，精干的外表、得体的服装、适宜的体格——一个人所具有的这些外形特征会令人形成一种整体印象，良好的印象在推销活动中可以产生巨大作用，尤其是第一次向顾客推销商品时，第一印象的重要性是绝对不可忽视的。

3.2.3　说话语气与交谈习惯

仪表与装束，即一个人在其他人眼中的形象，在形成第一印象时可以起到部分的决定作用，但要想让别人为你敞开大门，说话语气与交谈习惯也很重要。电影、电视和广播已经为我们改进说话语气提供了许多样板，尽管如此，还有许多人因说话有这样或那样的缺陷使推销工作受到影响。

语言诊所在纠正这些缺陷方面功效显著，凡是决心要解决这一问题的人即使有十分严重的缺陷也可以通过治疗得以康复。例如，发音不准、声调失常、音色欠佳、语气烦人、结巴口吃、声音过尖等毛病都可以被克服。一心想当演员的年轻人都能学会优美的说话方式，立志要做推销员的人当然也可以办到。说话对于做生意来讲现在比过去更为重要，因为现在通过洽谈成交的生意比通过信件成交的生意多得多。有了电话，尤其是微信或脸书，我们几乎可以随意与任何人交谈，还能通过视频看到电话另一端的人。发达的航空业能够迅速方便地让需要见面的人会合，原先需要几个星期的通信才能解决的事情，现在可以当面洽谈了，使用口头语言的设备越来越多，这就要求推销员必须赶上时代的步伐。

许多人已经学会利用录音机来鉴定自己的说话水平。一般人对自己从录音机里传出的声音都会做出难以置信的反应，他们会发现自己语音语调有问题，而这些自己从未意识到的。一旦暴露了这些弱点，有决心的人自然能主动去克服。

有的人声音缺乏友情、温暖的个性。低调的语言比高调的语言温暖，因为前者比后者的音色丰富。人们想强调某一点时总喜欢提高声调。但是声调提高之后，就会变得很尖细，很刺耳，打动力和感染力反而减弱。它只能表明你内心十分紧张。

说话的某些特点会严重影响人的办事效率。常见的说话毛病有：叽里咕噜、语调单一、速度过快、发音出错、滥用俗语和表达时冷冰冰等。老练的推销员往往都会认真仔细地总结出一套说话的技巧，他们已经充分体会到，练就一种随机应变的清晰而又充满热情的说话声音十分必要，因为除了所要说的内容之外，语音本身也能向顾客传达心意和思想。如果推销员在介绍自己的产品是最佳产品时，语气缺乏应有的热情和真诚，顾客是很难信以为真的。

3.2.4　礼貌与规矩

让我们用顾客的眼光检查一下推销员是否懂得礼貌和规矩。下面提出的问题有些直接涉及说话习惯和方式，另一些则涉及人体动作。

（1）此人善于听别人讲话吗？他是否会经常打断我的发言？

（2）此人在言谈中是否经常流露出对自己的老板、公司、朋友或熟人的不尊敬之意？若是如此，此人在我背后也有可能挖苦我。

（3）此人是否俗不可耐？

（4）此人神态自然，还是过于做作？

（5）此人表现得是轻松自若、不慌不忙和信心百倍，还是神经脆弱、手忙脚乱和心情紧张？

再说握手的方式，一般来讲，人在握手时不应用力过大，但稍微加点劲有时却能带来良好的第一印象。想象一下，如果一个陌生人淡漠无趣地像抹盘子一样地跟你握手，或者只是轻轻地抓一下你的手指，你会作出什么反应。同样，"大力士"式的要把人的骨头捏碎般的握手方式也会使人产生反感。

视频 2—推销员如何握手

任何神经质的小动作、习惯和举止都能反映一个人缺乏经验、心神不定和空疏浅薄。例如，不断摸头发、摸额头、摸脸和摸下巴，不断拉领带、拉领圈、一个劲用手指敲击桌子或用脚尖点地板，这些动作都会刺激别人，应当引起注意和加以纠正。类似的习惯还会分散人的注意力，使人忽略谈话内容。

3.2.5 人品及敬业精神

俗话说，力不致而财不达，心不善而福不到。销售，就要从积德行善、累积人品开始！

1. 人品

人品，通俗地说是指一个人的品性道德，是指个体依据一定的社会道德准则和规范行动时，对社会、对他人、对周围事物所表现出来的稳定的心理特征或倾向。

良好的人品主要体现为诚信、修养、责任心、孝心、尊老爱幼、公德意识、正义感、爱心等。诚信是人品之首，是营销之本，先做人、后做事，要给顾客留下真诚的印象。如果顾客不接受你本人，是不可能接受你推荐的产品或服务的。

如果你承诺将在星期五中午之前把东西送到顾客手中，你就必须遵守自己的许诺，即使是狂风暴雨，亲自驾车跑一整夜你也要送达。如果你说你的机器每小时可以生产 450 个部件，它最好就是生产 450 个而不是 449 个。对这一点做到准确无误是绝对有好处的，这是对推销员优良品格的最基本要求。它要求诚实、言行一致和不说大话，这是与顾客建立长期稳定关系的基础。

商海的实践证明，小商做买卖，大商做人品。而诚信又是人品之首。当一个买主知道你的话值得信赖时，别的竞争者就很难挤进你们的交易中。

2. 敬业精神

敬业精神是以认真负责的态度，忘我投入的志趣，从事自己的主导活动所表现出来的个人品质。敬业是一种高尚的品质，能把自己从事的职业工作当事业、当责任田对待，怀着一份热爱、珍惜和敬重，不惜为之付出和奉献，从而获得一种荣誉感和成就感。敬业精神是做好本职工作的重要前提和可靠保障，更是每一个企业招聘人才时考察的首选。

一位猎人带着一只健壮的猎狗在森林里打猎。

"砰——"一声枪响后，一只小野兔拖着受伤的后腿全力逃跑，猎狗及时地追了过去。

猎狗追了一段路程，没能追上，回到了主人身边。猎人生气地责备：你一只强壮的猎犬，为什么连一只受伤的小兔子都追不上？猎狗望着主人：主人啊，我是忠于你的，我已经尽力了，确实没办法。

小兔子回到山洞，他的母亲得知情况后很吃惊，问：你一只受伤的小兔子，怎么跑得过一只强壮的猎狗呢？小兔子回答：情况不一样啊！猎狗是在为生活奔跑，他只是"尽力"而已，我是在为生命奔跑，我是"全力以赴"啊！

这则小故事启示我们，一个人只有把职业当成事业，把事业当成生命才能锲而不舍地去追求，才能获得成功。

3.2.6 社会知识与灵活处事态度

拥有丰富的社会知识，处事灵活巧妙，推销活动往往会成功。

1. 知识面要广，便于找到共同话题

知识面广的人更容易找到聊天话题，上知天文，下知地理，聊哪一方面都没问题。这样的人朋友也更多，交际也会更广。

很难预料我们的顾客的具体爱好，若就顾客的爱好话题开聊，会越聊越投机，亲近感便油然而生。他喜欢钓鱼，你也懂点钓鱼的常识；他喜欢书画，你也略知各个流派及鉴赏；他喜欢品茶，你对主要的茶文化也很了解；他喜欢足球，你对世界足坛也不陌生；他为孩子的学习成绩在发愁，你对教育孩子得心应手……这样，洽谈就很容易展开并深入人心。

所以推销员平时要多看书，多学习，多掌握社会及社交知识，成为顾客生活中的知心人、生意上的好顾问。

2. 会灵活处事

人人都有自尊、爱面子。如果推销灵活处事，巧妙拒绝，不伤人面子；学会给人找台阶，并会及时恰当地夸赞人，你就能赢得别人的好感。

灵活处事的人都有缓和别人紧张心情的本领，他们从来不用言行来伤害他人。我们经常听顾客说："如果多少多少钱我就买了。"卖主说："那你去别的地方买去吧！"这种拒绝就不太灵活，容易伤人，即使你把价格降下来顾客也绝不会再买了。

许多公司都要求业务员不得指出和暗示顾客的错误。当顾客购物念错商标时，推销员马上纠正他的发音，这样做是不老练的，因为这会使顾客感到自己低能。正确的做法是，当发现顾客出现某个低级错误时，要设法给其找台阶下，既让顾客明白了，又保护了其自尊心。例如某顾客说："你们的衣服是假冒的吧，怎么洗完就缩水了！"推销员回答说:"很多人都有您这种看法,其实有缩水现象才证明是真正的纯棉布。所以在出售时我们建议顾客买大半号的衣服。"这样顾客就不会觉得自己是孤陋寡闻了,因为很多人跟他一样。

灵活处事态度不但表现为说话好听,而且表现为能将自己想说的话强咽下去。买主随时会讲出难听的话,激得你总想进行猛烈的反驳,但会灵活处事的推销员会把冲到嘴边的申诉之词压下去。

视频3—灵活处事

3.2.7 团队意识及协作精神

所谓团队意识,简单来说就是大局意识、协作精神和服务精神的集中体现。团队意识的基础是尊重个人的兴趣和成就。核心是协同合作,最高境界是全体成员的向心力、凝聚力,反映的是个体利益和整体利益的统一,并进而保证组织的高效率运转。团队意识的形成并不要求团队成员牺牲自我,相反,挥洒个性、表现特长保证了成员共同完成任务,而明确的协作意愿和协作方式则产生了真正的内心动力。

在一个销售团队里,一个人的力量是渺小的,只有融入销售团队,只有与团队一起奋斗,才实现个人价值的最大化,才能成就个人的卓越!销售团队,是为了实现一个共同的销售目标而集合起来的一个团体,需要的是所有的推销员心往一处想,劲往一处使;需要的是分工协作、优势互补;需要的是团结友爱、关怀帮助;需要的是风雨同舟、甘苦与共!一个人,仅凭自己的孤军奋战,单打独斗,是不可能成大气候的。推销员必须融入销售团队中,必须借助团队的力量。与团队和谐相处的秘诀就是:尊重别人、关心别人、帮助别人、肯定别人、赞美别人、学习别人、感恩别人!

对推销员来说,树立团队意识应做到以下几点。

(1)胸怀宽广,容天下难容之人,容天下难容之事。"比海洋更大的是天空,比天空更大的是人的心胸",优秀的销售员不但能总结、褒扬和学习别人的长处,更重要的是,要能够适应不同的环境,容纳别人的不足,同时还要能听得进别人的意见和建议,容得下不同意见。"一根筷子容易折,一把筷子难折断。""一个篱笆三个桩,一个好汉三个帮。"凡是销售高手,都是"大肚能容的人"。正是因为大海拥有容下千万条河流的胸怀,才变得浩瀚博大。

(2)尊重和帮助他人,建立和谐人际关系,建设和谐团队,只有这样才能左右逢源,"吃得开"。尊重别人的人格和尊严,尊重别人的想法和建议,尊重别人的劳动成果和汗水。帮助别人,说白了就是帮助自己,"世间自有公道,付出总有回报",只有不断地奉献,才能得到别人的帮助与支持,默默无闻地奉献永远是不吃亏的。推销高手能够把团队拧成一股绳,集思广益,相互协作,心往一处想,劲往一处使,把凝聚力转变成强大的战斗力,果断出击,弹无虚发,成就一段灿烂的人生。

（3）把利益看得"轻如鸿毛"，绝对不计较"蜗角功名，蝇头小利"，必须有长远眼光。利益永远是团队中最敏感的话题，"人心不足蛇吞象"，很多推售员的失败，都是因为把利益看得太重。只有轻一己之利，重团队、他人之利，个人利益永远服从于团队和集体的利益，尽全力为团队利益作出贡献，这样才能不断地感动别人，在被别人所接受的同时，使自己的团队越来越强，越做越大。郑板桥老先生也告诫我们，"吃亏是福，难得糊涂"啊！

（4）拥有谦虚谨慎的作风和勇于承担责任的精神。在团队中，最令人不服气的是夸夸其谈、不干实事的人，最令人讨厌的是 "居小功而自傲"、觉得自己了不起的人，最令人愤慨的是"见了功劳闻风上，遇见责任躲一旁"的人。所以，团队精神中，谦虚谨慎的作风和勇于承担责任的精神是相当重要的，它是在团队中做人做事的基础。谦虚的人总会让人感觉温暖，勇于承担责任的人总会让人感觉可靠。强大的人脉来源于谦虚谨慎的作风和勇于承担责任的精神。

（5）原则性与灵活性相结合，公正做人，诚信做事。在团队中，有原则是对销售员很重要的要求，无原则的人一开始往往觉得感觉不错，时间一长，可能就很难接受了，因为他就像"墙头草"，跟着风的方向走，让人觉得没有安全感和责任感，会产生不可靠的感觉。而光讲原则，遇事不会灵活处理的人，在人际关系中，往往会让别人很累，不得不与他保持一定的距离，进而疏远他。只有兼容原则性与灵活性能力的推销员，才能在团队中如鱼得水，游刃有余。

3.2.8　应当克服的痼癖和习惯

金无足赤，人无完人。由于这样或那样的原因，我们身上总会有一些习惯和痼癖阻碍着我们通向成功的道路。如果不努力克服，它们有可能妨害推销员的工作。

1. 攻击他人

谁都知道，那些爱当着我们的面攻击别人的人也一定喜欢在背后攻击我们。这种人会让大家感到不舒服，惹得人人讨厌。与这种坏习惯比较相近的还有讽刺挖苦和传播流言蜚语。有一句话可谓一言中的：听一个人议论别人，而不是听别人议论他，我们更了解此人。精明的推销员是不会轻易地批评别人的，不管是当着人家的面，还是在人家背后。

2. 爱争辩

与买主激烈争吵一番是绝不会做成买卖的。推销不是辩论，见面就争吵的习惯是不可取的。由于多数情况下顾客是非专家购买，他们对商品知识了解并不多，但又想讨价还价，就可能编出些理由压低价格。而推销员对自己的产品是非常了解的，一听就知道顾客说得不对，也禁不住想说服顾客，甚至与顾客辩论。一旦双方展开辩论，肯定是推销员胜利，但生意泡汤了。原因很简单，每位顾客都不愿以战败者的心态购买你的产品。

视频 4—推销莫争辩

3. 开粗俗的玩笑

千万不要刺伤别人的自尊心，而要增强别人的自尊心。刺伤别人的自尊心，让别人自觉渺小，别人是不会和你交朋友的。滑稽大师杰克·本尼整天拿自己取乐打趣，结果他成了千百万人的好朋友。

有些人似乎以为，朋友间相互说几句风凉话是没有关系的，不对陌生人这样做就行。但这不是交朋友的好办法，谁也不可能用这种办法交到众多的朋友。我们应当避免做出任何可能伤害别人感情的事，这完全办得到，只要我们对别人真有爱心。

总而言之，维护他人自尊真诚对待他人是一种广交朋友和保持友谊的艺术，这种艺术在推销活动中显得尤为重要。因为只要有可能，人人都会从朋友那里买东西的。全球著名的推销员桑德斯·诺维尔（他后来被提升为销售经理）说："如果再让我当推销员，我打算进一步接近顾客，把他们都看作好朋友，与他们建立起更巩固的友谊。一旦这条友谊的纽带真正建立起来，别的事就容易多了。"

4. 懒惰

懒惰是滋生失败的温床，懒惰是落后的罪魁祸首。看到很多做不出业绩的销售代表，不是他们没有销售技巧和方法，不是没有优秀的产品和市场的潜力，不是没有主管和经理的辅导帮助，而是很多的道理和方法他们都知道，但太懒惰，不愿做。

懒惰是人的本性之一，一味地懒惰下去可以使人堕落和一蹶不振，它比人的其他坏毛病更能让人一事无成。推销工作是需要付出艰苦劳动的，贪图安逸的人干不了这一行。成功的推销员必须做到三勤：手勤、嘴勤、腿勤。

视频 5—推销员素质—三勤

5. 急躁

急躁会破坏冷静的判断，不知多少性格急躁的人因此摔跤，甚至毁掉自己的事业。许多东西需要经历一段时间的磨炼才能获得，例如，推销能力、职务的提升和事业的成功等。有一个年轻的房地产女推销员为一个专门经营工业用房产的经纪人干活，一直干得不错，但她只能拿到推销佣金的35%。另一个小经纪人对她讲，他可以给她总销售佣金的60%。她便变换工作来到这个小公司，但没多久她便发现这里根本做不成买卖，原来的35%总有钱可赚，现在的60%等于零。她终于明白，她以往为什么必须将佣金的65%交给原来的老板——她的工作之所以能一帆风顺全靠着这位老板的威望。

3.3 应具备的知识与能力

3.3.1 应具备的知识

推销员应具备以下知识。

1. 理论知识

推销工作涉及的理论知识很广泛,如市场营销学、消费者行为理论、管理学、公共关系学、人际关系学、社会学、心理学、商品学等。合格的推销人才,应对这些理论知识有广泛的了解。

2. 企业知识

如本企业的历史,产品使用方法,产品详细技术性能,产品优点、不足,产品定位,企业战略、战术及有关政策,定价政策,交货方式,付款条件,售后服务政策,等等。

3. 顾客知识

本企业或产品有多少顾客,顾客的特点及需求偏好;由谁掌握购买决定权,其性别、年龄、家庭、个人爱好等特征;顾客的购买动机与习惯,顾客所处的地点,等等。

4. 了解市场竞争状况

推销应了解市场的现有规模及潜力,扩大销量的途径与可能性,有关市场的具体特征,现有的供求状况,竞争对手的状况及其采取的主要竞争策略。

5. 法律知识

推销应懂得一些知识,如经济合同法、反不正当竞争法等。

3.3.2 应具备的能力

能力是指完成某种活动所必需的个性心理特征。它分为一般能力和特殊能力。一般能力是人们完成任何活动都必须具备的,是一切活动的基础能力,如人的观察能力、记忆能力、想象能力、思维能力等。特殊能力是从事某种专业活动的能力,如艺术能力、运动能力、设计能力等。一般能力与特殊能力是互为补充、互相促进的。一般能力的发展,为特殊能力的发展创造了条件;而特殊能力的发展,也反过来给一般能力的提高以积极的推动。现实生活中,许多特殊能力高度发展的人才,其一般能力也有很高的发展水平。

针对推销岗位,要求推销员应具备以下几方面的能力。

1. 良好的沟通能力

人是社会各元素中最活跃的部分,任何企业行为和社会活动都是由人来参与、靠人来完成的。做销售工作也是一样,要求推销员必须懂得如何与人打交道。我们与顾客、促销员或者消费者都必须有沟通,一个连自己的意思都无法表述清楚的推销员肯定无法做好销售工作。这里所说的沟通,并不仅仅是把推销员的思想简单地告知我们的沟通对象,沟通必须是双向的,还要会倾听。即我们要通过沟通把相关产品和政策以及目的明确传达给顾客、促销员或者消费者,同时也通过倾听了解他们的想法和需要,通过双向的交流不断地调整和互相适应达成共识,从而完成销售环节的各方面工作。

成功始于合作,合作始于信任,信任始于理解,理解始于沟通。沟通能力既包括口头沟通能力,也包括书面沟通能力。

2. 较强的适应能力

推销员不可能一直在一个区域工作,如果到了一个陌生的市场,没有良好的快速适应当地市场的能力肯定不行。另外,推销员或许最初销售的是公司的一种产品,随着公司的不断发展或者可能跳槽到另外的企业,就会出现新的产品或者新的销售思路,这也要求推销员快速适应，并且成功开拓自己所负责的市场。

笔者遇到过一个推销员，在南方某市场做业务时做得相当不错，业绩良好。后来公司调整区域重点，派他去了东北，却连续几个月不能完成公司的任务。笔者分析认为，南方人比较现实，与你做生意能做就做，不能做就会明确告诉你，一旦操作起来也是踏踏实实的。而北方人更多的则是讲人情，重义气，做生意更多的时候是先做朋友然后才做生意。这位推销员恰恰因不能很好地适应这种变化才导致业务进展不力。

3. 学习的能力

现代社会发展日新月异，环境和市场都在不断地发生着变化。作为一名战斗在一线的推销员，必须不断进行充电，学习新的营销思想和营销方法，学习如何面对新形势下的销售，能够根据销售中的实际问题，对相关信息及知识快速领会。如现今的家电网上销售平台，其市场销量已经占据一级市场百分之七八十的市场份额，如何与他们打交道成了如今各家电品牌推销员的一大课题。也是各品牌在一级市场能否打开市场的关键。这是原来的家电推销员从来没有遇到过的，必须通过自己的学习和实践才能掌握相关的方法和技巧。

4. 观察分析能力

推销员不但要能够从以往经验中认识问题并且能从中总结出解决问题的分析框架。对于市场上繁杂的信息，推销员也必须能够透过各种表象，验证各种判断，对各种信息进行综合分析，分析利弊得失并能迅速找到解决方案。例如，在电热水器的销售中，有一次某品牌代理商在卖场中把其所代理的某品牌的电热水器全部做特价，同样型号和容量的机器比对手便宜几百元，对手的销售几乎陷入停滞。怎么办？当时对手的区域经理急忙地多方了解信息，得知原来是那个厂家濒临倒闭，代理商急于处理库存。他当机立断，不跟风降价，而是加大赠品力度并确立服务为上的原则，让促销员明确告知消费者自己产品的售后服务优势，如果购买了其他售后服务不能保障的产品，后患比较多。很多消费者通过慎重考虑还是放弃了原打算购买该代理品牌的计划。

5. 创新及市场应变能力

孙子兵法云，"兵无常势，水无常形，能因敌变化而取胜者，谓之神"。市场瞬息万变，自己原有的或者别人曾经成功的销售经验固然可以起到一定的作用，但是毕竟不是灵丹妙药，能够保证推销员在操作中一定会百战百胜。市场销售实战时因为竞争对手经常会改变销售策略，所以还需要时刻观察对手各种变化以便作出相应的调整，做到活学活用，随机应变。"不以法为守，而以法为用，常能缘法而生法，若夫离法而合法"。即能根据敌情、我情的不同，灵活机动，出奇制胜。我们不迷信所谓的专家，立足市场，实事求是。实用的即是有效的，不管黑猫白猫，抓到耗子就是好猫，市场是要靠成绩来说话的。

延伸阅读 3
推销员应注意的礼节

思考题

1. 什么是市场营销理念？为什么推销员必须树立市场营销理念？
2. 什么个性的推销员最受顾客喜欢？
3. 为什么说推销员要想成功推销产品必须首先推销自己？
4. 推销员应掌握哪些知识？
5. 推销员应具备哪些能力？

第4章 推销员的管理

 开篇案例

推销员人品、性格的考核

案例背景：多年前笔者有个学生毕业在天津工作3年后,决定南下深圳去闯荡。他听说深圳工资高、机会多,发展前景广阔,于是只带500元钱,背个双肩包就只身南下了。他当时在天津的工资是3 500元,到了深圳就按5 000元的标准去找。转眼到深圳已4天了,身上的钱已所剩无几,可工作还是没着落。于是便降低标准去找,4 500、4 000、……,还是不行,算了,只要有工资,管吃管住就行。看到报纸上某物流公司招聘仓库主管,工资3 500元,管吃住,就它了。面试时,他发现中间坐着的面试官衣服扣子上下系错了。HR(人力资源)让他抓紧自我介绍,他却直言相告说领导的扣子系错了。领导听后面色难看,就告诉他,你可以走了。他心想又砸锅了。临走时他生气地说:"作为公司的未来员工,我有义务维护企业形象。如果贵公司连这样的建议都听不进去,那我失去这份工作一点也不遗憾。"没想到那位领导非但不生气,反而笑着说:"小伙子,很好!你正是我要找的人。我的扣子是故意系错的,就看谁能大胆指出来。"

案例赏析：推销员人品、性格的考察是推销员面试中的难点,而人品又很难通过回答问题来检验。最常用的方法是设计突发性应急事件、日常行为观察、情景模拟式面试,通过他的举动、反应、回答,来观察他们的人品性格、行为习惯、社会公德、应变力和责任心以及专业能力、价值观、人际关系等。本案例就是公司刻意设计的情景题,类似的还有员工突发疾病急需有人帮助送医、老人有困难急需帮助等。

4.1 推销员的招聘

4.1.1 明确招聘标准

上一章我们介绍了成功推销员应具备的条件及素质,在招聘过程中,我们要制定出具体的评价和筛选标准,以方便面试和甄别。

概括地说,合格的推销员应具备以下条件。

(1) 具有在事业上和经济上争进向上的愿望,对推销工作充满信心,具有强烈的成功欲望。

(2) 身体健康,有活力,行动敏捷,吃苦耐劳。

(3）头脑反应敏捷，具有洞察力、判断力和创造力。
(4）个性乐观，情绪稳定，有成熟独立的人格。
(5）诚实、正直、可信赖。
(6）心理素质好，能忍受不断的顾客拒绝和工作挫折。
(7）整洁的外貌、谦和的态度和礼貌的言行。
(8）具有良好的口才，沟通、表达能力强。
(9）能自我管理，并服从上级的指示；体谅他人，善于合作。
(10）生活、家庭环境良好，无不轨行动动机。
(11）注重自我学习和提高，客观认识自我，谦虚学习他人之长。
(12）熟悉所销售商品（包括竞争者商品）的设计、生产过程及维护、维修知识。
具体地说，推销人员招聘评价的标准见表 4-1。

表 4-1 推销人员招聘评价的标准

项 目	具体内容	得分（0~10）
①责任心	明白自己在团队中的角色，认真负责，热忱地完成任务	
②诚信性	实事求是，不虚荣、不浮夸、可信赖	
③自主性	能独立地判断，有计划、创造性地处理问题	
④合作性	不以自我为中心，能与人合作，宽容大度，能感同身受	
⑤自信心	在众人面前不胆怯，能保持自信以回答问题或开展工作	
⑥领导性	能领导别人，影响别人，待人不消极，不屈从	
⑦忍耐性	心理素质好，能忍受不公、挫折，抗压力强	
⑧活跃性	有充沛的体力，积极、活泼、开朗、幽默	
⑨沟通力	具有良好的口才，沟通、表达能力强	
⑩持久性	有持续努力的倾向，不半途而废，有骨气、有韧性	
合 计		

以上是综合优秀推销员具备的条件而简化出来的一套推销员招聘评价标准，满分 100 分。若应聘者得分在 50 分以下，基本不太适合该职业；若应聘者得分在 50~60 分，经过培养还有可能胜任；若应聘者得分在 60~70 分，经过培养可能成为合格的推销员；若应聘者得分在 70 分以上，经过精心培养未来可能成为销售管理干部。笔者近年来曾协助多家企业在推销员招聘中采用过该标准，效果比较理想。当然，并不是说此标准为最优方案，不同的企业在推销员招聘时可参考该标准并根据自己的具体情况适当调整。

4.1.2 招聘的途径

由于推销员需求量巨大，现在许多企业都感觉推销员招聘难。所有企业领导都必须清楚，那些愿意做销售工作的人，几乎都是因为薪水和提职——销售几乎是唯一一个没有收入上限的职业，销售的弹性收入、高额的提成和奖金是吸引他们的主要动力。同时，有相当一部分人是为了将自己打造成职业营销经理或品牌经理，还有一部分人是为自己未来创业作积累。因此，合理的底薪和提成加培训加提职的报酬机制可以非常有效地吸引到优秀人才，提高销售人员招聘的效率。

企业常用的推销员招聘途径主要有以下几种。

1. 内部推荐

这是一个比较容易招聘到销售人员的渠道。发展公司现有人员的人脉圈，尤其是销售部门人员的人脉圈，往往可以发掘很多优秀的且具有丰富经验的销售人员。这些销售人员往往是经他人推荐而来，而且本人对推销工作有浓厚的兴趣。不得不说，这种基于公司内部人员日常联系的人员引进方式，比其他招聘渠道更为有效。

2. 校园招聘

很多应届大学生，因为缺乏社会经验，所以会比较容易选择做销售这个行业，销售本身工作的门槛低、对工作经验等方面的要求都不高，对这些没有工作经验的大学生比较有利；另外，销售对于这些大学生而言，不仅是为他们提供了一份工作，同时销售的工作属性能够使得他们更快、更多地积累社会经验，更快地成长起来。

3. 网络招聘

网络招聘具有速度快、效率高、成本低、覆盖面广、招聘方式灵活等优势，同时，网络招聘可以进行招聘人员背景筛选，优先选择具有从事与公司相同或相近产品销售工作经验的人员。对于这类人员招聘，工作转换过程中可以继续使用原先积累的顾客和资源，对于招聘销售这种需求量大、时间长的工作，用网络招聘会非常省时省力。

4.1.3　发布招聘广告

1. 对推销岗位的描述要有魅力

在西方国家，推销员的职业地位是人所共知且受人尊重的。而在我国，推销员在人们的心目中与旧时沿街叫卖的小贩差不了多少。对此，在招聘广告上就要做一些文章，增加对应征者的吸引力。当然，这并非是诱骗他们，而是要把公司已有的和社会大众应有的对推销员的观念传达给他们。

在这个互联网信息泛滥的时代，太过于普通的标题，很多人都会直接过滤掉，更别说阅读你的招聘内容了。

因此，首先招聘标题一定要简洁醒目，才能吸引人，啰里巴唆的只会招人厌烦。其次标题需要个性化，通过标题去勾起应聘者的好奇心。下面列举一些招聘标题，供企业参考。

（1）待遇福利丰厚晋升多。

（2）想在市里买房的请过来。

（3）你有能力，我有空间。

（4）你想挑战百万年薪吗？我们在等着你！

（5）没有年终奖？没有假期？××公司都有！

（6）受够了吃土的日子？　××可以让你吃香喝辣！

（7）听不懂他们在讲什么？我们会有各种培训，让你无所不知！

（8）世界辣么大，来××公司赚够了就能尽情浪！
（9）××公司的销售人，赚钱、赚钱、最赚钱！
（10）高薪、提职不是问题，问题是你敢来吗？
（11）选择××公司，选择美好人生！
（12）急缺销售人员，之前的都当老板去了！

总之，招聘广告要针对人们应聘推销员的动机，突出高薪、提职、职业神圣等优点。多数企业的招聘广告都强调以下几点：①快速致富的机会。②神圣的职业，如推销化妆品称为"美的使者"。③根据行业特点对职位进行描述，如业务人员、顾客经理、医药代表、置业顾问等。

2. 招聘启事的设计

（1）开头

招聘启事的开头主要叙述招聘原因，引出招聘启事正文。常见的有三种开头方式。

①引子式。直接干脆，三言两语，直接引出招聘正题，简洁明快，以招聘信息的发布为主。这比较适合知名度较高的企业采用。

②简介式。在开头部分，首先对本单位进行简要介绍，使应聘者对招聘单位有个大致的了解。这种开头方式，对于知名度不高或新办企业来说，比较适合，适当的自我介绍使应聘者在作出选择时有所依据。采用这种方式时，有些企业常常把它变成公司的产品广告和业务介绍，偏离了"招聘"这个主题。

③议论式。这种开头方式现在还不多见，这其实是应该大力提倡的。这种方式把用人单位的用人哲学和对人才的要求，用文学化的语言表述出来，远比干巴、单调的内容要吸引人得多；但是也不能大话连篇，脱离本单位实际。

（2）正文

招聘启事的正文较为具体，一般而言，需着重交代下列一些事项。

①招聘方的情况。包括招聘方的业务、工作范围及地理位置等。

②对招聘对象的具体要求。包括招募人员的工作性质、业务类型，以及招募人员的年龄、性别、文化程度、工作经历、技术特长、科技成果、户口等。

③招聘人员受聘后的待遇。该项内容一般要写明月薪或年薪数额，写明执行标准工休情况，是否解决住房，是否安排家属等。

④其他情况。应聘者须交验的证件和应办理的手续，以及应聘的具体时间、联系的地点、联系人、电话号码等。

（3）落款

落款要求在正文右下角署上发表启事的单位名称和启事的发文时间。题目或正文中已有单位名称的可不再重复。

（4）注意事项

招聘启事要遵循实事求是的原则，对所招聘的各项内容，均应如实写出，既不可夸大也不缩小。

招聘启事的各项内容，可标项分条列出，使之醒目。也可用不同的字体列出以求区别。招聘启事的语言要简练得体，要庄重严肃又礼貌热情。

例4-1 ××房地产公司招聘启事

我们是××房地产公司，为配合新业务启动及网站推广，我们急需要找新的同事，新同事需要具备几个特点。

①你的年龄在22~30岁，只要你是有志青年，男女均可。

②你确定你不是一个"安于现状"而不求进取的人。

③人活着就会有压力，但我们希望你是一个能承受一定工作压力的人。

④ "吃苦耐劳"是句老套词，但我们认为这是销售人必须具备的本质。

⑤我们相信团队的力量是不可战胜的，因此你的团队意识一定要很强，并且能够服从团队的合理安排和指导。

⑥最实际的一点就是你必须对金钱有很强的欲望，并且希望通过自己努力而获得它。

以上特征如果你确实都具备，或者你能够对不足的地方作出调整，那么请尽快联系我们，我们随时欢迎你的加入。

作为销售人员一切以业绩说话，销售提成是营销能手的收入主要来源，但我们比一般东家给出的销售提成要高得离谱。

工资结构：底薪（2 200元/月）+高得离谱的提成+社保+年终奖，基本上我们的工作时间是与国有企业同步的，每周六、周日你是完全自由的！

我们不以高底薪来吸引懒人，只有高提成和广阔的发展平台帮助你实现你的理想！我们不差钱，只差对钱有欲望的人才！

想好了就call我们吧！

例4-2 电销篇

您需要做的：

善于掌握自己的情绪，并用不骄不躁、不卑不亢、温柔坚定、有质感的语气语调增加自己所代表的团队在对方心目中的好感。

友情提示：女性声音发嗲者自动出局，不过您的声音可以甜美清澈，也可以温和知性，亲和力是必需的。

男性必须声音有磁性，即使是焦躁不安的顾客也能从您的声音里得到抚慰，同时最好对行业知识和顾客心理具备专业的知识储备，可以快速准确全面地帮助我们尊贵的朋友解决任何疑问和困惑，我们需要超一流的服务大腕！

我们的要求：

①口齿清晰，普通话流利，语音富有感染力。

②对销售工作有较高的热情。

③具备较强的学习能力和优秀的沟通能力。

④性格坚韧，思维敏捷，具备良好的应变能力和承压能力。

⑤有敏锐的市场洞察力，有强烈的事业心、责任心和积极的工作态度。

您关心的：

①没有压力的工作不会具有挑战性，但是我们也不会毫无人性地让你加班到深夜。

②人际关系非常简单，你可以叫上司小名而不需要叫老板，你可以当面批斗调侃掌

柜无须担心打击报复，热衷是非、重伤成员、涣散团队者杀无赦。我们喜欢跟简单的人共事，我们偏执地坚持高效直奔主题的做事风格。工作环境轻松，时时刻刻有悦耳的音乐通过发烧级音响传入你的耳中。

③原则上电销专员的薪水下限在 2 400 元，无上限，当然不包括对非常优秀人才的特例和其他的补贴、奖金。理想的薪水在我们这里是最容易实现的，前提是你的能力和态度。

④转正后视情况加工资和奖金，生活质量水平是我们在意的。放心吧，国家要求有的我们都会有。

⑤如果您能力突出，个人努力，可以得到灵活转职、升职等发展空间。

想好了就联系我们吧！

4.1.4　面试

概括地说，企业想通过面试了解应聘者的成长经历、人格个性、职业规划、能力技巧甚至是生活习惯等方面与公司的企业文化、发展战略、职位要求、工作性质等是否契合。

1. 面试常问的问题

前面我们已经介绍了优秀推销员的评价标准，企业可依据这些评价标准设计出针对推销员的具体的面试问题，来评估应聘者各方面的素质和技能。以下是 20 个面试推销员的典型问题及回答技巧，供企业招聘时参考。

（1）请简要介绍一下自己。

这个问题是为了弄清楚两个事情：关于应聘者的一些有意义的背景信息和应聘者把这些背景信息组织成合适具体情况的陈述能力。通过考察他在说明自己的经验时所采用的策略，我们就可以知道他在绘声绘色地描述我们公司产品时能采用的策略。夸大其词、错误百出或者絮絮叨叨地复述过去的事情，却又与当前的工作毫无关系，这些都是危险的做法。

自我介绍实际上是在考察应聘者：他了解自己吗？他的价值观是否和我们一致？我把他招进来，能把他用在什么地方？他能成为令人喜欢的同事吗？如何与他共事？

可通过其成长环境、学习经历、典型事件、人生目标等介绍，导出有关他性格、资历、志向和生活动力的线索。

这是一个应聘者的自我介绍："小时候家里很穷，看到爸妈那样辛苦，我就立志要成为一个成功的商人，多赚钱让父母过上幸福的生活。所以高考时我选择了市场营销专业。大学期间，我曾在一家服装店打工，发现我能轻而易举地将东西推销出去。销售固然重要，但对我来说，更重要的是用诚信赢得了顾客的满意。不久便有顾客返回那家服装店点名让我为他们服务。我性格外向，善于与人交往，同学们都说我是大活宝。"

（2）你打算如何把自己以前的经验应用到我们公司的销售工作中？

这个问题是考察应聘者在证明自己的能力时所使用的例子。实际也是检验应聘者有没有销售方面的实践经历，通过所举的例子来看其是否有这方面的经验。这些例子可能跟销售活动有些直接或间接的关系。除了这些明显相关的情节，推销员还应该突出自己在设定目标和达到目标方面的能力。

（3）为什么决定到我们公司应聘这份销售工作？

针对这个问题，用人单位都不希望应聘者茫然地凝视和耸肩，然后含糊其词地说："你们在报纸上打广告，我就来应聘了。"

企业希望找到证据证实应聘者对下列情况有些基本的了解：你所应聘的公司是做什么的？销售对象是哪些？为什么说把公司的产品或服务卖给那些人是一个对专业水平的挑战？在回答时，尽量表达出内心对于销售这份工作的热情。

请比较一下下面两个应聘者的回答：

回答1：我非常喜欢贵公司，关注公司很久了。"我毕业于某大学市场营销专业，22岁，平均成绩85分，班级排名前十，是系学生会干部，组织过很多社团活动，还是学校义卖形象大使。我爸爸是局长，有广泛的人脉。我的爱好是游泳、看书。"

回答2："我毕业于某大学市场营销专业，我关注贵公司很久了，很清楚你们公司的业务是……做销售工作必须有为顾客服务的理念，要有扎实的营销知识、睿智的头脑和丰富的实践经验。所以我除了平时在校刻苦学习专业知识，还利用寒暑假到企业实习。我曾在一家服装店打工，我发现我能轻而易举地将商品推销出去。销售固然重要，但对我来说，更重要的是用诚信赢得了顾客的满意。不久便有顾客返回那家服装店点名让我为他们服务。顾客满意了，老板赚钱了，而我则收获了自信，更坚定了成功的信念。"

（4）请说出一个你曾遇到的棘手问题并说明你是如何妥善处理这个问题的。

应聘者说明的案例应该可以表现出机智、交际手段以及面对意想不到的挑战迅速给予回应的能力，还知道如何对过去的功绩做有说服力的口头说明。在叙述的过程中，一定要流利。

（5）如果你有机会把事情重做一遍，你的做法会有什么不同？

这个问题要考察的是，当不同的方法可能产生更好的结果时，应聘者是否具备后退一步、反复思考的能力。推销员必须学会总结和提高，能从以前失败的案例中吸取教训，会从成功的做法中总结经验。无论推销员是野心勃勃的新手还是经验丰富的老手，如果不能从诸如一次糟糕的销售会议或者一个没有及时回复的顾客电话之类的事情中吸取教训，那么不大可能成为面试官所想象的那种优秀的推销员。

（6）你和你的经理或者老板有过意见分歧吗？

对于这个问题，不适合说"没有"，因为工作中意见分歧是在所难免的。应聘者可以说明，人并不总是与他人和睦相处，没有任何分歧的，但应知道如何讨论、协商以及如何从工作冲突中脱身。不应该含蓄地或者直截了当地问到底自己做错了什么，最终把分歧的错误归到经理或老板那里。

（7）告诉我一笔别人都不相信你能完成但你却完成不了的业务。

有经验的销售人员也会有五六个这样的事例。对于这个问题，应聘者应该重点突出抗干扰和克服难题的经验与毅力以及思考方式等。企业更看重的是你是否有独特的、打破常规的思维方式和做事方法。

（8）如果我认为你在面试期间的回答表现存在严重问题，你会怎么做？

这个问题主要是看应聘者对与顾客交流中存在的压力如何反应。大多时候，面试官并没有直接说对方有严重问题或者表现很差，只不过是一些暗示。遇到这个问题，最关键的要保持冷静的头脑，从容机智地应答。

（9）你对今后有什么打算？

回答这个问题时，应聘者应该将所应聘岗位和自己的职业发展规划结合起来，表现出脚踏实地的精神，将自己的成长规划和企业的发展规划恰当地融合。

（10）为取得成功，一个好的推销员应该具备哪四方面的素质？你为什么认为这些素质是十分重要的？

回答这个问题时，应聘者说出自己的见解即可。例如，认真、有激情、努力加有相当的沟通能力与业务技巧。认真是做好一件事的保障，认真才能做好一件事情，如果不认真是做不好任何事情的。当然，每人的看法各不相同。比较重要的素质还包括诚信、锲而不舍、热情、知识面广等，只要能自圆其说就行。

（11）如果你有一百万你会做什么？

这是一个考察应聘者的计划性的问题，不能回答买房购车这样的事情。有头脑的人，永远将投资作为最大的快乐，从而能显示应聘者是个有计划的人。但是不要浮夸，说马上开一家公司这样的话，如此激进会让人产生不信任感。即使有创业计划也要脚踏实地，切实可行。如做些风味小吃，主营于大学、工业区、商业步行街等人流量多的地方，花费不高，但销量多。俗话说万丈高楼平地起，你可以在大学附近找个小店经营豆腐小食：特色风味豆腐、烤豆腐、煎豆腐、酿豆腐、煮豆腐、豆腐花、豆浆、豆饼等。因为价钱不高，而且又有风味肯定可以大量热销，加上成本低，那还不能生意兴旺吗？

（12）请讲讲你遇到的最困难的销售经历，你是怎样劝说顾客购买你的产品的？

不管销售也好还是其他的什么职业，当你去面试时最常见的就是这样的一个问题，让你说说自己曾经的工作经历，面试官主要是想从你过去的工作中了解你处理问题的能力，回答这样的问题可以将过去的经历稍微夸大，让面试官对你刮目相看。

（13）关于我们的产品生产线和我们的顾客群体，你了解多少？

此类问题也是在面试时比较受关注的，所以在准备面试前，应聘者要先对打算进入的公司有一个整体的了解，做到有备而来。

（14）在接手你的前任工作后，你用什么方法来发展并维持已存在的顾客的？

对顾客的维护每个人有每个人的不同方式，可以把顾客当作朋友，不要总是觉得和顾客间只有生意关系，这样就能与顾客保持较好的关系，在回答这个问题时，应聘者可以告诉面试官一些曾经与顾客间保持良好关系的例子，这样比说空话要好得多。

（15）假如给你定的销售任务很大，完成任务的时间又很短，你用什么办法以确保达到销售目标？

这个问题比较尖刻，是看应聘者是否有应变能力，其实任务大时间短是销售人员经常遇见的问题。应聘者可以告诉面试官，自己会将任务量化，把每天应该做多少工作都计算出来，然后严格按照计划去做，有计划地工作是成功的最大保障。

（16）一般而言，从和顾客接触到最终销售的完成需要多长时间？这个时间周期怎样才能缩短？

根据产品的不同时间会有所不同，应聘者应当根据行业的特点去回答第一个问题，缩短周期的办法最重要的就是了解顾客的真正需求,尽快在价格上达成一致。

（17）你怎样才能把一个偶然购买你产品的人变成经常购买的人？

对顾客进行定期的售后回访是招揽回头客的最好方式,应聘者只有让顾客感到自己的服务是一直存在的,你的产品是有保障的时候他才会在你有了新的产品后继续购买。同时与顾客保持良好的关系也非常重要。

（18）如果让你给新员工上一堂销售课程,你在课堂上要讲些什么？为什么？

这道题是想知道应聘者是不是对激励他人员有自己独特的办法,在回答这个问题时,应聘者应当考虑的是：给新员工上课,如何激励他,让他能全心投入销售工作。

（19）关于销售,你最喜欢和最不喜欢的是什么？为什么？

应聘者回答这个问题应着重突出"销售最重要的工作是什么"和"销售不能做的事情"两个方面。参考回答：最喜欢的是跟顾客进行商务谈判,因为这有利于提高自己,跟不同的人交流就等于在跟不同的人学习；最不喜欢的是团队里出现带着资源离开的"伙伴",因为这样会使销售的工作很被动,而且会让公司对我们的团队失去一些信任。

（20）可以告诉我,你认为你有哪些技能可以让你销售成果显著吗？

对于这个问题会有两个类似的好回答：

其一,"我就是那种在任何地方都可以销售成功的人,在这个公司也不例外。"记住,要充满自信,并且需要举例说明。

其二,"根据我了解到的关于贵公司的一些情况,我认为可以在这里做得很好,我对此非常有信心。不过,我对这份工作了解还不够多,在此不能冒昧也告诉你我会取得显著成果的具体理由。坦诚地说,还有许多事情我不知道,我能否问您几个关于这份工作的问题？"根据很普通而又可靠的原则,用人单位有时候更愿意雇用那种敢于机智发问和那种不介意纠正他的错误的人。

2. 无领导小组讨论

招聘面试也常采用无领导小组讨论的方式。

无领导小组讨论是情境性问题面试的一种形式,即把几个应聘者组成一个临时工作小组,讨论给定的问题,并作出决策。由于这个小组是临时拼凑的,并不指定谁是负责人,目的就在于考察各个应聘者的表现,尤其是看谁会从中脱颖而出,但并不是一定要成为领导者,因为那需要真正的能力与信心,还需有十足的把握。无领导小组讨论面试时面试官要认真记录每位应聘者的发言时间、发言重点,以便为他们打分。

无领导小组讨论面试要给出要讨论的情景,并提出具体的要求。

比如下面的例子。

情景：你们正乘坐一艘科学考察船航行在大西洋的某个海域。考察船突然触礁并立即下沉。队长下令全队立即上橡胶救生筏。据估计,离你们出事地点最近的陆地在正东南方向1 000海里处。救生筏上备有16件物品,除了这些物品以外,有些同志身上还有一些香烟、火柴和气体打火机。

现在队长要求你们每个人将救生筏上备用的16件物品按其重要性进行排列,把最重要的物品放在第一位,次重要的放在第二位,直至第16件物品。

要求：

（1）每个人在 5 分钟内作出决定，给物品排序。

（2）小组必须在 30 分钟内讨论并作出统一决定。

（3）派代表汇报你们的排序。

附：排序用的物品：指南针、剃须刀、镜子、饮用水、蚊帐、机油、救生圈（一箱）、压缩饼干（一箱）、小收音机（一台）、航海图（一套）、二锅头（一箱）、巧克力（二斤）、钓鱼工具（一套）、15 尺细缆绳、驱鲨剂（一箱）、30 平方尺雨布一块。

情境分析的方式不仅限于对案例资料的讨论分析，还包括看图分析、社会现象分析等。可根据行业对推销员素质的要求有针对性地进行设计和安排。

视频 6—招聘—看图分析

视频 7—招聘—情境分析

3. 设计突发事件

当然，应聘者的人品、敬业心等方面是很难通过提问来检验的。针对这些问题企业可以设置一些突发事件或其他情境问题来考察。如突然有重病人需要协助送医、突然有急事需要人帮助、突发灾难需要逃离、凌乱的面试现场需要整理、乘车外出人多座少等。又如前面我们举例中提到的面试官故意系错扣子来检验应聘者的个性，等等。

视频 8—面试人品考核

4.1.5 笔试

为了检验应聘者的知识面和理论素质，有的企业除了面试，还要进行笔试。笔试的主要涉及以下内容。

1. 专业及社会知识

如市场营销学、管理学、顾客心理学、社会学、社交礼仪等综合知识。

2. 案例分析

（1）考察应聘者正确的营销思维方法。

（2）考察应聘者营销创意和解决问题的能力。

笔试并非所有企业招聘时必需的环节，另外，不同企业在笔试时考核的侧重点也不尽相同，所以这里不再赘述。

4.2 推销员的培训

4.2.1 培训体系与方法

销售培训首先涉及一个观念问题,即领导者怎样认知销售,是不是把销售能力看成一项有价值的、科学的、系统的东西。这是决定销售培训是否可以开展和坚持的关键。所谓有价值,是指销售人员确实可以为公司、为顾客创造价值,和生产人员为产品增值(从而最终为顾客增值)是一个概念。所谓科学,是指领导者认为销售这项技能是可以复制的,而不是依赖于人们的天赋和运气;所谓系统是指销售不是一个简单的行为,而是包含了知识、技能、管理等多因素的复杂体系,不能指望一蹴而就。有的企业领导不重视推销员的培训,只简单介绍一下产品知识就开始分配销售任务,让推销员自己想办法推销。这是极其不负责任的。新员工招聘进来后,一定要进行系统培训才能上岗,这对公司、对业务员、对顾客都是必要的。

推销员教育培训体系概括地说如图4-1所示。

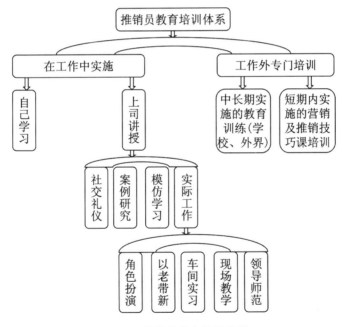

图4-1 推销员教育培训体系

4.2.2 培训内容

1. 一般情况的了解

(1) 本企业过去的历史及成就。
(2) 本企业在社会及国家经济结构中的重要性。
(3) 本企业在所属工业界中的现有地位。

（4）本企业的各种政策，特别是营销、售后服务等政策。
（5）推销工作的重要性、工作态度、任务安排。
（6）受训的目的、课程内容和程度。

2. 产品介绍
（1）产品模式。
（2）产品组成。
（3）产品功能及定位。
（4）适合特殊需要的可变性。
（5）制造的方法。
（6）包装的情况。
（7）产品用途及其限制。
（8）产品损坏的普遍原因、常见故障及其简易维护、修理方法。

3. 产品推销的基础
（1）产品适合消费者的需要及欲望。
（2）推销应顾及消费者的经济条件。

4. 销售技巧
（1）如何注意仪表和态度。
（2）如何发挥服务精神。
（3）访问准备、初访和再访。
（4）推销话术。
（5）如何利用实物说明。
（6）如何争取顾客好感。
（7）如何应付反对意见。
（8）如何坚定推销信心。
（9）如何克服推销困难。
（10）如何获得推销经验。

5. 争取市场的指导
（1）如何寻觅、选择及评价未来的顾客。
（2）如何获得约定、接洽日程、准备途径及注意事项。
（3）如何明了有关经销商的职能、问题、成本及利益。

6. 行政工作的指导
（1）如何撰拟销售报告。
（2）如何答复顾客查询。
（3）如何处理文书档案。
（4）如何控制销售费用。
（5）如何实施自我管理。

4.2.3 训练的方式

(1) 在职训练。一方面工作,另一方面受训。选用这类训练最多,这种训练方法既不影响工作,又能增加推销员的感性认识,以战代练,提高得很快。

(2) 个别会议。推销员个别参加讨论的会议。

(3) 小组会议。由若干推销员成立小组参加讨论的会议。

(4) 个别函授。分别函授各个推销员。

(5) 销售会议。在经常举行的销售会议中训练。

(6) 通信训练。利用通信教材训练。

4.2.4 训练的实施

1. 讲授法

讲授法是最广泛应用的训练方法,其普及的主要原因在于经济而非效果。此法为单向沟通,受训人获得讨论的机会甚少,因此不易对讲师进行反馈,而讲师也无法顾及受训人的个别差异。概言之,此法最适用于提供明确资料,奠定往后训练的基础。讲授时必须注意以下几点。

(1) 讲师上课前应有充分准备,如纲要及各种图表之类,必要时需制作 PPT。

(2) 利用如何、何时、何地、何故等问题以作说明,并设法与受训人交换意见,以及鼓励他们的设想与发问。

(3) 讲授时以能兼用示范为佳,即利用各种视觉器材,如实物、模型或影片等,以加强受训人的了解。

(4) 每次讲授时间不宜太长,因受训人能集中注意力听讲的时间甚短,通常半小时后其兴趣即逐渐减低直至消失。

2. 会议法

此法为双向沟通,可使受训人有表示意见及交换思想、学识、经验的机会。且讲师容易鉴别受训人对于重要教材的了解程度,有时可针对某一专题讨论,也有一组专家领导讨论的。会议主持人应注意以下各点。

(1) 解释会议的背景、用途及利益。

(2) 宣布讨论的目标、任务及方法。

(3) 表明讨论的计划、准备及程序。

(4) 选提问题的种类、说明及处理。

(5) 引起特殊实例的应用及讨论。

(6) 各种说明图表的计划及准备。

(7) 利用各种器材的模型及电影。

(8) 主席最后结论的归纳及评判。

3. 小组讨论法

由讲师或指定小组组长领导讨论,资料或实例由讲师提供。小组人数以少为宜,但可允许一部分人员旁听。小组领导人应具备如下条件。

（1）具备足够的知识和经验，使人信赖尊敬。
（2）具有足够的忍耐与机警。
（3）具有足够的自制与虚心。
（4）具有听取他人意见的习惯。
（5）具有发挥自己意见的能力。
（6）具有轻松听众情绪的幽默。
（7）不可倾向冗长的发言。
（8）不可询问题外的问题。

4. 实例研究法

此法是指选择有关实例，并书面说明各种情况或问题，使受训人各就其工作经验及所学原理，以研求解决之道。目的在于鼓励受训人思考，并不着重如何获得适当的解决方案。

5. 角色扮演法

指定一受训人扮演推销员，其余受训人和讲师权作顾客，使受训人试行处理销售过程中的一切问题。当演习终止后，各参加者、观察者对推销员行为的优势加以点评。此法的目的，在于缩小受训人对于做工作与实际工作间的鸿沟，且可以使受训人在实际销售行为上获得一种体察能力。

6. 业务模仿法

此法是假装或模仿一种业务情况让受训人在一定时间内作一系列决定。随每一系列决定的结果，业务情况已有变更的可能，如此可观察受训人如何适应新情况。此法的最大优点，可研究受训人所作决定在若干时间后及不稳定情况下的效果如何。利用此法以训练销售经理，远比训练推销员为多。

7. 示范法

示范法是指老业务员亲自示范或运用幻灯片、影片或录像带来示范的一种训练方法，此法只限中小型场地及少量人，如果主题是经过选择的，且由具有经验及权威的机构来制作，则在提高受训者记忆效果方面是最强的。

8. 自我进修法

这是一种较不受时间、空间约束的训练方式。但除非受训者已具实务经验，而且积极向上，自我改进欲望极高，否则很少有长足的进步。这也适用更高级的专门性训练，如演讲、开会、写报告等专业知识或技能的训练。一般中、高级管理人员运用较多，也有购买专集式的书刊或录音带或去参加专业讲习训练班等，在效果及成本上仍须仔细评量一番。

9. 游戏培训法

游戏培训法是一种较先进的高级培训方法，它不同于传统的培训模式，它没有黑板、粉笔、讲义和照本宣科的老师，而是运用先进的科学手段，综合心理学、行为科学、管理学几方面知识，积极调动学员的参与性，使原本枯燥的概念变得生动易懂。它把受训者组织起来，在讲师所给予的规则、程序、目标和输赢标准下，就一个模拟的情境进行竞争和对抗式的游戏。一项具有合作及竞争特性的活动，它综合了案例研究与角色扮演的形式，要求参与者模仿一个真实的动态的情景，参与者必须遵守游戏规则，彼此互相合作或竞争，以达到游戏所设定的目标。

追求训练的最高成效是对上述各种训练方式都有准备，以全力支援训练的精神对各种方式作弹性组合搭配运用。

培训游戏

4.3 推销员的报酬管理

高收入是吸引推销人才的主要因素，推销员报酬机制是否合理，不仅影响着企业的营销目标能否实现，而且直接影响销售队伍是否稳定，所以制定合理的推销员报酬管理制度是企业销售管理的关键环节。

4.3.1 制定推销员报酬制度的原则

不同行业，不同企业的情况不同，报酬管理机制也有很大差别。推销员报酬管理制度不在于是否高大上，关键在于是否适合本企业。所以千万不要简单照搬其他企业的销售管理制度。

在制定推销员报酬制度时要注意以下原则。

1. 现实性原则

此原则也可称为实用性原则，即报酬应制定在比较现实的水平上。也就是说既不让推销员感到吝啬，又要不给人以浪费感。只有这样权衡才能使销售费用保持在既现实又较低的程度上。

2. 灵活性原则

报酬制度的建立应既能满足各种销售工作的需要，又能比较灵活地加以运用。这样的报酬制度可以引起推销员注意观察顾客的兴趣。

3. 激励性原则

报酬制度须能给予推销员一种强烈的激励作用，以便促使其取得最大潜能的销货量；同时又能引导推销员尽可能地努力工作，对公司各项活动的开展起积极作用。若销售任务定得过低，推销员不努力就能完成，就起不到激励的作用；相反，若销售任务定得过高，推销员无论如何努力都达不到，也会失去激励的作用。

4. 吸引性原则

报酬制度必须富有竞争性，给予的报酬要高于竞争者的相关报酬，这样才能吸引到优秀的推销员来参加本企业的销售组织。

5. 稳定性原则

优良的报酬制度，要能够使推销员每周或每日有稳定的收入，这样才不至于影响其生活,从而努力工作。

6. 相称性原则

推销员的报酬必须与其本人的能力相称,并且能够维持一种合理的生活水准。同时须与企业内其他人员的报酬相称,不可有任何歧视之嫌。

7. 公平公正原则

推销员的报酬主要取决于推销员的销售业绩及相关表现,对推销员销售业绩及相关表现的考核必须一碗水端平,必须公平公正。只有这样才能让推销员保持良好的心态投入工作,否则很容易伤感情。假如推销员带着不满情绪去推销,其结果可想而知。

4.3.2 确定推销员报酬水平的依据

1. 推销效果

(1)推销效果包括多方面的内容,除了销售任务的完成情况外,还包括新顾客开发情况、老顾客流失情况、顾客评价以及反馈信息情况等多方面的结果。企业在考核推销员的推销效果时,不能只看销售额,还要把诸多效果因素综合考虑。

(2)推销效果评价旨在考察推销员的推销理念是否正确,是否重视顾客关系维护,是否为完成任务而不择手段,等等。

(3)推销效果评价是建立一种公平合理薪水制度的基础,必须加以重视。

2. 同行业水准

(1)如果报酬水准较同行业类似工作的报酬水准低,则难以吸引或保留可用的优良销售员。

(2)如果报酬水准较同行业类似工作的报酬水准高,则必将增加销售成本。

值得一提的是,参考同行业水准是有一定困难的,这主要是因为即使是同行业,各种销售工作仍有较大的差异,而且也不易获得可靠资料。

3. 企业内其他工作报酬

确定报酬水准也要注意考虑企业内其他工作的报酬水准。如果欠公平,则最容易影响员工们的工作情绪和稳定性。

特别要注意的是销售部门内各种工作报酬的一致性。有时干练的推销员的薪资加上报酬或奖金,可能比地区销售经理或销售总经理所获得的报酬还高,从而使上下关系很尴尬。而且,此等推销员多半不愿接受被调职的推销员的任命。

4.3.3 推销员报酬制度的类别

常用的推销员报酬制度主要有以下几种。

1. 纯粹薪水制度

无论推销员的销货额多少,均可于一定的工作时间之内,获得一种定额的报酬,即一般所谓的计时制薪水。固定报酬的调整,主要依照评价推销员表现及承担的任务。其他如配合竞争的需要、年资等因素,一般都较为次要。

此项制度有以下优点。

（1）易于了解，且计算简单。
（2）推销员的收入可获得保障，以使其有安全感。
（3）当有的地区有全新调整的必要时，可以减少敌意。
（4）适用于若干集体努力的销售工作。

此项制度有以下缺点。
（1）缺乏鼓励作用，不能继续增加销量成果。
（2）就报酬多寡而言，有薄待工作优良者及厚待工作恶劣者之嫌。

2. 纯粹佣金制度

此项报酬制度是与一定期间的推销工作成果或数量直接有关的，即按一定比率给予佣金。这样做的主旨是给优秀推销员以鼓励，其实质是奖金制度的一种。

佣金的计算可根据销货量的金额或单位（毛额或净额）。其计算可以是基于总销货量，也可以是基于超过配额的销货量，或配额的若干百分数。

佣金也可以根据推销员的销售对公司利润的贡献来定。另一种较难计算的公式是根据推销员的活动或表现来确定。

这种方法较公平，但却较难实行。

支付佣金的比率，可以是固定的，即第一个单位的佣金比率与第八十个单位的佣金比率都一样。此比率也可以是累进的，即销售量（或利润贡献等基准）越高，其佣金比率越高。

佣金比率也应顾及产品性质、顾客、地区特性、订单大小、毛利量、业务状况的变动等。

支付佣金的方法或预支账户。

（1）保证提存或预支账户。让推销员预支一定金额，将来由其所得佣金偿还。如果所得佣金大于预支金额，则不必归还其差额，实际上与纯粹薪水方法相似。

（2）非保证提存或预支账户。推销员必须偿还全部预支金额，如果本期佣金不足偿还，可递延至下期清算。所以预支金额实际上相当于一种借款形式。

（3）暂记账户。每个月给予各推销员一定的金额，记入该人员暂记账户的借方，每位推销员每月应得的佣金，应记入本账户的贷方。年底结账时，如果有贷方余额，应补发给该推销员；如果借方有余额，可以注销，如同保证预支账户，也可递延至下一年度结算，如同非保证预支账户。

此项制度有以下优点。
（1）富有激励作用。
（2）推销员可获较高的报酬。
（3）控制销售成本较容易。

此项制度有以下缺点：
（1）在销售波动的情况下不易适应。如季节性波动，以及循环波动。
（2）推销员的收入欠稳定。
（3）增加了管理方面的人为困难。

3. 薪水加佣金制度

纯粹薪水制度缺乏弹性，对推销员的激励作用不够，而且纯粹佣金制令推销员的收入变动较大，推销员缺乏安全感。薪水加佣金的混合制度则调和了这两个方面的不足。

薪水加佣金制度是以单位销货或总销货金额的百分率计算佣金，每月连同薪水支付，或年终结算时累计支付。

此项制度的优点是：与奖金制度相类似；既有稳定的收入，又可获得随销货额增加的佣金。

例 4-3

一家化妆品公司对推销员实行薪水加佣金制度。某推销员的报酬是月工资 2 000 元，另加完成商品推销额的 5% 的佣金。假定某月该推销员完成商品推销 2 000 元，则该月他的收入为

薪水 + 佣金 = 薪水 +（完成商品推销额×佣金率）

= 2 000 +（2 000 元×5%）

= 2 000 + 1 000 = 3 000（元）

薪水加佣金制的价值在于，如使用得当，既能克服纯粹薪水制和纯粹佣金制的缺点，又吸取了上述两者的优点。这种报酬制度比较适合于工作相对稳定，但销售额又能在一定程度上反映其工作态度的推销员，如零售商店的推销员。

4. 指标佣金制

指标佣金制（quota commission）又称工资加指标佣金制，指推销员在领取工资的基础上，按超额完成推销定额（推销任务）的金额的百分比获得佣金。在这种报酬制度下，每个推销员都分配到一个推销任务指标，这个指标是由销售管理人员根据推销员的基本工资和销售成本率两个因素确定的，即

$$推销指标额 = \frac{基本工资}{销售成本率}$$

基本工资 = 推销指标额×销售成本率

实行指标佣金制的理由是，无论是工资或佣金作为销售成本必须由相应的销售收入做保障。

例 4-4

某日用工业品推销员的报酬形式是指标佣金制，其中基本工资每月 2 000 元，超额完成推销指标可获得占超额金额 10% 的佣金，同时销售成本率为 4%。假定该推销员某月完成销售金额 7 万元，该月该推销员收入是多少？

销售指标额 = 2 000 元÷4% = 50 000（元）

佣金 =（70 000 − 50 000）×10% = 2 000（元）

该月该推销员收入 = 基本工资 + 佣金

= 2 000 + 2 000 = 4 000（元）

5. 薪水加佣金再加奖金制度

此项报酬制度吸取了上述三种方法的优点，利用佣金及奖金来提升工作的成效。

此项制度的优点是：推销员每月可以获得稳定的收入及另发的佣金与奖金，而在管理方面也能有效地控制销售人力。

此项制度的缺点是：实行此制度需要有关记录及报告，因此提高了管理费用。

6. 特别奖励制度

特别奖励就是规定报酬以外的奖励，即额外给予的奖励。

这种额外奖励分为金钱奖励及非金钱奖励两种。金钱奖励包括直接增加薪水或佣金，或间接的福利，如假期加新、保险制度、退休金制等。非金钱奖励的方式很多，如通过推销竞赛给予推销员一定的荣誉，像记功、颁发奖章及纪念品以及旅游等。

额外奖励可根据推销员超出配额的程度、控制推销费用的效果或所获得新顾客的数量等来确定。

此项制度的优点是：鼓励作用更为广泛有力，常常可以促进滞销产品的销售。

此项制度的缺点是：奖励标准或基础不够可靠，可能引发推销员之间的不平以及管理方面的困扰。

延伸阅读 4
面试常问的 40 个问题

思考题

1. 推销员的招聘标准是什么？
2. 推销员的招聘流程是什么？
3. 推销员的面试应如何安排？
4. 推销员的笔试应如何安排？
5. 如何考察推销员的人品、性格？
6. 推销员的培训如何实施？
7. 推销员的报酬制度有哪几类？

第 5 章 目标顾客的购物心理

 开篇案例

如何把梳子卖给和尚

案例背景：从前,有两名推销员张三和李四,每天走街串巷,到处推销梳子。有一天,二人结伴外出,无意中经过一处寺院,望着人来人往的寺院,张三大失所望,"唉,怎么会跑到这个地方来,这里全是一群和尚,和尚哪会买梳子呢?"于是打道回府。

刚刚看到寺院的招牌,李四也是心里一凉,非常失望,但长期形成的职业习惯和不断挑战自我的精神又告诉自己:"既然人人都有需求,那也可以挖掘寺庙的需求。不试试怎么会有结果呢?事在人为嘛!"于是,他径直走进了寺院,待见到方丈时心里已想好了沟通的切入点。见面施礼后,李四先声夺人地问道:

"方丈,您身为寺院住持,可知做了一件对佛大不敬的事情吗?"方丈一听,满脸诧异,诚惶诚恐地问道:"敢问施主,老衲有何过失?"

"每天如此多的善男信女风尘仆仆,长途跋涉而来,只为拜佛求愿。但他们大多满脸灰尘,头发散乱,如此拜佛,实为对佛之大不敬,而您身为寺院住持,却对此视而不见,难道没有失礼吗?"

方丈一听,顿时惭愧万分:"阿弥陀佛,请问施主有何高见?"

"方丈勿急,此乃小事一桩,待香客赶至贵院,只需您安排盥洗间一处,备上几把梳子,令香客梳洗完毕,干干净净,利利索索拜佛即可!"李四答道。

"多谢施主高见,老衲明日安排人下山购梳。"

"不用如此麻烦,方丈,在下已为您备好了一批梳子,低价给您,也算是我对佛尽些心意吧!"

经商讨,李四以每把3元的价格卖给了老和尚10把梳子。

李四满头大汗地返回住所,恰巧让张三看到,"嗨,李四,和尚们买梳子了吗?"张三调侃道。

"买了,不过不多,仅仅10把而已。"

"什么!10把梳子?卖给了和尚?"张三瞪大了眼睛,张开的嘴巴久久不能合拢,"这怎么可能呢?和尚也会买梳子?向和尚推销梳子不挨顿揍就阿弥陀佛了,怎么可能会成功呢?"

于是李四一五一十将推销过程告诉了张三,听完以后,张三恍然大悟,"原来如此,自愧不如啊,佩服佩服!"张三嘴上一边说,心里一边想:"为什么我会放弃这个好机

会呢？老和尚真是慷慨啊，一下子就买10把梳子，还有没有机会让他购买更多的价格更高的梳子呢？"脑筋一转，计上心来，他当天晚上便与梳子店老板商量，连夜赶制了100把梳子，并在每把梳子上都画了一个憨态可掬的小和尚，还署上了寺院的名字。

第二天一早，张三带着这100把特制梳子来到了寺院，找到方丈后，深施一礼："方丈，您是否想过振兴佛门，让我们的寺院声名远播、香火更盛呢？"

"阿弥陀佛，当然愿意，不知施主有何高见？"

"据在下调查，本地方圆百里以内共有5处寺庙，每处寺庙均有良好服务，竞争激烈啊！像您昨天所安排的香客梳洗服务，别的寺庙早在两个月前就有了，要想让香火更盛，名声更大，我们还要为香客多做一些别人没做的事情啊！"

"请问施主，我院还能为香客多做些什么呢？"

"方丈，香客来也匆匆，去也匆匆，如果能让他们空手而来，有获而走，岂不妙哉？"

"阿弥陀佛，本寺又有何物可赠呢？"

"方丈，在下为贵院量身定做了100把精致工艺梳，每把梳子上均有贵院字号，并画可爱小和尚一位，拜佛香客中不乏达官显贵，豪绅名流，临别以梳子一把相赠，一来高僧赠梳，别有深意，二来他们获得此极具纪念价值的工艺梳，更感寺院服务之细微，如此口碑相传，很快可让贵院声名远播，更会有人慕名求梳，香火岂不越来越盛呢？"

方丈听后，频频点头，张三遂以每把5元的价格卖给方丈100把梳子。

张三大功告成，兴致勃勃地回来与李四炫耀自己的成功推销经历，李四听完，默不作声，悄悄离开。

当晚李四与梳子店老板密谈，一个月后的某天清晨，他携1 000把梳子拜见方丈，双方施礼后，李四首先问了方丈原来购买张三梳子的赠送情况，看到方丈对以往合作非常满意，便话锋一转，深施一礼："方丈，在下今天要帮您做一件功德无量的大好事！"

然后，李四将自己的宏伟蓝图向方丈描绘：寺院年久失修，诸多佛像已破旧不堪，重修寺院、重塑佛像金身已成为方丈终生夙愿，然则无钱难以明志，如何让寺院在方丈有生之年获得大笔资助呢？李四拿出自己的1 000把梳子，分成了两组，其中一组梳子写有"功德梳"，另一组写有"智慧梳"，比起以前方丈所买的梳子，更显精致大方。李四对方丈建议，在寺院大堂内贴如下告示：凡来本院香客，如捐助10元善款，可获高僧开光的智慧梳一把，天天梳理头发，智慧源源不断；如捐助20元善款，可获方丈亲自开光的功德梳一把，一旦拥有，功德常在，一生平安。如此一来，按每天3 000名香客计算，若有1 000人购智慧梳，1 000人购功德梳，每天可得善款约3万元，扣除我的梳子成本，每把8元，可净余善款1.4万元，如此算来，每月即可筹得善款40多万元，不出一年，梦想即可成真，岂不功德无量？

李四讲得兴致勃勃，方丈听得心花怒放，二人一拍即合，方丈当即购下1 000把梳子，并签订长期供货协议，如此一来，寺院成了李四的超级专卖店。

案例赏析：每个人都有需求，有的是现实需求，需要你及时引导；有的是潜在需求，需要你去激活；有的是间接需求，需要你去创造。本案例中的两位推销员就善于帮顾客创造需求。以顾客需求为导向，紧紧抓住顾客的消费心理，摸准沟通对象的心理脉搏，尽快找准切入点，迅速引起对方注意和好奇。大胆设想，小心求证，逐步引导。配以数字计算与逻辑推理来说明，具有很强的说服力，并最终实现目标。

这里需要强调的是，推销员紧紧围绕顾客（寺庙）的需求和利益来做文章，最终实现了双赢。顾客心理只是用来引起顾客好奇的手段，而非目的。所以最终取得成功，皆大欢喜，并不是把顾客根本没用的东西强行卖给顾客。有的人片面地说向和尚推销梳子是不道德的，这种观点是断章取义，有违公允。成功的推销应该让顾客自愿地作出购买决定，而非外力强加的。

5.1 顾客的心理活动过程

5.1.1 顾客的心理活动

心理是人的感觉、知觉、记忆、思维、情感、性格和能力的总和，是客观实际在人脑中的反映。脑是心理的器官，心理是脑的机能。心理是人类在对周围环境的长期适应后，在劳动和语言的影响下产生的，它是人类社会实践的产物。人的心理与动物心理有本质区别，具有自觉的能动性。

顾客心理是顾客在购买过程中的感觉、知觉、记忆、思维、情感、性格和能力的总和，是所推销商品、推销员及整个买卖活动过程在顾客脑中的反映。顾客之所以产生购买行为，除本能外，最重要的原因是为了满足某种需要。顾客不断产生的需求，是顾客购买行为产生的根本动力。

凡是能够满足顾客某个方面需要的商品，就能够引起顾客的心理活动，促使顾客注意它、认识它。顾客从接触推销员和推销商品到购买商品的具体心理过程分为三个阶段：认识过程、情感过程和意志过程。

5.1.2 顾客对推销的认识过程

顾客对推销的认识过程是顾客对推销活动的质和量以及它们之间各个方面的联系的反映过程，这个过程是通过顾客的感觉、知觉、记忆、联想以及语言活动、思维等心理机能活动来实现的。

顾客对推销员和商品的认识过程，是从感觉开始的。推销员和商品作为客观存在的事物，通过推销活动的接触，直接作用于顾客的眼、耳、鼻、舌、身这些外部感觉器官，刺激顾客的视觉、听觉、嗅觉、味觉和触觉，传达给神经系统，引起神经系统的兴奋，再传入大脑皮层的神经中枢，形成对特定推销员和商品的个别属性的反映，即感觉。

随着感觉的深入，神经中枢把感觉传递来的信息进行分析和综合，对推销员和商品的各种属性作进一步的整体反映，就形成了知觉。从感觉到知觉，是顾客对推销员和商品的感性认识阶段。在这一阶段中，顾客得到的只是对推销员和商品的直观形象的反映。

顾客在同一时间内不能感知推销活动的一切现象，而只能感知其中的少数对象，这种对推销中的一定事物的指向和集中，就是注意。注意强化了顾客对推销活动的认识过程。

顾客在感知过程中所形成的对推销活动的反映，在神经组织中留下一定的影响或痕迹的保持，就是记忆。记忆使顾客把感知过的经验积累起来，深化了顾客对推销活动的认识过程。随着感性认识的深化，顾客对推销活动的认识逐步上升到思维阶段，即理性认识阶段。

思维是理性认识阶段的主要表现，它是一个心理过程。它通过对感性材料的分析、综合、比较、抽象、概括、判断、推理等复杂的心理活动，使顾客获得对推销活动更全面、更本质的反映。

上述分析表明，顾客对推销的认识过程，是一个从感性到理性、从感觉到思维的过程。由此可知，所有的顾客购买所推销的商品都应该是思维的结果，是理性的行为，每一个购买行为都应该是理智的，经过周密思考和计划的。但是，在实际推销活动中，许多推销员都会发现，顾客的购买行为并不都是理智的，在许多情况下，都是感情在发生作用。为什么呢？心理学分析表明，顾客购买商品的心理过程，既是一个认识的过程，又是一个情感的过程。

5.1.3　顾客对推销的情感过程

情感亦称情绪，是人的需要是否得到满足时所产生的一种对客观事物的态度和内心体验。情感过程是伴随着顾客对推销活动的认识过程而产生的具有独特个性特点和主观体验的一种心理现象，是顾客对推销活动的态度在感情上的反映。情感过程与认识过程一样，发端于推销活动的刺激，当刺激达到一定程度就会引起生理反应，从而产生喜、怒、哀、欲、爱、恶、惧等一系列情感体验，即情感。情感一般由"趋与避""强与弱""快乐与不快乐"等要素组成。

1. 情感的分类

（1）根据情感不同的来源分类

情感根据其不同的来源可以分为五大类。

①基本情感，指喜、怒、哀、惧等经常反复出现的情感。

②单纯由感觉器官受到刺激引起的情感，如疼痛感、压迫感等。

③与自我评价有关的情感，如成功时的自豪感、失败时的羞辱感等。

④与他人有关的情感，如爱与憎等。

⑤与审美有关的情感，如愉快感、幽默感等。

（2）根据情感表现的方式和程度的差异分类

根据情感表现的方式和程度的差异，可以作如下分类。

①情绪：主要指对事物的单纯肯定和否定的态度，表现为快乐和痛苦、爱和憎、愉快和悲伤、满意和不满意等。

②激情：主要指短时间内一发即过的强烈的、爆发性的情感状态，如恐怖、激怒、狂喜、剧烈的悲痛、绝望等。激情的特点是瞬息性、冲动性和不稳定性，同时会伴有内脏、肌肉、内分泌腺等生理状态的变化，如发怒时的面红耳赤、咬牙切齿，恐怖时的心跳加速、手脚发抖等。

③热情：主要指爱情、嫉妒、理想等。其特点为持续性、稳定性和行动性，常常会

④心境：指爽朗、忧郁等内在心理感受，容易受身体状况、地理气候环境和社会生存条件等的影响。如体弱多病的"多愁善感"，妙龄女郎的"少女怀春"，成功者的"春风得意"，失败者的"郁郁寡欢"，历游名山大川的"指点江山，激扬文字"，阳春三月的"满园春色关不住"等，就是心境的表现形式。心境具有持续性、稳定性、非行动性和弥漫性等特点。

⑤情操：主要指对真、善、美和假、恶、丑的科学的、道德的、艺术的、伦理的、宗教的和价值的评判情感，可以概括为道德感、理智感和美感。其特点是具有较大的稳定性和深刻性。情操是人们在社会生活条件下通过学习和教育培养形成的高级情感。

⑥应激：主要指对出乎意料的紧急情况所引起的一种特殊情感状态。如被某种紧急情况吓呆或者惊奇等情感。

2. 顾客对推销活动的情感过程

顾客对推销活动的情感过程，大体可以分为以下四个阶段。

（1）喜欢阶段：顾客对推销员和商品表示满意或不满意、爱或憎、喜欢或不喜欢的最初印象和情感阶段。

（2）激情阶段：顾客对推销员的服务和商品由喜欢而引起一时的强烈的购买欲望和购买热情的阶段。在这一阶段，部分顾客就可能采取购买行动，但对大多数顾客来说，还只是购买动机的形成。

（3）评价阶段：顾客在购买动机的驱使下，对推销员和商品进行经济的、社会的、道德的和美的价值评估，如对推销员的道德评估，对商品外形的美观与否、价格是否合理、市场上是否流行等评判。这时情感过程开始大量渗入理智的成分，通过评价，感情与理智逐步趋于统一。

（4）决策阶段：顾客经过对推销活动的整体价值的评估，对推销的商品作出购买决策，采取肯定与否的购买行为。

在推销活动中及时注意和掌握顾客的情感过程，对成功地完成推销任务具有很大的帮助。

5.1.4 顾客对推销的意志过程

意志是人自觉调节行动去克服困难以实现预定目标的心理过程。人们进行任何活动都要先有目的、动机和需要，人们正是按照其社会性的需要和动机，依据对外界事物的态度和以往的生活体验，在客观现实的实践活动中，努力克服困难，实现自己的目的。

顾客在推销活动中的意志过程，是指顾客在推销活动中，自觉调节行动，克服困难以实现购买的心理过程。推销活动的成功与否，不仅取决于推销员的辛勤努力和商品的价廉物美，还取决于顾客一方的主动配合和努力。当某种购买可能违背个人的兴趣和情感仍需要去完成时，便表现出顾客的意志品质。

顾客在推销活动中的意志过程主要表现在两个方面：首先顾客的意志行动与目的相联系，其次顾客的意志行动与克服困难相联系。顾客在推销活动中的购买行为的自我调节，是发动与制止的辩证统一。这种调节表现为顾客根据自己的需要和动机，对推销的商品采取购买行动，或者制止即将发生的与预定目的相矛盾的购买行动。例如顾客在财力有限的条件下，有了购买推销员推荐的电脑或汽车的决心，这种决心促使顾客迅速筹集资金，克服困难实现购买；同时抑制购买其他商品的愿望或制止其他即将发生的购买行为。

顾客在推销活动中的意志过程，表现出独立性、果断性、坚韧性和自制性等特点。

（1）独立性。独立性指个人购买决策的意志能力，即顾客在推销活动中依靠自己的意愿和知识，根据自己的需要选购推销品的决策能力。顾客在购买推销品时有明确的目的，有较丰富的购买经验，对商品的性能、规格、使用和价格等有一定的认识，经济上具有独立性；同时在购买决策时，受推销员的影响而不受推销员的左右和控制。在推销活动中表现出其意志过程的独立性。

（2）果断性。果断性指一个人善于明辨是非，当机立断、毫不犹豫地作出决定的能力。顾客在推销活动中，能迅速而理性地选购推销品的意志品质，就是顾客意志的果断性表现。例如，有的顾客在了解推销商品确实价廉物美后，就立即购买；有的顾客虽知应该买，但表现犹豫、迟缓。前者为意志果断，后者则是意志优柔寡断。意志的果断性建立在认知和理性的基础上，不能与冲动性的草率行事混为一谈。具有果断性特点的顾客，不仅善于立即作出购买决定，而且善于等待较佳的购买时机。

（3）坚韧性。坚韧性指顾客在推销活动中能够长时间地与推销员保持合作，认真了解推销品的各种知识，为实现某个既定目的而表现出来的耐心和毅力。顾客在接受推销活动和实地购买时，会随时遇到来自外部的干扰和经济上的困难以及购买后的风险与压力。顾客能否战胜困难，坚持下去，是考察顾客购买行为意志过程坚韧性的标志。顾客意志的坚忍性与顽固执拗的品质是不同的。顽固执拗是对自己的行动不作理性检查而一意孤行。

（4）自制性。自制性指顾客在推销活动中，面对推销员的有力推销，善于控制和支配自己的能力，既能控制自己的情感和行为冲动，表现出应有的忍耐性，又能迫使自己排除干扰，作出理性购买决策的意志特性。具有自制力的顾客，在推销员的劝说或劝导下，既能作出正确的购买决策，又能善待为自己热心服务的推销员。自制力是意志品质的重要组成部分，没有克制就不可能有意志。

意志的独立性、果断性、坚韧性和自制性的特点，表明顾客在推销活动中具有能动性。推销员要想顺利地完成自己的推销任务，就必须在推销活动中充满爱心、耐心和自信心，热情周到地为顾客提供服务，从而实现推销目标。

5.2　顾客的购买动机分析

顾客为什么需要某种商品或服务？为什么从多种商品中选购了某个品牌的商品？为什么顾客对不同的商品广告有截然不同的态度？为什么顾客经常惠顾某些商场或品牌店？这些都是购买动机在发挥作用。

5.2.1 动机的含义及作用

1. 动机的含义

动机是指为求得个人欲望满足的一种驱使和冲动。驱使人的器官活动以求得某种满足的生理活力,叫作内驱力或驱使力。人的器官在内驱力的影响下进行活动,叫作动因。内驱力和动因,构成人的动机。

动机是由个体发动和维持其行为,并导向某一目标的心理过程。心理学把人们经常以愿望、兴趣、理想等形式表现出来的激励人们行动的这种驱使力和动因称为动机。动机的内涵涉及以下五个方面。

(1)动机唤起人体内的能量,即激活一般的紧张状态。

(2)动机给人体内的能量以指向,指向人所处的特定环境中可以满足需求的对象。

(3)动机比内驱力内涵复杂。内驱力导致的行为强调满足本能的生理需要,而动机则能驱使人为达到一定的目的而进行活动。

(4)动机本身与目的存在差异。在简单的行为中,动机与目的常常表现为直接相符,但在复杂的活动中,目的是行动所要达到的结果,动机则是要达到这种结果的主观原因。

(5)动机是一种心理过程。动机是由需要引发的紧张状态,并形成一种内驱力,推动个体行为以满足需要。需要得到满足后,动机过程随即消失,并同时产生新的需要,如此循环往复,如图5-1所示。

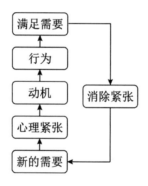

图5-1 动机的心理过程

2. 动机在顾客购买行为中的作用

动机是顾客购买行为发生的直接原因。动机具有内隐性、主观性和实践性,它在顾客购买行为中起以下作用。

(1)始动作用。动机能够唤起和引发行为,驱动推销对象产生购买行为,是顾客购买行为发生的初始动力。

(2)指向作用。动机在其形成和发展的整个心理过程中,规范着顾客的购买行为始终沿着特定的方向进行,直至预期目标的实现。

(3)强化作用。动机可以因行为的结果而对该行为的再生具有加强或抵消作用。动机可以因良好的购买行为结果而得到加强,称为正强化;动机因不良的购买行为结果而衰减和弱化,称为负强化。

（4）中止作用。当顾客的需要得到充分满足时，由于心理紧张消除，动机心理过程结束，便会中止具体行动，也可能由于顾客的需要极度不满足，而产生动机转移，中止追求预定目标的行为。

5.2.2 顾客的购买动机模式

由于需要的多样性和影响因素的广泛性，顾客的购买动机也呈现出复杂多样性。顾客的一般购买动机可以归纳为以下四种模式。

1. 本能模式

人类为了维持和延续生命，都有饥渴、寒暖、行止、作息等生理本能，由这种生理本能引起的动机和行为称为本能模式。本能模式的具体表现形式有维持生命动机、保护生命动机、延续生命动机和发展生命的动机等。在这种为满足生理需要的购买动机推动下，购买行为具有经常性、重复性和习惯性的特点。顾客在饥思食、渴思饮和疲思息等维持生命动机的驱使下，产生购买食品、饮料和家具等行为；为了治病，在保护生命动机的驱使下购买药品；为抚育子女而购买商品，是在延续生命动机的驱使下进行的；为获得更有利的生存技能和知识而购买书籍或缴纳学费，则是在发展生命动机的驱使下进行的。为满足生理本能的需要而购买的商品，多数是日常生活不可缺少的必需品，其需求弹性较小。

2. 心理模式

由人们的认识、感情、意志等心理过程引起的行为动机，叫作心理模式。具体可以分为以下几种。

（1）理智动机。理智动机是顾客在对商品的客观认识基础上，经过分析、比较和综合以后产生的动机。它具有客观性、周密性和控制性的特点。在理智动机驱使下进行的购买，比较注意商品的价廉物美，讲求实用和耐用，价格便宜、质量优良、使用方便，能为顾客提供预期的效用。

（2）情感动机。情感动机主要分为两种类型：冲动型情感动机和伦理型情感动机。

冲动型情感动机，亦称情绪动机，是由人的喜、怒、哀、欲、爱、恶、惧等情感冲动引起的动机。这类动机一般都是在外界的刺激信息影响下产生的，所购买的商品并不是生活必需或急需的，事前也没有计划和考虑。凡是由于满意、快乐、喜欢、好奇、好胜、嫉妒或愤怒等情感冲动而引起的购买行为，都属于这类动机。它具有冲动性、即景性和不稳定性的特点。

伦理型情感动机，是道德感、群体感、美感等人类高级伦理情感引起的动机。例如出于道德感购买保护环境的商品、为了友谊购买礼品、为爱美而购买化妆品等，为了正义、事业、荣誉等引起的购买动机，都属于这一类型。伦理型情感动机引起的购买行为，一般都具有较大的稳定性和深刻性。

（3）惠顾动机。惠顾动机是顾客基于理智和情感的经验，对特定的商品、推销员、品牌或商品产生特殊的信任和偏好，习惯或重复地购买某种商品的行为动机。这类动机的产生，可能由于商品的品种丰富，质量能够保证，价格合理，或者推销员的服务热情、周到和诚恳等。

这类动机推动的购买行为，具有经验性和重复性的特点。

3. 社会模式

人们的动机和行为，不可避免地会受到来自社会的各个方面和各种因素的影响。这种后天的、由社会因素引起的行为动机叫作社会模式或学习模式。社会模式的行为动机主要受社会文化、社会风俗、社会群体和社会阶层等因素的影响。社会模式是后天形成的动机，主要有民族心理动机、地域心理动机、传统心理动机、宗教心理动机、群体心理动机、职业心理动机和时代心理动机等。社会模式的行为动机一般分为基本的和高级的两类社会心理动机：由社交、归属、自主、传统等意念引起的购买动机，属于基本的社会心理动机；由成就、威望、荣誉等意念引起的购买动机，属于高级的社会心理动机。

4. 个体模式

个体模式即主要由顾客个体素质引起的行为动机。在个体模式中，个人因素是顾客差异性购买动机的根源。顾客的个体素质包括性别、年龄、性格、气质、兴趣、爱好、能力、修养、文化等方面。个体模式比前述的心理模式和社会模式更具差异性，其购买行为具有稳固性和多样性的特点。在一般条件下，个体模式与本能模式和社会模式交织在一起，以个体模式为核心发生作用，影响着整个购买的心理过程。

5.2.3 顾客的具体购买动机

顾客的购买动机是一个复杂的内在心理过程。这一心理过程可以分别从政治、经济、社会、文化、宗教、道德、生理等不同的方面进行分类。在现实的购买行为中，顾客经常表现出来的具体购买心理动机主要有以下几种。

1. 求实购买动机

这是以注重商品和劳务的实际使用价值为主要特征的购买动机。具有这种动机的消费者在购买商品或劳务时，特别重视商品的实际效用和功能质量，讲求经济实惠、经久耐用，而不大追求商品外观、造型、色彩或者商标的名气和包装等。目前，随着人们消费水平的逐步提高，人们的消费习惯、消费方式有了变化，但求实购买动机仍然普遍存在。产生这种购买动机的原因主要有两方面：一是受经济条件的限制；二是受传统消费观念和消费习惯的影响，崇尚节俭、精打细算、讲求实用、鄙视奢华。此外，求实购买动机还受人们所购商品的影响。一般来说，购买基本生活资料时，其实用性要求较高；而购买享受用品时，则对其实用性要求较低，求实动机表现得不突出。

2. 求新购买动机

这是以注重商品和劳务的新颖、奇特、时尚为主要特征的购买动机，具有这种动机的消费者在购买商品时，特别重视商品的外观、造型、式样、色彩、包装等，追求新奇、时髦和与众不同；对陈旧、落后的商品不愿购买。具有这种动机的人，大都思想解放，富于幻想，接受新思想快，一般在城市消费者和青年消费者当中较多。他们受广告宣传和社会环境的影响，是时装、新式家具及各种新款式商品的主要购买者。

3. 求美购买动机

这是以注重商品的欣赏价值和艺术价值为主要特征的购买动机。具有这种动机的消费者在购买商品时，特别重视商品对人体的美化作用、对环境的装饰作用、对其身份的表现作用，以及对人的精神生活的陶冶作用，追求商品的美感带来的心理享受。因此，他们对商品的造型、色彩与款式、艺术欣赏价值格外重视，"美"是他们最重要的要求，而对商品的实用性、价格不太看重。在青年人、知识分子阶层、文艺界人士中，具有这种动机的人比较多，他们往往是高级化妆品、首饰、工艺美术品和家庭高级陈设用品的主要购买者。

4. 求廉购买动机

这是以注重商品价格低廉，希望付出较少的货币而获得较多物质利益为主要特征的购买动机。这类消费者对价格特别重视，对价格的变化反应格外敏感，喜欢选购处理价、优惠价、特价、折价的商品。具有这种购买动机的人，以经济收入较低的人为多。这与消费者本身的经济条件有关，但也不是绝对的，有的是长期形成的消费观念造成的，比如小时候受过穷、吃过苦等。

5. 求名购买动机

这是一种以追求名牌商品或仰慕某种传统商品的名望为主要特征的购买动机。这种消费者对商品的商标、品牌特别重视，喜欢选购名牌产品。此外，这种动机在旅游观光者中表现得比较突出。多数旅游观光者都喜欢在游览名胜古迹的同时选购反映当地风格特点的土特产和风味食品，具有异域民族特点的工艺品对他们有很强的吸引力，往往能激起他们强烈的购买欲望。

6. 储备购买动机

这是以占有一定量的紧俏商品为主要目的的购买动机。当市场上某种商品供不应求出现脱销或者限量购买时，他们便尽可能地多买多储以备将来消费需要。商品价格的变化，也会促使消费者产生这一动机。

7. 自我表现的购买动机

这是一种以显示地位、身份和财富为主要目的的购买动机。这类消费者在选购商品或从事其他消费活动时，不太重视消费支出的实际效用，而格外重视由此而表现出的社会象征意义。具有这类动机的人，在享有一定社会地位的政府和社会各界名流中比较多见。例如，曾经有一位朋友来我国旅游，在一家旅游商店看到一幅标价 2 000 元的画，上面画的是两头毛驴，就毫不犹豫地买了下来。原来，邓小平同志访日时，曾赠送给日本首相一幅画有毛驴的画。这幅画挂在首相家中备受珍重。因此，日本的一些社会名流到中国旅游观光时也希望买到类似的画。这就是一种以提高自己的社会声誉、地位为主要目的的购买行为。

8. 好胜购买动机

这是一种以争强斗胜或为了与他人攀比并胜过他人为目的的购买动机。这类消费者购买商品往往不是由于迫切需要，而是出于不甘落后、胜过他人的心理。因此，由这种动机引起的消费行为具有冲动性、偶然性、即景性的特点，带有浓厚的感情色彩。

9. 好癖性购买动机

这是一种以满足个人特殊爱好为目的的购买动机。有些人特别偏爱某一类型的商品。例如，有些人喜欢养花、养鱼，有些人喜欢摄影、集邮以及收集一些古玩、字画等。因此，他们会经常购买与其嗜好、兴趣有关的商品。好癖性消费行为一般比较稳定与集中，具有指向性与连续性的特点。

10. 惠顾购买动机

这是一种以表示信任而购买商品为主要特征的购买动机。消费者从经验或印象出发，对某种商品、某个厂家、某家商店、某个推销员等产生特殊的好感，信任备至。具有这种动机的消费者，是企业最忠实的支持者，他们不仅经常光顾，而且会在其他消费者中起宣传、影响作用。企业应当在自己的经营中努力培养消费者的惠顾动机，不断争取更多的固定购买者。

11. 从众心理动机

这是以在购买某些商品方面要求与别人保持同一步调为主要特征的心理动机，其核心是"仿效"和"同步"，购买商品时喜欢购进和使用别人已经拥有的商品，但不能说这类消费者是非常理智成熟的。

12. 求速心理动机

这是以追求购买商品的交易活动迅速完成为主要目的的心理动机，其核心是"简便"和"迅速"，购买商品时目的明确，看到购买目标马上就买，往往不经过仔细挑选和比较。

以上列举的仅是现实生活中常见的一些很有限的消费者购买动机。需要指出的是，消费者仅由一种动机而采取行动的情况在现实生活中为数不多，其购买行动常常是多种动机共同作用的结果。因此，不能孤立地研究和看待上述各种动机。要从总体上把握以下三个问题。

（1）消费者购买动机非常具体、复杂、多样，同一个消费者往往同时存在几种购买心理动机，构成购买动机系统。因此，要注意动机的系统性和相关性。

（2）同一个消费者购买商品时，虽然可能有几种心理动机同时存在，但其中必然有一个起主导作用的动机，因此要注意动机系统的主导性。

（3）消费者的具体购买心理动机受多种因素影响，有时真实动机处于内隐状态，或被假象所掩盖。因此，在研究时要注意动机的真实性。

5.2.4 不同性别的消费心理特点

1. 女性消费者的消费心理特点

当今女性消费者已成为市场上最活跃的主角，市场潜力巨大。据国家统计局《2010年全国1%人口抽样调查主要数据公报》数据显示，我国女性占总人口的48.47%，其中在消费活动中有较大影响的是中青年妇女，即 20～50 岁年龄段的女性，约占总人口的21%。女性消费者不仅数量大，而且在消费中起着重要作用，女性不仅对自己所需消费品进行决策，还承担了妻子、母亲、女儿、主妇等多种角色，因此也是家庭其他成员用品的购买承担者。据调查：在家庭消费上，女性可谓绝对地当家作主。其中女性完全掌握支配权占到了 53.6%，与家人协商做一半主的占到 42.5%，二者合计达 95.1%，另外女性个人消费在家庭支出中占一半的比例高达 54.9%。准确了解女性消费心理特点，对企业开展营销活动具有重要意义。

1）女性消费者群体的特点

（1）购买目标比较模糊。女性作为家庭用品的主要购买者，其购买行为具有较大的主动性。通常情况下，女性消费者在逛街之前往往并没有具体的购买目标。大多数女性都喜欢逛商场，许多消费行为就是"逛"出来的。

（2）情绪化消费。情绪化消费在女性群体当中是很常见的一种现象，主要有两种表现形式：一种是在某种特定情绪下的错觉而引发情绪化消费，常常会发了工资就去上街购物。发工资的时候，突然感觉自己一下子钱多了，应该出去逛街，或者是"已经习惯了发了工资就买服装或化妆品"。另一种情绪化消费则表现为与平常心境不同的消费行为。许多女性心情不好或是碰到不愉快的事情时，就把逛街购物当成一种缓解压力、平衡情绪、宣泄无奈的途径。

（3）追求新鲜体验，展示自我。女性消费者对消费市场的好奇心远远强于男性，她们渴望尝试不同的生活方式和体验。例如，在服饰、发型等方面，随着生活水平的提高，现代女性尤其是都市中青年女性在购买过程中通常根据自己的身份、气质、职业和经济承受能力等来选择适合自己的商品，追求个性，突出自我。

（4）注重商品的利益与使用价值。女性非常重视所购商品能带给她的感受，并且商品的具体利益应是可见、可感的。例如，大多数女性对机器的构造原理不感兴趣，操作简单而又功能齐全的电器最受职业女性欢迎。她们对家庭收支状况有更深刻的了解，重视商品的使用价值，在购买过程中更谨慎、仔细，认真比较得失，追求商品的物美价廉。

2）女性消费者群体的消费心理特点

（1）追求时尚、美感和个性化心理。追求时尚、美感是当代女性一个明显特点。这种心理反映在消费活动中则表现为，女性希望通过消费既能保持自然美，又能增加修饰美。在购买商品时，她们特别注意商品包装、色彩和艺术美，重视商品对人体的美化作用，对环境的装饰作用和对人的精神陶冶作用。女性往往以时尚为美，乐于走在时代潮流的前头。为了追求漂亮，喜欢把各种产品或服务逐一尝试，期望用钱留住青春，打造一个全新、靓丽又充满自信的自我，从她们身上可以看出当今市场的流行趋势。

（2）追求自立心理。由于价值观的变化，现代女性的自主意识增强。强烈希望"做一些除家务事以外有益于自己的事情"，希望在经济和精神方面都能自立。现代女性的自立已是社会上的主题，表现女性自立和强调自我意识的商品更能博得她们的欢心。

（3）追求商品的实用性心理。女性在购买时装、首饰、高级化妆品等高档消费品时，受流行风尚影响，将满足自己精神需要的因素放在首位，而把商品的实用程度置之脑后。但是由于女性消费者在家庭中的作用及处理家务的经验，以及我国长期低收入、低消费的环境，女性普遍养成勤俭持家、精打细算的习惯。她们在购买各种基本的生活物品时，往往从商品的实用性和具体利益的大小去衡量商品价值，选择物美价廉、经久耐用商品，即典型的实惠心理。这种心理的具体表现是：购买商品时具有女性特有的细腻和仔细，往往不厌其烦地反复挑选，全面权衡利弊，商品的某些细微的优点或不足都会引起女性消费者的注意，并影响其购买决策。

（4）较强的自我意识和自尊心。女性在购买心理上具有较强的自我意识与自尊心。常常以一定的购买标准来评价自己和别人，希望自己的购买最有价值、最明智，对别人的否定见解不以为然。典型表现就是往往拿着刚买回来的商品让别人猜价钱，当别人猜的价位高于她实际所花的钱时，则洋溢出得意的表情。这是女性的自我意识心理。女性自尊心比较强,购物时希望得到销售人员的尊重和认同。攀比炫耀是女性自尊、自重心理的又一种体现,希望通过购物来显示自己某种超人之处。当代女性,尤其是收入较高的中青年女性,喜欢在生活中与人攀比,通常喜欢与处于同一层次、境况相类似的人作横向比较,想要拥有别人所拥有的和别人所没有的,从而得到别人的羡慕和尊重。

(5)求名心理,品牌忠诚度高。女性的求名心理是指购买商品时追求品牌,信任名牌,甚至忠诚于名牌,她们对商品品牌非常敏感,而对其他非名牌的同类商品不屑一顾。这类消费者主要是高收入者和赶时髦者。

(6)情感性心理。女性易于在情感的支配和影响下临时产生购买欲望或形成对某种商品的偏爱,尤其是在为亲人购买物品时这种心理表现得更为突出。例如,商品造型的新颖、包装的优美华丽、气味芬芳,会使女性产生爱好的情感,甚至会本来没有购买欲望但一经接触便产生强烈的购买欲望。很多女性面对销售人员的讲解"听着听着就走不动了,买下来就发现其实根本不管用"。

(7)模仿、从众心理。女性在购买活动中经常表现出以下两种特征:一是受别人影响而产生购买欲望。有些女性向来对某种商品没有购买欲望,但当他们见别人使用某种商品时,就会产生购买这种商品的欲望。女性总喜欢留心观察别人及其孩子的穿着打扮,注意别家的房间布置,如果发现奇特美妙的物品,就可能仿效购买。二是在实施购买时仿效别人。在确定购买某一物品时,他们总要看看别人是否也购买,而当看到别人也买时会立即果断起来。

(8)追求商品便利性和生活的创造性心理。现代青年妇女既要工作,又要负担家务劳动,她们对日常用品的便利性具有强烈要求。新出现的、能减轻家务劳动的便利性消费品,往往会博得她们的青睐。对于现代女性而言,既能照顾家人,又节省自己时间的有效办法,就是利用省时的商品或外部服务。同时女性消费者具有追求新鲜和变化的心理,不希望一直不变地生活在一个静止状态的环境,喜欢富有创造性的事物、生活,如希望室内布置经常变化,服装款式不断变换等,都是一种创造性心理的满足。

2. 男性消费群体的消费心理特点

1)男性消费者群体的特点

男性在消费上基本处于被动状态,即需要时才会购买;男性对商品结构与功能的了解优于女性,他们一般是较为复杂消费品的主要选购者;出于男性的成就感和控制欲,他们对新产品的接受更为积极主动;男性一旦对某种产品产生购买动机,就会迅速采取购买行动。

2)男性消费者群体的消费心理

一般来说,男性消费者群体消费心理主要有以下几个特征。

(1)求新、求异的好胜心理。相对女性而言,男性具有更强的攻击性和支配性。这种心理在消费上表现为求新、求异和开拓精神,男性消费者往往对新产品的特性有较高要求,敢于尝试新生事物。

(2)目的明确,决策果断、迅速。男性消费者逻辑思维能力强,购物时往往都有明确的目标,能果断决策,将购买愿望立即转化为行为;男性消费者购买产品更加理智和自信,在购买决策上敢于冒险,富有主见、个性和独立性等。

（3）重视产品的整体效果，不太关注细节。男性消费者是理性购买者，对商品的性能了解更多，在购物时重视产品整体效果，不太关注细节。同时善于独立思考，自己下定决心，一般不会轻易受外界环境或他人的影响。

（4）消费力求方便、快捷。男性消费者注重自己的事业发展，对家庭日常消费关心较少，购物过程缺乏耐心，遇到目标商品，会迅速购买、尽快离开。男性消费者这种力求方便、快捷的心理，在购买日常生活用品时表现得尤为突出。

总之，性别对消费者的消费方式、决策模式、商品特色方面会产生较大影响，而且就具体的消费者而言，性别对消费者心理的影响程度也不尽相同。

5.2.5 不同年龄段消费者的购买心理特点

不同年龄消费者在个人成长和家庭发展周期上都存在不同的消费心理和消费特点，诸如儿童消费心理、少年消费心理、青年消费心理、中年消费心理和老年消费心理，了解他们的消费心理和特点是商家正确营销的前提。

1. 少年儿童消费群体的消费心理特点

少年儿童群体笼统地讲是指年龄0～14周岁的人群，一般又将0～11周岁的人群称为儿童，12～14周岁的人群称为少年。据国家统计局《2010年全国1%人口抽样调查主要数据公报》显示，我国0～14周岁少年儿童占我国总人口的20.3%。二孩政策的实施将使我国少年儿童占总人口的比例呈上升趋势。这一群体在消费总支出中的比重也越来越大。

1）儿童消费群体的消费心理特点

从出生婴儿到11周岁的儿童，正处于快速的心理和生理发育阶段，缺乏稳定的消费倾向和认识，易受外部环境的影响，消费心理和消费行为变化幅度大。这个阶段主要是学习，逐渐有了认识能力、意识倾向、兴趣爱好等，学会了思维，行为上逐渐从被动发展到主动。儿童群体具有自己独特的个性，例如，记忆力、模仿能力强，思想活跃，追求自然、自信、时尚等。但是自控能力差，依赖性强。他们手中有一定的零用钱，懂得如何支配，但是儿童并不拥有消费决定权，多数家长往往指定品牌购买，但部分家长会听取孩子的意见。总之，儿童消费心理处于感情支配阶段，购买行为以依赖型为主，但在很大程度上会影响其父母的购买趋向。概括来说，儿童群体主要有以下消费心理特点。

（1）认识的直观性。
（2）从模仿型消费发展为个性消费。
（3）消费情绪性。
（4）选择商品的模糊性。
（5）求新奇、好玩、好胜的消费心理。

2）少年消费群体的心理特征

少年时期（12～14周岁）是儿童向青年过渡的中间阶段，在生理上呈现出第二个发育高峰，心理上也有较大变化。对未来充满美好幻想，追求浪漫时尚，积极追求自我，对同辈有很高的认同感，喜欢做年轻人做的事；他们已有了成人意识，希望得到别人的认可、尊重，并开始用成人的眼光审视社会，模仿成人独立地购买自己喜欢的商品。少年时期是依赖与独立、成熟与幼稚、自觉性和被动性交织在一起的复杂时期。多数少年想摆脱父母要求独立，进入心理上的婴儿断奶期。他们一方面开始摆脱父母，另一方面热衷于寻求能够理解自己的人，对一些想法、主张作比较时，往往感到朋友的主张有价值。对待朋友坦率相告一切的"开放性"和疏远父母的"闭锁性"两种矛盾心理同时存在。在家寡言少语的少年，在伙伴中间则朝气蓬勃，相互融为一体，并且他们的着装有很强的一致性。同辈伙伴的偏爱远比父母的意见重要，最终使得他们屈从于同辈伙伴的规范，那些服饰上想与众不同的学生既渴望受到别人注意又发现这是一种不尊重大家的方式，模仿和顺从是少年群体的普遍心理特征。

少年群体主要有以下消费心理特征。

（1）消费心理日趋成熟、独立性增强。

（2）模仿、从众心理较突出。

（3）强调个性化消费。

（4）情感消费，跟着感觉走。

2. 青年消费群体的消费心理特点

青年是指处于从少年向中年过渡时期的人群，年龄一般在15~40岁。现代青年长期浸泡在多元化的物质状态中，这使他们更具有可塑性和宽容精神。他们具有独立性，追逐时尚，喜欢展现个性魅力。名牌不等于首选，便宜也不会动心，购物的唯一标准就是"喜欢"。他们知道追求时尚与新鲜的事物不一定具有现实的价值，但却能给他们带来不同的新鲜感和美好心情。青年群体中，大学生又是一个特殊群体，大学生除了具有青年的共性外，又有自身特点。大学生正处于人生的青年时期，其抽象思维能力、记忆能力、感知能力、对环境的认识和适应能力均获得了较大发展，个性基本形成。与其心理发展状况相适应，大学生的消费心理也独具特点：合理消费取向指导下的时尚特征；追求自我成熟的表现与消费个性心理的彰显；计划性购买往往被冲动性购买所取代；消费时表现较强的从众效应，易受广告的影响。

青年消费受其内在的心理因素支配，同其他消费群体相比，具有鲜明的心理特点。

（1）较高的消费需求和消费预期。

（2）富于新时代气息的消费心理。

（3）追求个性、表现自我的消费心理。

（4）注重情感的消费心理。

（5）超前的消费心理。它又可细分为以下三种心理。

①享乐消费心理。

②攀比消费心理。

③从众消费心理。

（6）品牌意识强，忠诚度低。

3. 中年消费群体的消费心理特点

中年人一般处于人生事业的顶峰，他们工作压力大，收入水平趋于最高，购买能力也最强。中年人身体已不如青年时期强壮，但是他们又会保持青年人的行为方式。他们经验多、阅历深、情绪较稳定，理性消费。购物时往往注意物与物的比较和挑选，独立自主、沉着冷静，一般不轻信别人的影响。

中年人主要有以下消费心理特征。

（1）注重计划，量入为出。

（2）情绪平衡，消费理性。

（3）消费品位，稳定性强。

（4）突出个性，表现自我。

消费个性化是中年人消费活动中的普遍反映。他们把个人或家庭的消费与社会、环境紧密联系，突出表现自己的个性特点、兴趣爱好等。有关部门对中年消费者的调查显示，中年消费者群体存在如下消费趋向。

（1）质量。52%的中年消费者把商品质量放在消费决策的首位，即使价格偏高或款式普通，也愿选购质量优良商品。

（2）使用价值。51%的中年消费者注重商品的使用价值，不过分挑剔商品的款式、外观和色调。

（3）便利。32%的中年消费者注重商品便利性，包括使用便利和维修便利，购买时愿意选择售后服务好、跟踪安装、上门调试维修商品。

（4）价廉。27%的中年消费者以价格低廉作为购买目的，他们在观念上保持着俭朴的传统，对款式、花色、功能等均无过高要求。

（5）信誉。10%的中年消费者对产品信誉表示重视，对质量好、信誉高的商品长时间重复购买。

4. 老年消费群体的消费心理特点

老年群体一般指年龄在60岁以上的人群。随着人们经济状况的改善和卫生、保健事业的发展，老年人在社会总人口中所占比例不断增加。据国家统计局《2010年全国1%人口抽样调查主要数据公报》显示，我国60岁及以上老年人口占总人口的11%以上。预计2030年，将达到3亿，占总人口的20%，人口老龄化问题在我国已经日益凸显出来。老年人是一个特殊的消费群体，老年消费者在生理和心理上同其他消费者相比发生了明显变化。研究分析老年人群的消费心理，有助于企业开拓老年人消费市场。

（1）消费习惯稳定，理智消费

老年消费者在几十年的生活实践中形成了比较稳定的态度倾向和习惯方式。由于其见多识广、经验丰富，往往表现出较强的自信、自尊。选购商品时，喜欢凭过去的经验、体会来评价商品的优劣。一旦对该品牌形成偏爱，逐渐形成固定不变的消费习惯，很难轻易改变，对不了解的商品不轻易采用。另外，老年人大多有一种怀旧心理，年轻时代使用过的商品能唤起对过去美好的回忆，他们是传统品牌、传统商品的忠实购买者。老年人的消费观较为成熟，消费理智，在购买前（特别是新产品），常常多方搜寻商品信息，了解市场行情，力求对商品有个全面了解，经过详细比较、深思熟虑之后才会作出购买决定，冲动型消费和盲目消费相对要少。他们对消费新潮的反应显得迟钝，不赶时髦。

（2）商品追求实惠，价格敏感度高

追求价廉物美是普遍的消费心理，对老年消费者来说，这一点表现得尤为突出。老年消费者退休后，收入有所下降，他们消费不像年轻人那样富于幻想，而是常常把商品的实用性放在第一位，强调质量可靠、经济合理和有利于身心健康，至于商品的品牌、款式、颜色和包装是其次的。可见商品的性能与价格，是老年消费者购物时最关注的因素。

（3）消费追求便利，追求服务

他们希望购买场所交通方便些，商品说明清楚些，便于挑选。使用中要求商品能够易学易用、方便操作、携带方便、维修方便等。老年消费者尤其看重消费时的良好服务，老年人年岁大、阅历深、自尊感特别强，他们认为受到尊重是天经地义的事情，因而对营业员的服务态度等十分敏感。在购买过程中，希望营业员能主动、热情地帮助他们介绍商品、挑选商品，并对送货上门、免费安装、产品维修等售后服务也较为关切，不仅要有良好的态度，更重要的是有切实可行的措施，使他们能时时处处感受到这一服务。

（4）消费需求结构发生变化，增加储蓄

由于老年消费者生理机能的衰退，其需求结构也发生了很大变化。在老年人的商品消费中，营养食品（以水果、蔬菜、肉类等生鲜食品为主）、医疗保健品的消费占有较大比重，价格一般不会成为老年人的购买障碍，尤其对于一些身体状况较差的老年人来说，健康无疑是他们关心的头等大事。

（5）较强的补偿性消费心理

补偿性消费是一种纯粹的心理性消费，它是一种心理不平衡的自我修饰。老年人群将现代消费水平与过去进行比较，比较的结果大多是对过去某些方面感到遗憾和不足，而当条件允许时，对过去遗憾和不足的补偿往往会成为他们的消费追求。随着经济水平的提高，子女成家独立后，老年人补偿性消费特征表现得尤为明显，他们希望在人生的后半阶段补偿过去未能实现的消费愿望。例如，在经济发展水平较高地区出现了老年人"重补结婚照"的现象，老年人在美容美发、健身娱乐、旅游观光等方面有着强烈兴趣，都是为了补偿那些过去未能实现的消费愿望。

5.2.6　不同性格特征的消费者特点

消费者性格不同，其消费时表现出的特征也不同。

1. 忠厚老实型

这类顾客你说什么，他都点头说"好"，甚至会加以附和。在你没开口之前，他会在心中设置一个拒绝的界限，当你进行商品说明时，他会认为你说得有理而点头。虽然他仍然无法松懈自己，但是最后还是会购买。

和这样的顾客打交道，最要紧的是让他点头说"好"，在不知不觉中完成交易。

2. 自以为是型

这类顾客总是认为自己比你懂得多，他会这么说："我和你们老板是好朋友。""你们公司的业务，我非常清楚。"当你介绍产品的时候，他还经常打断你："这我早就知道了。"

这种人喜欢夸大自己，表现欲极强，但他也明白他的粗浅知识和专业的推销员不能比，所以他有时会自己下台阶："嗯，你说得对。"

面对这种顾客，你必须表现你卓越的专业知识，让他知道你是有备而来的。你可以在交谈中，模仿他的语气，或者附和他的看法，让他觉得受到了重视。之后，在他沾沾自喜的时候进行商品说明。不过不要说得太细，应稍作保留，让他产生困惑，然后问他："先生，我想您对这件商品的优点已经有所了解，你需要多少呢？为了向周围的人表现自己的能干，他会毫不犹豫地和你讨论成交的细节。

3. 夸耀财富型

这类顾客喜欢在别人面前夸富，如"我拥有很多事业"，"我和许多政要有交往"，同时还会在手上戴挺大的一个金戒指或什么的，以示自己的身价不凡。

他不一定真的有多少钱，但他可能不太在乎钱。他既然爱炫耀，你就成全他，恭维他，表示想跟他交朋友。如果你觉得他手头当时真的没钱，那么在接近成交阶段时，你可以这么问他："你可以先付定金，余款改天再付！"一来为了照顾他的面子，二来让他有周转的时间。

4. 冷静思考型

这类顾客可能喜欢靠在椅背上思考，口里衔着烟，有时则以怀疑的眼光观察你，有时甚至会表现出一副厌恶表情。初见面时，他可能也会礼节性地对待你，但他的热情仅止于此。他把你当成演员，他当观众，一言不发地看你表演，让你觉得有点压力。

在你介绍商品时，虽然并不专心，但他仍然会认真地分析你的为人，想知道你是不是很真诚。一般来说，他们大多具有相当的学识，且对商品也有基本的认识，你万不可忽视这一点。

和他们打交道，你必须注意倾听他说的每一句话，而且铭记在心，然后从他的言辞中推断他心中的想法。

此外，你必须有礼貌地和他交谈，谦和而有分寸，别显得急不可待的样子。你还可以和他聊一聊自己的背景，让他更了解你，以便解除他的戒备之心。

你还要掌握一些打破僵局的办法，并且要自信地表现出自己是一个专业而优秀的推销员。

5. 内向含蓄型

这类顾客给你的印象好像有点神经质，很怕与推销员接触。一旦接触时，他喜欢在纸上乱写乱画。他深知自己容易被说服，因此你一旦出现在他面前，他便显得困扰不已，坐立不安，心中在嘀咕："他会不会问我一些尴尬的事呢？"

对待这种类型的顾客，你必须谨慎而稳重，细心地观察他，坦率地赞扬他的优点，与他建立值得信赖的友谊。

在交谈中，你只能稍微提一下有关他工作上的事，其他私事一概不提，你可以谈谈自己的私事，来让他放松下来。

此外，寻找彼此的相似点，也是一个很好的办法。不妨向他透露你想与他交朋友的心意，他在感动之余，自然就容易与你成交。

6. 冷淡严肃型

这类顾客总是表现出一副冷淡而不在乎的态度，他不认为这种商品对他有什么重要性，而且也根本不重视推销员，简直令人难以接近。

但只要牵扯到自己利益的事，他自有主张，不受他人的左右。他非常注意细节，对每件事都要慎重考虑。

对待这种顾客，你不能施加压力。即使你说得天花乱坠，他也不会相信。进行商品说明时，你必须谨慎，不可草率。

你可以对他适度称赞，建立彼此友善的关系，让他对商品发生兴趣，诱导出他的购买冲动，才可能成交。

7. 先入为主型

这类顾客在刚和你见面时就可能说："我只是看看，不想买。"这种人作风比较干脆，在他与你接触之前，他已经想好了问些什么，回答什么。因此，在这种状态下，他能和你很自在地交谈。

事实上，这种类型的顾客是最容易成交的。虽然他一开始就持否定的态度，但是对交易而言，这种心理抗拒是很微弱的，精彩的商品说明很容易奏效。

和他们打交道，对于先前的抵触性语言，你不必理会，因为那并不是真心话。只要你以热诚的态度接近他，便很容易成交。

此外，你可以告诉他一个优惠价格，他一定会接受。开始时的否定态度正表明，只要条件允许，他一定会购买。

8. 强烈好奇型

这种类型的顾客对购买根本不存在抗拒，不过，他想了解商品的特性以及其他一切有关的情报。只要时间许可，他很愿意听你的商品说明，态度认真有礼，还会积极提出问题。他会是个好买主，不过必须看商品是不是合他的心意。只要你能引发他的购买动机，就很容易成交。所以，你必须主动热心地为他解说商品，使他乐于接受。

同时，你还可以告诉他你们现在正在打折中，所有商品都以特价优惠，这样他就会很高兴地掏钱购买了。

9. 温和有礼型

能遇到这种类型的顾客，实在是推销员的幸运。他拘谨而有礼貌，不会对你有偏见，而且还对推销员充满敬意，他会对你说："推销实在是一种了不起的工作。"

这种人不会撒谎骗人，对你说的话他会十分认真地听。

但你的态度如果过于强硬，他也不买账。他不喜欢别人拍马屁，因此还是要对他实在一点，诚心相待为上策。

对待这种人，你一定要有"你一定会购买我的商品"的自信。你应该详细地向他说明商品的优点，而且要彬彬有礼，显示出自己的专业能力。最重要的是，不要给他施加压力，或是强行推销。

10. 生性多疑型

他对你所说的话，皆持怀疑态度，甚至对商品本身也是如此。在他们心中，多少存在一些个人的烦恼，如在家庭、工作、金钱方面等。因此，他经常把一些怨气出在推销员头上，还经常会因为一言不合拂袖而去。是否能让他乐于听你介绍商品，决定于你的专业知识和才能。

对于这种类型的顾客，你应该以亲切的态度与他交谈，千万不要和他争辩。同时尽量避免向他施加压力。

进行商品说明时，态度要沉着，言辞要恳切，而且要观察他的困扰处，以一种朋友般的关怀对待他，等到他完全心平气和时，再以一般的方法与他商洽。

5.3 合理利用顾客心理启发劝购

5.3.1 顾客购买动机的可引导性

现实生活中任何消费活动，总是受一定的购买动机支配，而且购买动机又往往不是某种单一的动机，而是以不同组合方式交互作用的各种各样的动机体系。在这当中，既有主导性的购买动机，又有辅助性的购买动机；既有明显清晰的购买动机，又有隐蔽模糊的购买动机；既有稳定的、经常的购买动机，又有偶然的、冲动的购买动机；既有普遍性的购买动机，又有个别性的购买动机。所谓劝导，就是推销员针对顾客的购买主导动机指向，运用各种手段和方法向顾客提供商品信息资料，对商品进行说明，使顾客的购买动机得到强化，对该商品产生喜欢倾向，进而采取购买行为的过程。

1. 方向一致的动机总和可以强化购买行为

多个动机方向一致，能使顾客产生更为强大的、推动其购买商品的心理力量。

2. 相抵触的动机总和作用不平衡，占上风的力群决定购买行为

所谓相抵触的动机，就是方向相反的驱使力和动因同时作用于顾客。两种动机总和系统互相作用不平衡，在顾客心里产生方向相反的两个力群，占上风的力群决定着顾客购买行为的综合动机。

3. 相抵触的动机总和作用平衡，外力的加入决定购买行为

相抵触的动机总和作用平衡，即倾向购买的力与阻碍购买的力相互作用达到均衡点，如果由外部加入倾向购买的力，就会强化购买动机，对购买行为往往会产生决定性的影响。例如，一位外宾在一家商店里看见一件工艺品，是一匹马上骑着一个戴官帽的猴子，他很感兴趣。营业员主动介绍说，这叫"马上封侯"，是吉祥物，这位外宾听后立即欣然买下。此时，营业员的一个表情、一个手势、一句话或一个暗示，往往会使顾客下决心购买。因此，推销员必须掌握诉求艺术，在关键时刻给顾客加上倾向购买的力。这种外力的作用，可以强化顾客的购买动机，促使顾客采取购买行为。

5.3.2 如何运用顾客心理进行劝购

顾客走进时商店都是带有一定动机和欲望的，但进店的顾客并没有全部实现购买。据日本三越百货商店的调查，进店的顾客只有20%发生购买行为。其原因在于顾客的欲望有两种：一种是"意识的欲望"，即有明确购买目标；另一种是"潜在的欲望"，即虽然需要某种商品，但没有明显意识到，因而没有做购买预定。有潜在欲望的顾客，常常由于外界的刺激而由一个看客变为买主。据美国一家百货公司调查，在顾客的购买行为中，有28%来自"意识的欲望"，72%来自"潜在的欲望"。消费者在商店里完成由潜在欲望到意识欲望的转化，是扩大销售、提高效益的关键。实现这一转化，除了受店堂环境、灯光装饰、商品陈列、商品适销度等因素影响外,很重要的还受营业员的仪表、神态、语言、示范影响,即营业员的劝购,能使顾客的心理力量向购买的方向发展。因此,推销员要想销售更多商品,就应该努力在引导顾客购买动机上下功夫。推销员要运用购买动机的可引导性,必须掌握科学的劝购方式和方法。具体做法如下。

1. 证明性劝购

证明性劝购主要包括实证劝购、证据劝购和论证劝购。

（1）实证劝购

实证劝购即当场提供实物证明进行劝购。这种方法在我国已逐渐被采用。如玩具当场操作表演,电视机当场收看,鞋子让顾客试穿,面料做成使用状态给顾客看等。

（2）证据劝购

证据劝购即向顾客提供间接消费效果证据进行劝购。有些商品不适于采用实证方法,就可以运用证据劝购。证据要使用消费者所熟知的、有感召力的实际消费证据,能使顾客相信所购商品靠得住。如健身饮料如何向顾客证明其健身功效呢?包装上已有文字说明,营业员就可以向顾客讲:"某某饮料是奥运会中国代表团指定饮料,效果不错。"

（3）论证劝购

论证劝购即以口语化的理论说明促进信任进行劝购。这种方法要求推销员有丰富的商品学知识,对所出售商品的理化成分、生产工艺、性能质量、使用方法有清楚的了解,讲话要切实,切忌信口开河。劝购要恰到好处,简明扼要地向顾客介绍商品;要视顾客的需要进行劝购,方能收到劝购效果。

2. 建议性劝购

它是指在一次劝购成功后,不失时机地向顾客提出购买建议,达到扩大销售的目的。提购买建议一般有下列机会:顾客目光转向其他商品的时候;顾客询问某种商品本店是否有售的时候;顾客提出已购商品的使用、维修问题的时候;顾客向推销员告别的时候。

建议性劝购的内容一般有以下五个方面。

（1）建议购买高档商品

推销员要在对顾客的购买预算作出判断的前提下提这类建议,以免建议不妥伤了顾客的自尊心。

（2）建议购买替代商品

提这类建议的条件是顾客欲购买的商品无货,但有在质量、性能、价格上相当的商品,注意:建议时不要强求顾客购买。

（3）建议购买互补商品

提这类建议时要注意两项商品的主次之分。

（4）建议购买大包装商品

同类商品大包装比小包装在费用上较为经济。对于某些可连续作用的消耗性商品,这种建议容易成功。

（5）建议购买新产品

新产品对于消费者来讲,没有使用经验的参照,购买欲望难以形成。推销员要做好宣传,并保证退换、保修。

进行建议性劝购时，推销员要时刻记住顾客有潜力可挖，不要有销售一件商品就等于接待完一位顾客的观念。在行动上要表现出提建议的动机是为顾客着想，措辞言简意赅，出语恳切自然，即使销售未获成功，至少会在顾客心中留下良好的印象。

3. 转化性劝购

运用以上两类劝购方式方法时顾客可能会提出问题，甚至针锋相对，使买卖陷入僵局，这时就需要通过转化性劝购缓和气氛，重新引起顾客的兴趣，使看似无望的买卖达成。常用的转化性劝购有以下几种。

（1）转折法

先肯定顾客言之有理的意见，使顾客得到心理上的满足，然后再婉言陈述自己的意见。这样可以取得较好的劝购效果。

（2）询问法

找出顾客不同意见的原因，再以询问的方式，转化对方意见。询问时态度要和气，切忌用质问的口气，以免伤了顾客的自尊。

（3）转移法

把顾客不同意见的要点，直接联系到出售商品的特点上去，使顾客的注意力集中到销售商品的特点上。

（4）拖延法

遇到顾客所提意见难以回答时，不能急于用不充分的理由去诉说，可以先给顾客看商品说明书，用短暂的时间考虑有说服力的回答。

5.3.3 启发顾客购物的要诀

以上介绍了利用顾客购物心理启发劝购的方法，但要成功劝购还要注意以下几点。

1. 消除买主的思想障碍

你必须承认，顾客的头脑绝不可能是一张白纸。它已经有各种各样的想法，有的正确，有的不正确，是由大量的购买经验汇集形成的。汽车交易市场的推销员启发一个顾客，如果他能马上购买一辆新车，他旧车的折价可以定高一点，因为已有一个顾客在交易市场登记想买他那样的旧车。这种启发可能是假设，但是，只要顾客先前不晓得这种成交战术，他就会相信的。同样，只要这个顾客主观愿意相信，他也会相信这话。他不仅希望用旧车换辆新车，而且愿意相信他在这笔交易中占了便宜。

人们的思想若无成见，就很容易接受启发。推销员说他们公司是个牢靠、可信和颇具威望的供货商，并指出在与他们建立长期贸易关系的顾客中有好几个闻名遐迩的厂家。聆听此话的顾客很容易对该公司产生好印象。

如果顾客已有思想成见，使他无法接受你的启发，你必须设法把他的想法引出来并尽可能地加以纠正。如果顾客把某种成见藏在心里不说，生意往往就谈不成。

2. 确立建议的可信性

在进行启发和提出建议时，我们必须考虑其内容是否可信。如果一个不懂技术的人向一位工程师表示他能为其解决棘手的技术问题，后者是不会像相信专业技术人员那样相信他的。

所以，你在推销之前必须首先成为熟知你推销产品的专家，顾客才会认为你的建议是可信的。

一个男装推销员一直很难把衣服成套地出售给年纪比他大的人，他的老板最后看出了问题所在：这类人不愿意接受他的建议，因为没有理由可以使他们相信此人精通男装，光看他的年纪就知道他懂得不多。因此，这个年轻人应当在推销时主动讲解一些顾客在选购合适服装时可能遇到的难题，从而让顾客佩服地承认他掌握了许多服装工业的技术知识。这样做可以产生意想不到的效果。只要在开始展示商品时对商品发表一点简单的评论或看法就能奏效。只要熟练地用上几句产品技术术语，你就能在买主眼里变成内行。

3. 使用热切的语调

你若用高扬的声调把话说得热切些，而不是四平八稳、平平淡淡地进行介绍，你的话就更容易被别人相信。讲话方式直接影响着所表达内容的可信性。这里并不是建议你大喊大叫，用坚定、热切和富有感情色彩的声音说话就可以强烈地表示出你不但对你讲的事情很了解，而且坚信不疑。许多推销员都在进行艰苦的锻炼，想练出一副真诚恳切的嗓音。有人甚至对着摄像机练习，为了使自己的发音声调尽善尽美，一练就是好几个小时。

4. 换新调重提旧建议

你不要指望顾客会对你最初的推销立即作出反应。为了达到最大效果，关键性的提议应当不断地重复。但是，你应当换新词来掩盖这种重复，不然，连最有希望的顾客也会产生反感，觉得你像一个总在一个地方打滑唱一句词儿的破电唱机。

有的推销员把关键性建议用大字写在纸上挂起来，不断让顾客增加对这些建议的视觉印象。

5. 利用人的期盼心理

人们原来就期望去做的事，只要你一说，他们都会相信。如果一个人坚决认为只有长胶球拍才能提高乒乓球比赛的成绩，不管事实会作出什么样的证明，他都会相信自己的观点。一位妇女本来就想买一双36号的鞋，你说她买36号鞋最合适，她当然会相信你。

我们大家都隐藏和珍视着许多谎言，这是有意的，因为令人痛苦的真情实在难以令人接受。化妆品推销员向一位已婚中年妇女介绍说某种化妆品会使她的容貌年轻10岁，这位中年妇女的脑子里即使存有种种怀疑，她也会相信推销员的话，因为她想变得年轻。

6. 促使顾客自发作决定

只有让顾客感到决定是由他自己做出的，推销员的启发才有力量。与来自外部的启发相比，人们更容易按照自身的发现采取行动。人们有一种抗拒其他人企图指挥其思想的心理倾向。

许多顾客在买东西之前实际上已经受到了一定的启发和影响，这些影响可能来自广告、橱窗展示、同事的推荐或其他因素，认识到这一点是十分重要的。这时，推销员的主要任务就应当是加强这些影响并进一步把这些影响引入正确的方向。企图改变顾客原有的思路可能很困难。例如，有人见到过一种特制的伦敦雾牌风衣，很喜欢。他走进一家商店，专门要买那种风衣。在一般情况下，只有老练的推销员才有可能诱使此人改变主意，掏钱购买该店的另一种十分相似的牌子。他问这位顾客："你要的那种风衣我听许多人说起过，不过没见过。您见过吗？"对方回答见过，他又说："请您帮个忙好吗？

请过来指一指伦敦雾牌风衣与大批顾客从我们这里买去的风衣有什么区别。再有顾客来,我也好做些介绍。"这位顾客便开始进行比较,结果他发现,此店卖的风衣比伦敦雾牌更具特色,规格更高,他便买下来。但是,自始至终,这位顾客都认为,主意是他自己拿的,决定是他自己做的。

7. 用行动（演示）启发

你介绍商品时的热情,你帮助顾客试穿衣服时的态度或你演示产品时的手法等,都能显示出你对商品的评价和信心,以感染顾客,使他对商品倾心,这就是用行动启发劝购。

在介绍商品的这个过程中,你都可以用行动来启发顾客。假如你想让顾客知道你卖的头盔多么结实,可以当着顾客的面用榔头使劲砸。假如你认为该是签合同的时候了,你只要把空白合同和笔递给顾客就是对他最好的启发。

8. 直接启发

所谓直接启发就是用清晰明白、直截了当的方式表明你的直接目的。例如,推销员催问:"您要3件衬衣够吗?"或"对于我们的投资计划,您是不是也想沾点光?"或"您摸摸这料子就能发现,它质量极高。"

当你认为产品的型号最适合顾客时,当你觉得顾客必须大量购入时,当你知道顾客想听取你对商品发货规模、商品颜色和其他因素提出建议时,你进行直接启发就是一种高明的推销手段。

9. 间接启发

如果推销员不想让顾客感觉到别人在启发他们,就应当使用间接启发。间接启发必须是巧妙和不易察觉的。

当顾客的思想很警觉,认为自己比推销员的地位优越,或者当推销员的威望还不很高时,就一定要使用间接启发。

假如你想启发顾客使他意识到,他准备购买的商品比你的商品要差,在大部分情况下,你千万不要直接攻击竞争商品;当然,绝大部分推销员都懂得,在适当的时候必须积极反击竞争者的挑战。你可以这样问顾客:"您与使用某某汽车的人交谈过吗?"或"前几天一位顾客来到我们这里,我们还没怎么向他介绍,他就要买我们的汽车。他解释说几个月前他买了一辆某某汽车,现在想折价卖了另换一辆别的车。自然,我们在折价时尽量多给了他一些钱,但您知道这种型号的旧车行情太差。"类似的深浅不同的话还有许多,都可以在顾客脑子里对竞争商品种下怀疑的种子。

这样做必须万分谨慎,不然,顾客会根据自己的判断认为你是夸大其词和有意非难别人而愤愤不平。

10. 正面启发和反面启发

正面启发是启发听者去做某事（如购买产品）或说出正面的话（如我喜欢这种产品）。

正面启发的含义是顾客的购买决定正在朝积极方向发展。反面启发的含义是顾客的购买决定正在朝消极方向发展。

正面启发：买这东西肯定很值得,是吧?

中性启发：您认为这东西怎样?

反面启发：这东西您不能用，是吧？

以上三句全是问话，因为推销员在介绍商品时总想诱发顾客作出某种反应。他如果不用问句，而是这样说："你在别处买不到这么值得买的东西。"这是一句正面陈述，但它没有暗示顾客应当作出反应，甚至也无须点头表示同意。而正面启发不但希望顾客同意，而且希望顾客以某种方式表示出来，所以要用问话。

简言之，我们是在考虑顾客的反应，是正面反应（积极的），还是反面反应（消极的）？任何引起积极反应的陈述、问题或行动都是正面的。零售店店员问："您买完了吧？"这是一个消极的问题，是反面启发，表示买主不该再买了。这个店员应当稍微积极一些，这样问："您还要点什么？"

反面启发经常比较隐蔽。例如，"您失败的机会只有 1/4。"这句话是反面启发。它说的是失败机会。其思想同样可以这样表达："您成功的机会占 3/4。"它说的是成功机会，因此是正面和积极的。

推销员讲："这房顶在今后 5 年之内不会漏水，我们可以保证。"他暗示的是漏水和随之而来的各种损坏。如果他这样讲："我们保证，这房顶至少五年仍是完好无损的。"他的暗示（或启发）就是正面和积极的了。

汽车推销员可能会说："这车不会给您带来什么麻烦。"可是，他为什么说麻烦呢？顾客会开始担忧开车的麻烦而推迟购买甚至永远不再买车。

正面提出问题和反面提出问题所产生的不同效果可以从日常生活中类似的例子中更清楚地得到说明。例如，一个小伙子问他中意的姑娘："你不想嫁给我，是吧？"这句话实际上是在迫使姑娘说"不想"，即使是今天很开放的青年人也会认为这样问人不大合适。

在整个推销过程中，只要有可能，你都要表示你希望顾客购买你的产品。应当说："您买下这辆车，使用一年就会发现它有许多优点。"或者说："肯定，在漫长的冬夜里，您坐在这把椅子里一定会非常舒服的。"或者说："您一定会发现我的这些商品一上您的货架就会马上卖光。"当然，必须当心，你不能过早地进行这种启发，因为有些顾客在尚未作出决定之前讨厌别人暗示他们已拿定主意。

真正的推销员绝对不允许自己使用"后悔"这个词。人们很容易这样讲：您买了这东西永远不会后悔。但是，为什么讲"后悔"呢？你最好使用正面启发，宣传买下商品后的满意效果，说："我知道，您肯定会喜欢它的。"

11. 反作用启发

反作用启发既不是正面启发，也不是反面启发，它是在关键时刻企望诱使顾客作出相反回答和反应的一种启发方式。它经常用来应对那些不太容易成交的买主。一个汽车推销员在接待一位腰缠万贯但脾气暴躁的老人时这样提出建议："咱们去瞧瞧里面的那几辆车吧。窗前的那一辆太贵了。"结果老人偏偏要买窗前的那一辆，正中推销员下怀。

视频 9—顾客购物心理

5.3.4 准确把握顾客购物心理规律的脉搏

有人把顾客的购物心理比喻为顾客黑箱,很难洞察。其实顾客的购物心理是有规律可循的,推销员必须理解并牢记这些规律。

1. 顾客的购物心理规律

(1) 顾客购买的永远不是产品,而是结果(利益、好处和价值)。所以,一定要把产品功能转化为顾客利益来说。

(2) 任何人购买产品只有两个目的:一是享受生活、追求快乐。如购买住房、服装、商品等,是为了舒服,为了享受。二是解决难题、逃离痛苦。例如,行政部门购买商品或服务是为了提高工作效率、降低工作成本;家庭主妇购买除污剂是为了解决生活难题,等等。

(3) 顾客买的更多的是种感觉——被尊重、被认同、放心、富有、健康、权力、舒适等。如买车的背后是便利的感觉、舒适的感觉、成就感、安全感、被尊重的感觉、自信心的感觉等。

(4) 一般情况下不要期待顾客主动说"我买",时机成熟时推销员要主动提议成交。

(5) 任何人都不愿被迫购物,要启发顾客自发作出购买决定。

(6) 推销过程是"一半谈心、一半谈金;一边谈心、一边谈金;先谈心,后谈金"。

(7) 推荐商品时,一般先低价,后高价。因为一旦顾客对低价商品不满意,自然会问:"还有更好点的吗?"相反,若直接推荐高价格的,顾客若买不起就会很快离去,他不可能会问:"还有再便宜(相当于再次点)的吗?"

(8) 满足顾客最微小的愿望。有时顾客也自知价格不可能再降了,但总希望能从推销员这里得到点心理安慰,这时可满足一下顾客的小愿望。如赠送个小玩具、手提袋等,就很快达成交易了。

(9) 不要隐瞒商品的缺陷。现在是大数据时代,顾客在决定购买前一定会通过多种手段了解商品的优缺点。如果商品存在某些缺点,千万不要隐瞒,可通过截长补短的方法让顾客清楚,和长相比缺点是微不足道的。

(10) 唤起顾客的要求及拥有心理。推销员要想达成交易,必须在唤醒顾客需求的同时点燃顾客购买欲望的火焰。不断强调一旦顾客拥有这件商品后的种种利益和好处,启发顾客不断想象使用该商品后的幸福感。

(11) 唤起顾客的危机心理。对于待涨价商品或稀缺商品要突出强调一旦错过只能遗憾;对于满足"安全性"需求的产品或服务,强调一旦发生后果不堪设想。

(12) 利用顾客的逆反心理。多数人都有逆反心理,应用恰当会激发顾客好奇心,达到很好的促销效果。如展柜旁写着"请别往里看!"几乎所有人都会想方设法看一眼。

2. 从肢体语言把握顾客的购买心理

心理学认为,人的本能就是保护自己免受外界的伤害,避免遭受痛苦。而花钱在大部分情况下是一种痛苦,推销员到顾客那里想让顾客掏钱购买自己的产品,就是在给顾客制造压力和痛苦,所以大多数人都会本能地拒斥这种痛苦,尽量避免花钱。顾客的这种心理大多通过肢体语言表现出来,推销员必须学会分析和判断。

肢体语言，又称身体语言，是指经由身体的各种动作和表情以代替语言进行沟通或辅助沟通的一种方式。

顾客每一个看似不经意的动作，其实都是受心理支配的，都有一定的心理暗示。如鼓掌表示兴奋，顿足表示急躁，搓手表示焦虑，垂头表示沮丧，摊手表示无奈，捶胸表示痛苦等。推销员要善于通过观察，判断顾客的心理变化，从而及时调整推销战术。

（1）用手把咖啡杯、笔记本、手包等东西放在身体正前方。这个动作反映出害羞和抵触心理——想躲在什么东西后面，把自己和别人隔离开。这个动作反映出顾客这时有很强的防范意识，推销员要通过推销自己尽快消除顾客的防范心理。

（2）看表或者摆弄指甲——这是强烈的厌烦信号。说明你的拜访让他很不舒服，是该撤的时候了。

（3）揪衣服上的线头——与人交谈中去揪衣服上的线头，特别是低下头去弄，说明他不认同你的观点，或者是不自在，不愿表达自己真实的想法。这时要多启发，用提问的方式沟通。

（4）注视别人时用手托腮——"我在评判你！"人在作决定时常常会用手托腮。说明你还未取得顾客的信任，需拿出有效的证据消除顾客的疑虑。

（5）皱眉眯眼——如果想留给对方你并不喜欢他（或是他的观点）的印象，就会以在注视他的时候把眼睛眯起来，脸上挂着一副怨怒的表情。轻微地眯眼是出自动物本性的一种表达愤怒的方式，对于动物世界里各种各样的动物都是通用的（想一想老虎、狗等动物生气的表情就知道了）。一旦有这种表情，说明你可能惹顾客不高兴了。要么改变策略，要么找台阶快闪。

（6）交谈中摸脸、摸鼻子——摸脸，尤其是摸鼻子，通常人们都认为这是欺骗别人的表现。挡住嘴也是说谎时的常见动作。如果顾客出现这种动作，多半是顾客没有说实情或在编造理由。这时推销员要学会保护顾客自尊心，在"拆穿"谎言前一定给顾客找台阶下。

（7）把手放在脑后或屁股上——通常是高人一等或妄自尊大的表现。只在和亲密的朋友或特别熟的人在一起时才用这种手势。一旦出现这种动作，说明你已赢得了顾客的信任。

（8）没有直接面向你交谈——这在一定程度喻示着不舒服或没兴趣。我们愉快地和别人交谈时，身体和脚会直接面向对方。而持着怀疑态度，或者没有完全投入到谈话中时，身体和脚就容易转向侧面。这种情况说明你对产品或服务卖点的介绍没有打动他，或者你找错了可能顾客。一定要鉴别清楚，要么调整语言，要么优雅转身。

（9）抓后脑或后颈——质疑和不确定的典型表现，也有人会和说谎联系在一起。顾客一旦出现这种动作，推销员要注意可能是自己的话或提供的证据无法有效打动顾客，应找新的证据或例子。

（10）摆弄衬衫领子——实际上是在心里尖叫："我实在太不爽、太不安了！"这时要果断撤离，择机再访问。

（11）不停地交换支撑脚——这也是表示心里不悦或身体不舒服的一个动作。这种动作，就是希望你尽快终止谈话。

（12）站立时双手交叉护在身前或交叉双臂——是防御抵抗心理的表现，也有人会理解为一种自高自大的表现。心中不安或不自信的人会无意识地采用防御式的站姿。这种姿势是明显的怕受伤害而出现的自我防御。

（13）用衣服擦手汗——这是极其紧张的表现。应多聊些开心的话题，让顾客尽量放松下来。

（14）手指和脚不停地敲或用手摆弄笔、纸团等——这是焦躁紧张的体现，也可以解释为缺乏准备而紧张不安或者无聊。这时推销员尽量不聊业务，而先闲聊，找共同语言，解除顾客的紧张心理。

当然，这些肢体语言只是根据心理学方面的知识进行的一般解读，有些情况也未必完全符合，仅供大家参考。

延伸阅读 5
抓住顾客心理的 19 个心得

思考题

1. 什么是动机？顾客有哪些购买动机？
2. 男性和女性顾客的购物心理各有何特点？
3. 不同年龄的顾客购物心理各有何特点？
4. 怎样合理利用顾客心理启发劝购？

第6章 寻找可能买主的技巧

 开篇案例

找到精准顾客 推销事半功倍

案例背景： 推销员小张代理了一款净水器，售价为1 380元。刚开始阶段，他采取了"人海推销"战术，还聘请一批学生逐个小区发放传单，在小区设置展台进行展销。

这种方式虽然取得了一定的成效，但是效果甚微。而且由于推广成本过高，并没有获得利润，反而略有亏损。

通过学习培训，他明白了，要想成功推销必须找到准顾客。经过认真分析，他首先聚焦一群最具需求特征的顾客：刚刚出生的宝宝的家长。

新手父母总想给宝宝最全面的呵护，当然也包括水质这一块的呵护。

确定了这一细分人群需求后，下面要做的就是顾客购买力判断。

经过调研与分析，他注意到每个医院在生育这一块都有不同的套餐，对应不同的消费水平。

于是他制定了一个杠杆借力策略，与院方谈好合作，免费提供500元的购买券，让医院把这500元的购买券添加到那些高消费的套餐中。

例如，一个医院有A～E的生育套餐，他在C～E的套餐中，加入一项：免费获得500元的购机消费券。

通过与医院的合作，他精准地锁定那些具有购买欲望与购买力的宝宝父母。

他在宝宝出生第三天，带上玫瑰花，带上贺信与小礼品，以及产品的免费抵用券，来到医院送上祝福。

在这样的场景下，他做一个简单的水质监测，并询问那些宝宝的父母："你愿意用这样的水给孩子泡奶粉与洗澡吗？"

答案不言而喻！经过筛选，他节省了65%的费用，利润直线上升！

案例赏析： 在这个案例中，推销员把主要精力集中在了最具有购买动机和具有购买力的C～E套餐的顾客身上。并通过有效途径找到了可能买主。这样有的放矢地推销，自然提高了推销的效率。

有人曾问一位世界知名的推销大师，你成功的秘诀是什么？大师说没有什么秘诀，若非要找到原因的话，那就是我从来不把时间、精力和金钱浪费在不可能购买的人身上。

推销工作的第一步就是寻找可能买主，其重要性往往会被尚未入门的推销员所忽视。

许多优秀推销员都认为推销成功的关键是成功地寻找出可能买主。可见，寻找可能买主的工作具有举足轻重的作用。毫无疑问，获取订单的路就是从寻找可能买主开始的，因此，要研究推销的正确步骤，我们必须首先深入地分析一下如何寻找可能买主。

有人认为，只有那些能够把冰卖给因纽特人的推销员，或者说能够从既不需要产品又无钱购买产品的人那里搞到订单的推销员才是有本事的推销员，其实，这种观点是偏激的，除非你帮他创造出了新的需求，交易结果达到了双赢。

"可能买主"这个词现已经常使用，它是指一种产品或服务的潜在购买者。那么，这个术语的准确含义是什么呢？

6.1 可能买主的界定

6.1.1 可能买主的含义

所谓可能买主，就是既能因购买某种产品而得利又能出得起钱购买这种产品的个人或单位。简单地说，就是愿意购买且有支付能力的个人或单位。

在我们把一个线索划定为可能买主时一定要满足以下两个条件。

第一，所指的个人或单位必须能够从产品中获利；那些得了产品毫无用处的人或单位不是可能买主。

第二，不管他们想得到产品的心情有多迫切，也不管产品能给他们产生多大利益，只要他们无钱购买，他们就不是可能买主。

这里我们用的词是"获利"而不是"需要"，目的是避免在谈论如何确定人的真正需要时与此处的概念发生混淆。关键是要看产品能否对个人或单位提供足够的用途来证明购买它是合理的。

"线索"是指那些兴许会变成可能买主的个人或单位。线索必须首先经过"验定"才可以被当作可能买主。有时，我们还用另一个术语"嫌疑对象"，特指那些看上去不像是可能买主的线索。

6.1.2 可能买主的验定

只要你有了一个兴许是可能买主的线索，你就应当对它进行验定。此人或单位是不是有希望的可能买主？他们有无需要，有无足够的金钱去满足这种需要？有无购买决定权？这些问题的答案有时是明摆着的，但有时也需要费神地调查一番。窗帘推销商无须什么想象力就会发现刚刚买了新房的人不但会需要窗帘，而且有钱购买，他们是很有希望的可能买主。

相反，为别人建造游泳池的人就不这么简单了，因为有希望的可能买主不可能是显而易见的。推销员必须进行深入的调查，因为，光用眼睛，看不出来一家人当中谁对游泳感兴趣。不过，用眼睛或许能看出这家人是否买得起游泳池，有几辆汽车，有什么样的家具以及别墅的价值等。

在推销工业用品时也有这种情况。A 公司的一个推销员专门推销砂纸，他知道家具工厂是最有希望的可能买主，但是对一个生产机器的单位来说他就需要进行验定了。他们制造什么东西？他们需要用砂纸打光部件吗？但是，这位推销员只要问问该公司的采购部就能找到答案。

有一家人寿保险公司是这样告诉他们的业务新手应当如何选择可能买主的。

把有希望的、符合以下五项条件的可能买主一个个分别挑出来列成表。

（1）需要人寿保险。

（2）能付得起钱。

（3）身体状况合格。

（4）神态精神状况合格，有满意的职业。

（5）易于接近，类型与你相似（年龄、文化程度等）。

逐个研读这张表，同时给每一个人记下一个数值。如果第一个人符合全部五项条件，就写个 5；如果第二个人符合三项条件，就写个 3，这样统计完毕后，得到最高数值的人就显现出来。把数值很低的人放到一边，等你能消除对他们的悬疑或等你探访完最有希望的可能买主之后再说。

之所以要认真选择可能买主还有一个经济原因。商店老板在招引顾客进入商店时如果花的钱过多，他是很难做好生意的。如果你在推销保险单时为寻找对象花费过多的时间，你的人寿保险生意也不可能做好，因为时间就是金钱。不管你多么谨慎，在你的可能买主名单中总有相当一部分人与你做不成生意，拜访这种人不但会使你精疲力竭，而且会影响你的士气。相反，如果你能一次马到成功，你就会信心倍增，勇气大振。

使用类比法可以帮助推销员发现有价值的可能买主，开列可能买主名单就是这样一种办法。一个名单可能含有 10% 真正有希望的可能买主，另一个名单可能含有 25%，甚至更多。推销员越认真，对可能买主的情况了解越多，他就越有可能多找到一些最有希望的买主，可能买主不仅仅是一串姓名——他们是人。其中一些人比另一些人更有可能购买你的商品。我们在这里还必须强调，精明的推销员在将每一个可能买主列入名单之前也要对他们进行初步的验定。可能买主的质量与可能买主的数量同样重要。

如果推销员在拜访之前由于种种原因未能对某一可能买主进行验定，那么他在会见开始时就应提出两三个考察性的问题以便迅速将没有希望的人判定出来，以免再继续浪费时间。有时，工业用品推销员应当在与某公司打交道之前征得该公司同意对其经营状况作一番了解，以确定它是否需要自己的产品。

6.2　寻找可能买主的方法

每一个成功的推销员都会积累出一套自己的寻找可能买主的方法，下面介绍的几种方法他们往往会结合起来使用。最主要的是如何有效地制订出一个能够不断获得可能买主名单的计划，哪种方法可以达到这一目的，哪种方法就是好方法。一种方法失败，就应抛弃它，转用另一种方法。我们不想依照顺序讨论这几种方法哪一种最有效，因为有的方法可能最适用于推销这种产品，有的方法则最适用于推销另一种产品。这几种方法都是使用广泛和值得加以阐述与介绍的。不管你选择哪一种方法，你应当牢记：朋友是能够向你提供可能买主姓名的最重要来源。

6.2.1　充分利用商品使用的最佳场合寻找可能买主

这是寻找可能买主最常采用的方式，通过分析商品的适用场合，确定接近的场合，这样有利于推销成功。例如，新出现了一种称为原子印的印章，可以用于各企事业单位的财务部门，以减少劳动的强度，它是原始的印泥式印章的理想替代品。推销这一商品时，就可以抓住使用该商品的特定场合，到各单位的财务部门推销。反之，如果到居民家庭中推销，即使从事财务工作的人，也很难在家中作出为单位购买商品的决策。

6.2.2　建立无限扩大的联系链条寻找可能买主

这种方法的基本思路是推销员在每一次洽谈时应当乘机再寻找几个可能买主。绝大部分使用这种方法的推销员在与每一个人洽谈时（不仅仅是拜访）都计划要求对方介绍两三位也需要相同产品或服务的他们的朋友，并把名字说出来。自然，这种计划在洽谈成功时更容易奏效，因为新买主可能很欣赏自己的购买决定并联想到一些朋友可能也会喜欢相同的商品，即便未能成交你也会有所收获。因为可能买主对你提供的商品或许很感兴趣，对你的推荐和介绍也不反感，只是由于其他原因不能马上作出购买决定，这时，他可能再向你举荐两三个他的熟人，他们对你的产品同样需要，并有可能立即购买。

推销员遇到这种人可以这样说："我明白您为什么觉得您不能马上购买，但我敢肯定，您能想出三四个您的熟人，他们使用我的产品比较合算。"

可能买主偶尔也会反对："我不想让你去打扰我的朋友。" 这时，你应满脸堆笑地回答："那好吧，您和您的朋友一旦有这方面的需求，请联系我。"

一个百科全书推销员使用奉承手法来获取相关人员的名字，他说："我希望您推荐的不是某一个具体的人，而是希望您介绍一下像您这样有学问的知识分子群。"他说，他的买卖有1/3以上都是与这些被提及的人做成的。

许多公司都在训练他们的推销员如何使用这种无限扩大的联系链条寻找可能买主，但只有为数不多的公司能将这种方法发展到完美的程度。有一个公司甚至组织了一个"与人为善俱乐部"，凡是愿意合作并另外提供可能对该公司产品感兴趣的姓名的人都会享受到这个俱乐部的特权和礼品。有的公司还为推销员准备好了空白介绍信，让那些愿意将推销员介绍给其他可能买主的人填写。

建立无限扩大的联系链条法，或称追踪被推荐人法，在推销工业用品时使用得更加广泛。推销员应当明白，正与你交谈的企业主管最了解另外还有哪家企业的主管会是可能买主。一个廉价男裤推销员去拜访一位专卖男装的店主，但这位店主只卖高档货。他虽然一见那些裤子太便宜就马上拒绝了这位推销员，但他接着会推荐城里有哪几家商店最有可能收这种货。

6.2.3　在自己的交际圈中寻找可能买主

每个人都有一定的社会关系，有一定的交往范围，推销员由于特定的职业需要，往往交往圈比一般人的大。推销员在自己的交往圈中寻找接近对象，是一种简便的方式，朋友、邻里、亲属都是推销员的交往范围。在交往圈中，首先找到最有可能采用该商品的人，告诉他们这种商品能带来哪些好处，甚至还可以告诉亲朋好友，与其买别人的商品，不如买这种商品，一举两得，在自己得到满足的同时，也帮了朋友的忙。

6.2.4　想方设法接近能够发挥影响力的核心人物寻找可能买主

一些正式或非正式团体的核心人物往往对其所在团体有着明显的示范效应和影响力，以他们作为接近对象，会有着事半功倍的功效，通过核心人物的影响力，会发展出一大批潜在的顾客来。对于核心人物，推销员应投入很大的精力研究他们的性格特点、喜好。为了引起核心人物的注意力，提高他们对于发挥影响力的热情，推销员要投其所好，通过赠送小礼品、解决他们生活或工作中的困难等方式增加感情联络，达到激励的目的。

6.2.5　派初级推销员寻找可能买主

利用初级推销员或销售助手寻找可能买主，最大的作用是可以减少经验丰富的推销员的工作量，节省他们的精力，使他们能够把更多的时间用于实际推销上。初级推销员在帮助经验丰富的推销员寻找可能买主时，通常以间接推销产品的形式露面，因而，初级推销员一般不是专职的推销员，而是兼职的推销员，他们可以利用现有工作岗位的便利，为正式的推销员提供有价值的信息。

推销员为了提高自己工作的效率，应善于培养一些初级推销员或销售助手，要保持与初级推销员的密切接触，可以按月、季度、年度付给他们一定的报酬、赠品等，也可以在建立这种关系之初，就讲明条件，按提供信息的多少和价值的高低，支付报酬。要让那些初级推销员或销售助手体会到他们对于推销工作的作用很大，激励他们的工作热情。对那些提供效益十分可观的信息的初级推销员或销售助手应及时予以额外的奖励。

6.2.6　发放宣传材料寻找可能买主

发放宣传材料是一种将广告手段与推销方式相结合的办法，推销员利用广告媒体，来传播推销信息，寻找新的顾客。采用这一方式寻找可能买主时，具体的做法是在各种利用大众传播媒体所作的广告中，说明联系的地址，也可以是在报刊广告中附上邮资免付的邮单。此外，还可以在公开场合发放宣传材料时或利用信函方式邮寄广告时，备有信息回收卡或回单，等等。这样就开辟了对产品感兴趣的人与推销员之间的联系渠道，推销员利用这些反馈信息，有目的地进行拜访，针对性强，成功率高。

6.2.7　查阅有关资料寻找可能买主

推销员通过查阅有关资料，也可以获得可能买主的线索，运用这一方式方便、快捷，获得信息范围广，可以减少推销的盲目性。推销员在查阅资料时，不仅能获得可能买主的姓名、地址等表面资料，还能了解更为详细的资料，诸如用户的财务状况、企业实力、消费者的家庭背景、交往特点等，便于做好接近的准备。

6.2.8 通过咨询寻找可能买主

推销员在寻找可能买主时,还可以通过广泛地到有关专门的机构进行咨询,获得接近对象的范围。各类从事咨询业务的咨询公司、信息中心、信息服务公司是咨询的主要对象。由于这类企业专门从事信息收集、整理和发布工作,因而拥有的资料很广泛。这些机构还可以专门接受某项委托收集信息的工作,因而,推销员还可以委托咨询性机构为企业找到可能买主提供详细的信息。

6.2.9 个人观察寻找可能买主

这种方法是指推销员充分发挥自己的观察力,不论在什么地方,也不管与什么人交谈,都随时保持高度的警觉,留意收集可能买主的线索。

个人观察法是一种应用范围很广泛的方法,要求推销员不仅有娴熟的推销技巧,还必须具有敏锐的观察能力。要能够独具慧眼,在日常生活中发现潜在的顾客,要培养出一种特殊的职业敏感度,具有探测可能买主的嗅觉,能够时时刻刻注意收集点滴的信息,如在上班途中,在办公室,在大街上,在等候会见时,在与顾客交谈时,在饭店或在家听别人闲聊时,在读报看杂志时,都注意保持高度的警觉。因为潜在顾客到处都有,关键在于如何发现他们。

推销员通过一定的方式,在较广泛的范围内找到了可能买主后,还要根据自己所推销商品的用途、价格及其他方面的特征,对可能买主进行全面的评估与确认。对可能买主如果没有一定的了解,不作认真的评估和确认,只凭着想当然行事,往往会错过真正的顾客,或者将时间和精力浪费在根本不可能购买的人身上,这样,就会降低推销工作的效率。

一般而言,对可能买主进行评估和确认,主要从购买需要、支付能力、购买量、有无购买决策权及其限制条件等方面入手。

6.2.10 利用新媒体吸引可能买主

前面介绍的九种方法都是传统销售模式下寻找可能买主的方法,但今天是互联网、大数据时代了,思维方式改变了,从产品思维变成了用户思维。销售思维也就产生了变化:从"告诉你我卖什么,如何才能找到你"变为"我能为你解决什么问题,你有需要时如何方便地找到我"。

新媒体是相对于传统媒体来进行概念界定的。就今天来说,新媒体就是利用数字技术、互联网技术等,借助宽带、无线通信、卫星等通道以及电脑、手机等传播渠道为用户传递各种媒体信息。就信息传播来看,新媒体时代的传播具有范围广、信息量大、速度快、成本低等特点。人在其中不再是被动接受的角色,而是可以进行互动和选择。

大数据时代,企业若不会利用互联网和新媒体开展推广与销售,就等着被淘汰。而实际的情况是,我们经常在网上查不到我们需要的相关信息。如开车途经你所在城市附近的某旅游度假中心,突然发现这不正是在网上苦苦搜索且无法查到的周末度假好去处吗?为何我们需要时却查不到呢?原因是人家根本不会做网络推广。

在互联网时代，企业应转变营销模式，我是"解决问题专家！"先不卖产品，而是给用户推荐"解决问题的办法"，把用户"黏住"，未来当顾客有需要，我恰好专业，且很方便地找到我，销售自然就有了。

我在网上等你，这就是"全网引流"的概念。不是去强行植入广告，而是在顾客有可能出现的地方，把我们的信息放在那里。互联网思维下，不是急于销售，不是"广泛撒网"地铺广告，而是先把潜在用户吸引到自己身边。

常用的新媒体主要有以下几种。

（1）企业官网。

（2）企业 App。

（3）企业微信公众号。

（4）微博。

（5）QQ 群。

（6）BBS 论坛等。

以微信平台为例，未来顾客通过扫描二维码关注本公司账号便保留了其基本信息及沟通方式，推销员便能方便地与其进行沟通或发布产品信息，从而使其变成可能买主甚至达成交易。

微信推广的主要手段有以下几种。

1. 转发或集赞领红包

制作精美电子海报或微信文章，邀请好友转发朋友圈，集够 20 个赞，并截图发至公司公众号，可获得 5 元红包奖励。

2. 热门事件营销

结合热点事件做爆款文章营销，文章标题要吸引人，激发客人点击的欲望；文章内容要有煽动性，排版和配图要美观；文章底部二维码符合产品主题；点击阅读原文处可添加页面微场景链接。

3. 微信活动嗨爆朋友圈

微产品活动：可利用微产品优惠券做诱饵，凡是通过网店预订商品的顾客，下单即返 9.9 元电子优惠券，可用来抵扣支付金额。

4. 扫码关注送礼品

在车站、社区、景区门口、商场门口等人流量大的地方做地面推广活动，扫码关注即可获得精美礼品一份。礼品可在网上批发，如小毛绒玩具、小镜子、套装筷勺、个性零钱包、套装指甲剪等。

6.3　可能买主购买资格的判断

6.3.1　推测可能买主手头是否充裕的方法

当推销员动用各种方法和技巧，在人海茫茫的顾客群中寻找到可能买主后，还需要对这些准顾客的购买实力作一番认真的估量和评价。若将宝贵的时间和精力花在有意购买却无能力的购买者身上，则推销业绩可想而知。

所以，一个推销员随着经验的积累，应尽可能早一点了解顾客的购买能力如何，对于没有购买力的顾客，在推销方面就不要往返徒劳、强人所难了。

推测对方手头是否充裕的办法有以下几种。

（1）初次见面时，总是说些想买的话，或装出一副想买的样子，实际上这种人，腰包往往是空空如也，或者他根本就不想买。

（2）家住高档小区，屋里收拾得十分整洁，而且房屋的装修、家具都是上乘的，那么这家主人的家境至少是中上等的，在经济方面，多是量入为出。

（3）穿戴十分讲究的人，一般经济都比较富裕。如夫人身上穿的是巴黎时装，先生穿的是意大利名牌。

（4）单靠工资生活的人，虽然常常会说"真的没有多余的钱"，但计划得好，有时也有经济富裕的。

（5）一般家具、化妆品、金首饰比较多的人，手头会充裕一些。

（6）根据私家车的品牌及价位，判断其经济状况。

总之，推销员要从多方面培养自己，提高自己的识别、判断能力。如看到房门口的鞋架就应能够判定这户人家经济是否充裕。以推销进口汽车为主、推销业绩显著的 A 先生就具备这样的素质。一次，他去某口腔科医生的私人住宅访问时，看到房门口放有一双法国造的薄底浅口皮鞋，在与主人的聊天中，A 先生很坦诚地说："我爱人如果穿这样高级的皮鞋，会肿脚的。"结果，主人认为这个推销员很实在，就买下了德国奔驰汽车。

6.3.2　如何全面评价准顾客

以上我们谈到了对准顾客的购买能力进行估量，这是评价准顾客的主要内容。一般情况下，全面评价准顾客，排除各种不合格顾客，选出正式的推销对象，还应从以下方面着手。

1. 购买需要审查

推销员通过对占有资料的分析，判定某一特定的对象是否真正需要推销品。如果需要，就列入准顾客名单；若不需要，则应剔除。

审查顾客需要是很重要的。如果顾客不需要此类商品，无论推销员如何努力，也很难成功；同时也浪费了宝贵的时间，打击了推销员的积极性。在实践中，有些推销员可凭其卓越的技巧使并不需要其产品的顾客采取了行动，这样做的结果会怎么样呢？如同向和尚推销洗发水一样，你推销的产品对顾客毫无用处。这种强力推销或软磨硬泡，只会破坏推销信用，损害形象，导致顾客后悔不已。

2. 购买数量分析

经过购买需要的审查，你手中已掌握了一些有购买需要的准顾客。但其购买量又如何呢？通常情况下，推销员应首先将那些购买量大或准备长期购买的准顾客列为重点，优先登门拜访；对那些购买量较小，或一次性购买的，则应从时间和费用上加以比较、权衡。有可能的话，尽量去拜访每位有购买需要的准顾客；如果得不偿失，就应慎重考虑。这里需注意的是应该用发展的眼光看待需求数量，不能停留在一时一事上。

3. 购买财力的估量

如果某准顾客既需要又要大量购买你所推销的产品，是否就意味着你肯定能推销成功呢？答案是否定的。因为若这位准顾客只有大量购买的要求，而无实际的货币支付能力，那你只能毫不犹豫地将其从准顾客名单上剔除，没有必要浪费太多的时间。当然，如果你对准顾客的资金状况比较了解，知道他有一定的信用，也可考虑分期付款等方式，但还款期不宜太长。

4. 购买权力的审核

向一个无权购买的顾客推销，只能白费力气。为了提高推销效率，推销人员还应该审核顾客的购买决策权力状况。

对于一个家庭来说，如果共同收入，共同消费，一般购买决策权是较集中的，可能是先生，也可能是夫人，或者是协商作出决策。但对于经济条件较好的家庭来说，一般是各自做主，各行其是。准确地把握这一点，是推销成功的前提条件。如果你是某公司的汽车推销员，当你了解到需要汽车的某家庭是男主人说话算数，那么你就应选男主人在家时登门拜访；如果你是日用品推销商，则应以女主人作为推销对象。

对于组织（集团）购买者来说，同样应分析谁是购买决策者。推销员要了解清楚集团的决策体系和错综复杂的人事关系，搞清哪些部门有购买决策权，哪些部门是实际购买部门，哪些人有实际购买决策权。例如，当你向某家电商场推销家电产品时，应选采购部主管人员，如主任、经理等作为推销对象，这样可使推销员把精力集中在最有购买权力的当事人身上，提高推销效率。

又如，一个推销员与某公司的购货代理商洽谈了 6 个月，但一直未能达成交易。推销员困惑不解，他怀疑自己是否在与一个没有决定权的人打交道。为了证实自己的怀疑，他给这家公司的总机打了一个匿名电话，询问公司哪一位先生主管购买事宜。后来，他又从侧面了解到拥有公司购买机器大权的是公司的总工程师，而不是那个同自己打了 6 个月交道的购货代理商。可见，顾客是否有购买权力直接决定着推销的成败。

一般说来，与有购买决策权力的人打交道是比较容易的。这些人通常不会摆出盛气凌人的架势，了解的情况也比较全面，更重要的是他们有权作出决定。因此，在可能的情况下，要先与这些人打交道；同时推销员也要注重那些非实权人物的影响力，因为他们可能起到参谋作用，对决策人物的购买决策有一定的影响。

6.3.3 可能买主资料库的准备

经过以上对准顾客的分析、评价、审查，排除了各种不合格的顾客，选出了正式推销对象，列入拜访名单，准备接近。这个时候，还应做一件事情，即将名单上的推销对象的一些资料进一步了解清楚，然后将这些资料装订成册，建立准顾客档案，整理成卡。每一个重要的顾客及购买集团都应有一个详细的资料库，这样推销员可以与他们保持密切的人际关系或建立长期稳定的业务关系；同时日积月累，有关资料越来越丰富，对这些资料分析整理之后，必然又能得到许多有价值的信息，为推销员与顾客打交道时提供更大的帮助。经济发达的美国、日本等许多大公司就是这样做的，这些公司拥有数目庞大而周密的准顾客情报及顾客数据库,作为企业今后生产、销售的重要依据。所以,建立个人和组织(集团)档案卡片十分必要,如表6-1、表6-2所示。

表6-1 个人顾客资料库

个人顾客资料库　　　　　　　　　　编号:

姓名		学历及母校	
性别		出生年月日	
职业		性格与爱好	
职务		主要经历	
职称		何时购何物	
经济状况		现工作单位	
地址		主要家属、关系	
电话		其他	

表6-2 组织顾客资料库

组织顾客资料库　　　　　　　　　　编号:

企业名称			姓名	
地址及电话		企业负责人的情况	地址及电话	
开业时间			职务(称)	
开始交往时间			性格、爱好	
信用状况			出生日期	
主要生产或经营的项目		采购经办人的情况	姓名	
			地址及电话	
			与本公司交情	
			性格、爱好	
何时购何物			出生日期	
规模及效益			其他	

除以上两种形式的资料库外,推销员还可根据行业及产品特点,调整内容,自行设计,以便提供及时、准确的信息情报,更好地为顾客服务。

乔·吉拉德在刚从事推销工作时,就着手收集一些有用的顾客资料。不过那时,他只将这些资料写在纸上,然后塞进抽屉里。直到有一天,他发现由于自己没有及时整理那些资料,忘记了有效地追踪一位准顾客,失去了一次很好的生意时,才开始用资料卡片和日记本将顾客资料整理好。他深有体会地说:"作为一名推销员,没有一套科学的方法,你一定不能把寻找顾客的工作做好,这样就会失去许多有利的推销机会。"

另一位推销大师、日本的推销之神原一平认为:任何行业的推销员都要有准顾客卡。

他自己在填写准顾客卡时,不仅记录每位准顾客的基本情况,而且还记录每次推销活动中与准顾客会晤时的重要谈话内容及感想,特别是将自己的答复与表现记录其中,事后反复研究,以发现存在的问题,不断完善自己。所以,原一平的准顾客卡片又是他的"诊断书",这样准顾客资料库的作用又提升了许多。

延伸阅读6

寻找准顾客的9个技巧

思考题

1. 什么是可能买主?怎样验定可能买主?
2. 寻找可能买主的方法有哪些?
3. 如何全面评价准顾客?
4. 可能买主的资料库包括哪些内容?

第7章

拜访可能买主的技巧

 **开篇案例**

销售要在合适的时间以合适的方式拜访合适的人

案例背景： 2002年，笔者曾在一家药厂兼任销售管理工作。药厂负责济南市场的业务员反馈说，济南有家大型药业销售公司的采购经理很难拜访。他已经接触了4次，但对方都以同样的借口拒绝了他——我们只经销知名生产厂家的产品，你们的产品不在我们的采购范围内。于是笔者亲自出马，去会会这位冷面女经理。到济南后，笔者没有盲目去拜访，而是连续观察了她两天非工作时间的安排规律，看看能否找到接触机会。两天的时间，发现她每天早上步行送孩子上小学，从家走到学校大约5分钟。中午11:30准时去接孩子回家吃饭，然后再送孩子去上学。

第三天中午，笔者买了三套肯德基套餐（其中一套带儿童玩具）在学校门口等她。见面后，笔者就说自己是天津商业大学的教授（递上了我在学校的名片），到济南做个课题调研，只占用她10分钟就行。她说没时间，还要给孩子做饭。笔者亮出套餐说准备好了，咱们边吃边谈。一路上发现孩子一直情绪不高，进家后也不吃饭。问原因，原来是孩子的作文没交挨老师批评了。孩子说上周老师布置的作文《最难忘的一件事》不知怎么写，不知道什么事最难忘。笔者一听机会来了，这是笔者的长项啊！笔者就启发她，平时有没有做错事后爸妈没有训斥而是鼓励你呢？（顺便也表扬一下其父母）孩子想了一会儿说，还真有一次，那是去年暑假有一天自己在家，做完作业后拿个冰棍儿坐到妈妈床上看动画片，不小心冰棍儿化了滴到床单上，于是她就拿涂改液给盖上了。妈妈下班到家发现后并没有训斥她，而是鼓励她说想办法解决问题是好事，但这个方法不对，这样妈妈更难洗了。这件事给她印象很深，本以为会挨批评，没想到还得到了鼓励。笔者说这个素材就很好，于是帮她设计了开头和结尾，中间她把事件描述一下就完成了。问题解决了，孩子高兴地吃饭了。吃饭时笔者又亮出了自己兼职公司的身份，采购经理答应下午到公司具体谈谈。

案例赏析： 这个例子成功的原因主要有两点：一是拜访前要精心准备，选择合适的时间、合适的方式去拜访；二是要取得顾客的信任和好感，取得信任和好感之后，其他的事就水到渠成、顺理成章了。而要取得顾客的信任和好感，不是因为你的花言巧语，而是因为你的行动，一个行动胜过千言万语！

7.1 拜访前的准备工作

所谓"工欲善其事，必先利其器""磨刀不误砍柴工""好的开始是成功的一半"，做好拜访准备就是减少拜访顾客时犯错误的机会。

与顾客第一次面对面地沟通，有效地拜访顾客，是推销迈向成功的第一步。只有在充分的准备下拜访顾客才能有的放矢、从容不迫而取得成功。拜访前要准备以下内容。

7.1.1 制订拜访计划

"只要肯干活，就能卖出去"的观念已经过时了。取而代之的是"周详计划，省时省力"。推销训练课程中有句常用的口号"计划你的工作和按你的计划工作"。这不仅对推销员是一个最好的忠告，而且对每个人来说，合理地安排自己的时间并能有效地利用它，也是十分重要的，我们常见到一些推销员轻松地接连转移他们的销售阵地，工作得很出色，但并不艰苦。同时，也常看到另一些推销员往往手忙脚乱，精神疲惫地穷于应付，他们工作虽然很努力，但并不出色。这主要在于他们推销活动的组织安排和计划的差异。

拜访计划主要包括以下内容。

1. 拜访目的（目标）

由于我们的销售模式是具有连续性的，所以上门拜访的目的是推销自己和企业文化而不是产品。另外，不同的顾客可能拜访的次数不一样，具体的拜访目的也有所不同，拜访前一定要设计清楚。

销售拜访目标的制订要从顾客角度出发，切合实际。一次销售拜访需要制订几个目标，有第一目标、第二目标……如果第一目标实现不了，及时调整方法，争取实现第二、第三目标。此外销售拜访目标还需要符合 SMART 原则，即 specific——目的要清晰、明确，让考核者与被考核者能够准确地理解目的；measurable——目标要量化，考核时可以采用相同的标准准确衡量；attainable——目标要通过努力可以实现，也就是目标不能过低和偏高，偏低了无意义，偏高了实现不了；relevant——目标要和工作有相关性，有实现目标的条件；time bound——目标要有时限性，要在规定的时间内完成，时间一到，就要看结果。

2. 拜访任务

推销员的首先任务就是把自己"陌生之客"的立场短时间转化成"好友"立场。脑海中要清楚与顾客电话沟通时的情形，对顾客性格作出初步分析，选好沟通切入点，计划推销产品的数量，最好打电话、送函、沟通一条龙服务。

3. 查好行程路线、车次

如果计划接连拜访几个顾客，还要查好转乘车次、路线、时间怎么安排最合理。今天的顾客是昨天顾客拜访的延续，又是明天顾客拜访的起点。推销员要做好路线规则，统一安排好工作，合理利用时间，提高拜访效率。一定按最佳的计划路线来进行拜访，出发前制订好访问计划，必要的时候还要做好备忘。不要因为你对这个城市很熟悉而轻视或忽略这一动作，因为很难有人能做到对一个城市了如指掌，不论你在这个城市生活时间多久。如果你忽略了，很可能因为乘车找车站和换乘问路等耽搁时间，这对于一个讲求效率的人来说是不应该的。

4. 拜访方式

推销员应善于创建一个可以使接近对象轻松、愉快的情境。为了达到此目标，应从以下几个方面着手。

第一，确定接近的方式与情境要与产品的特点相结合。例如，推销办公用品要安排在推销对象的工作单位。这样，一方面有助于成交，因为办公用品往往是由单位集体采购的；另一方面，办公室的特殊气氛有助于产生需求。

第二，确定接近的方式与情境。要善于抓住机会，充分利用机会。如交际场合、订货会、展览会等都具有良好的接近氛围，推销员在作接近准备时，应有意识地将会面安排在这些场合进行。

第三，确定接近的方式与情境时，还应善于创造机会。创造机会是指推销员在接近计划中，专门安排一些特定的条件，作为接近的理由。例如，推销儿童用品时，用唤起父母对子女深厚的爱的话题作为引子，容易达到接近的目的。

7.1.2　准备主要问题及应对方法

下面是推销中对顾客影响最突出或顾客提出概率最高的几个问题。为提高自信，增强说服力，推销员在出发之前要认真设计该如何提问或应对。必要时可用手机录下来，反复斟酌这样说行不行。

（1）开场白如何引起可能买主的兴趣。

（2）注意可能买主最关注的产品属性（如质量、价格及付款条件、售后服务）。

（3）本产品的缺点，应如何化解。

（4）顾客要求降价时如何应对。

（5）顾客担心产品质量时如何应对。

（6）顾客犹豫不决时如何应对。

（7）顾客对售后服务不放心时如何应对。

7.1.3　物质方面的准备

（1）样品及宣传资料、计算器、笔记本、钢笔、价格表等。

（2）推销员工作证件及身份证件。

（3）各种说服顾客的证据，如化验单、鉴定报告、获奖证明、顾客评价信或订货凭证等证据的复印件。

（4）礼品及 POP 广告资料。

现在很多公司把送给顾客的礼品与产品形象结合在一起，这些统称 POP 礼品。这样设计有两个优点：一是避免直接送礼的直白和尴尬，二是有助于产品形象的宣传和推广。如汽车轮胎厂家把礼品做成轮胎造型的钢卷尺，卷烟厂把礼品做成两只香烟造型的打火机，还有印有产品形象的购物袋，等等。

（5）合同文本。

（6）顾客的背景资料。

拜访顾客，尤其是拜访陌生顾客，拜访前首先要尽可能地多了解其情况。了解的途径很多，可以通过网上查询，也可以通过熟悉该顾客的家人、亲友，以及其他社会关系来了解。这一点千万不可嫌麻烦，且要养成好的习惯。俗话说"知己知彼，百战不殆"。只有了解了对方，你才能获得拜访的切入点。退一步说，即使我们对顾客的了解仅限于皮毛，起码拜访中也可以找到一些话题，以减少尴尬。

所以拜访前要尽可能了解顾客的情况，并把所得到的信息加以整理，装入脑中，当作资料。你可以向别人请教，也可以参考有关资料。作为推销员，不仅仅要获得潜在顾客的基本情况，如对方的性格、教育背景、生活水准、兴趣爱好、社交范围、习惯嗜好等以及和他要好的朋友的姓名等，还要了解对方目前得意或苦恼的事情，如乔迁新居、结婚、喜得贵子、子女考大学，或者工作紧张、经济紧张、充满压力、失眠、身体欠佳等。总之，了解得越多，就越容易确定一种最佳的方式来与顾客谈话。还要努力掌握活动资料、公司资料、同行业资料。

推销员还要善于发展助手来收集顾客的资料，运用得当会事半功倍。例如，有一个小伙子，做业务的时候公文包总是鼓鼓囊囊的，里面塞满了小礼物。每次去拜访顾客的时候，他都会给公司员工发放小礼物。去的次数多了，大家就管他叫圣诞老人。当小伙子一出现，阿姨就套近乎，看这次又带来了什么礼物。因此，小伙子成了受顾客欢迎的人。有一天，一个大妈对小伙子说："我看你人蛮好的，提醒你不能这样做业务，我们的厂长和书记是两派的。"然后又告诉小伙子其中的人员关系，并指点他可以怎么找人。经过大妈的指点，小伙子对顾客的背景资料有了充分的了解，做起业务来也得心应手。

当然，调整好心态，信心满满，轻松出发是至关重要的。充分的物质准备＋良好的心态＋十足的勇气＝你的自信＝成功的一半。无论做什么事情，心态对结果起着至关重要的作用。当我们面见顾客时，尤其是陌生顾客，你有充分的自信，就会拥有十足的勇气和无限的智慧。同时你的信心也容易感染对方。有了十足的自信心，你就会自然克服掉胆怯心理，整个谈判过程中就会思路顺畅，表达流利，举止恰到好处，成功自然会向你靠拢。

7.1.4　整理行装、仪容

"人不可貌相"是用来告诫人的话，而"第一印象的好坏 90%取决于仪表"。人们观察事物通常是按由表及里的顺序进行的，而行装和仪容就是你将要展示给顾客第一印象中的外在感观。一般情况下，顾客可能不很在意你的外表。可如果你的外在形象引起顾客的不悦或反感时，或许接下来你的一系列工作就会彻底失去意义。相反，当你刚踏进顾客办公室的门槛时，就在顾客猛地抬头看你的那一瞬，犹如一轮明日通过顾客的眼睛直入其心田，接下来的事情或许就顺理成章了。作为一名商务代表，其行装和仪容的总体要求是整洁、大气、利落。有统一工装时必须着工装，在没有统一服装的情况下尽量着西装，没有西装时也要讲求整洁、严整。夏季不能穿得过于暴露，冬季不能穿得过于臃肿。男士头发不能过长，不留胡须或不留长胡须。女士夏季不能穿凉拖，衣着不能太花哨，身上饰品不要过多。化妆宜化淡妆，用香水时不能过于浓重。无论男士女士指甲不宜过长。

当然，推销员的衣着还要根据被拜访人的职业、环境、服装等情况灵活调整。

7.1.5 提前预约

现代企业的工作节奏普遍较紧张，若没有预约是很难得到见面机会的。所以在出发前要做好预约工作。

1. 预约前要考虑好几个问题

（1）约见要有精神准备

任何推销都要从接近推销对象开始，而约见则是成功地接近推销对象的基础和前提。约见时，事先要把不利的情况多想一想，使自己在精神上、心理上有所准备，这样，遇到困难或意外变故时，就能够遇乱不惊，处之泰然。

首先，不要把能够得到对方的约见想得太容易，要准备经受波折，要有耐心。例如，有一家企业的厂长想到另一家企业去谈一笔大买卖，因而想约见对方的厂长谈一谈。第一次去对方不在，第二次去对方正在开会，秘书传出话来："现在不能见"，这位厂长表示愿意在外面等一会儿。会开了很长时间，外面下起雨来，过了几个小时，会终于开完了。当对方厂长发现站在屋檐下、身已湿透了的这位厂长时，深受感动，赶紧请进屋里。一接触，才知道人家也是厂长，更感歉意。双方很快进入实质性洽谈，谈得非常投机，这笔买卖很快达成了协议。以上这个例子可以说明，如果缺乏精神准备，遇到挫折就产生失望情绪，丧失信心，则必定不能成就大事。而这位让人感动的厂长，正是有了精神准备才会有这样的耐心，有了耐心才会获得最后的成功。

其次，要随时准备遭到拒绝。能够约见成功，不是一件轻而易举的事情；如果双方素不相识，那就更难了。所以，推销员随时都要做好失败的准备。如果在约见之前，毫无承受失败的心理准备，当遇到拒绝时，就容易丧失信心，一蹶不振，影响以后的推销工作；如果做了最坏的打算，就可以迅速摆脱失败造成的心理阴影。优秀的推销员是不怕拒绝的。当顾客对你断然拒绝时，用不着沮丧，因为拒绝是下次约见的开始。

（2）约见要确定具体的访问对象、访问理由、访问时间、访问地点及预约方式

任何推销过程中的约见，都必须考虑五个问题：约定推销访问的对象、理由、时间、地点、方式，推销理论中称为"五何"，即"何人""为何""何时""何地""如何"。

何人——具有购买决策权的人（决策者；影响者；倡议者；购买者；使用者）。

为何——推销某种商品或劳务；提供服务；酬谢老主顾；市场调查等。

何时——尊重对方的时间；对方有时间时；确定准确时间一旦确定好时间，一定要准时到达。

何地——对方办公室；对方家里；饭店；旅游机会或场所；娱乐场所。

如何——电话预约；书信预约；熟人委托预约等。

进行推销约定，首先要明确访问对象。一般情况下，准顾客是我们发动推销攻势并取得最终成交效果的主要目标。推销员应主要对通过多种途径寻找到的准顾客进行访问，准顾客中有购买决策权的人更应作为访问的重点，当然约见这样的准顾客可能要花费很

大的代价,要冲破其下属设置的很多障碍,但只要能够约见到这些访问对象,取得他们的支持与合作,买卖是很可能成交的。

任何人都不会接受没有理由的约见,特别是双方在还不十分熟悉的情况下,人们更不会接受没有理由的约见。约见不成,推销便没有办法开始。为了达到约见的目的,就必须设想好约见的理由。

一般情况下,约见的理由主要是推销某种产品或劳务;另外,若以别的一些理由,诸如走访用户、提供服务、回收货款、酬谢老主顾、市场调查等为借口约见,也比较容易得到对方的同意。这里需要引起注意的是,推销员在设想约见理由时,一定要换一个角度,从顾客的方面考虑,以顾客的特点和需要为依据,触动对方敏感点,这样提出的约见理由才能引起顾客的兴趣。

如何触动顾客的敏感点,是设想约见理由的核心。这就需要推销员事先进行调查,掌握一定的准顾客的基本情况。如了解对方最需要的是什么,最关心的是什么,最感兴趣的是什么;还要了解对方最担心的是什么,最想回避的事情是什么,最忌讳的是什么,等等。总之,所提出的约见理由要让对方感兴趣而又不会担心什么,对方才会接受约见。

有一家生产显示屏幕的企业,其推销员到某银行去推销产品。约见时推销员提出给准顾客个人好处费方面的事,对方马上警觉起来,原本还可以谈一谈,但听到这类事后,准顾客便一口拒绝。所以,提出约见理由,特别要注意不要触及对方所忌讳的事情。

很多时候,对方要考虑这样一个问题,即接受你的约见就会浪费时间,浪费时间合算不合算?所以,推销员要想办法让对方感到费点时间接受约见是值得的。为什么很多有经验的推销员总是把约见地点选在餐厅或娱乐场所,很重要的原因就是针对对方的这种考虑。当然,如果对方对这些场所不感兴趣,那么以这类劝导条件提出约见理由,对方肯定不会接受。

(3) 选择恰当的时间约见

推销员在约见时间的选择上,要注意两点:一要尽量满足对方的要求,尊重对方的意见。应该客随主便,什么时候约见,最好由顾客来决定;二要守信用。即要准时赴约,切不可让顾客久等,万一因故而不能赴约,应事先通知顾客,表示歉意,同时再约另一个时间会面。

访问时间不适宜,会给推销带来阻力。为了取得约见的较好效果,约见时应注意选择顾客最恰当、最合适的时间。什么时候是顾客最合适的时间,什么时候是最不好的时间,这需要推销员根据约见理由自己去观察和分析。

如果推销日常生活用品,约见的对象是住宅的主人,若这时顾客家庭不和,此时约见显然不是时候;如果推销员约见的任务是收回货款,正好顾客账面有余额,这时约见效果可能就不错。

选择恰当时间的重要意义还在于及时、高效率。我们经常会把时间和机会联系起来,即时机,耽误了时间也就丢掉了机会。有的时候也就是一前一后的问题,但是抢先一步海阔天空,落后一步寸步难行。时机是否恰当非常重要。福建省南平地区全区优高农业现场会在省政府招待所会议室召开期间,区创汇农业开发中心派推销员赶到现场,带着瓜菜良种、良苗订货单,趁工作人员发放材料的间隙将订单发到150位代表手中,当场就谈成了十几笔买卖。试想如果在会后再分头推销，就不一定能达到这样的效果。

另外，选择恰当的时机就是要选择最有利于推销的时间开展推销活动。广东农垦九曲弯罐头厂有一位著名的推销员，他使企业的产品广开销路。有一次，他到北京推销时，听说北京糖酒公司正在召开九大区商品调剂会，便马上赶到现场，趁开会中间休息时，把本厂及其他厂家带来的罐头样品通通打开，请到会的经理逐一品尝。经理们通过比较鉴别，有八个大区订了货，推销获得了极大的成功。

这位推销员所选择的推销时间，一定是经过深思熟虑后确定的。如果是开会之前去推销，人们一心准备会议，不会有心思考虑这些具体的业务问题；如果开完会再推销，经理们都急着回家，没有人会品尝这些罐头；而利用中间休息时间，大家心情都很轻松，而且这时也不能离开会场，品尝一下罐头谁也不会反对。而尝完之后，又觉得比较满意。开会顺便做成一笔买卖，何乐而不为呢。

（4）约见要方便顾客

约见地点的选择对于约见的成功与否也起很重要的影响作用。约见的理由、对象不一样，约见的地点也应有所不同，其基本原则是方便顾客，有利推销。一般来说，约见地点大体有四种场合可供选择：一是工作单位，最好选择没有外界干扰，特别是没有第三者在场的场合；二是顾客居住地点，即顾客家中。在顾客家中约见，可使双方产生一种亲切感，特别是顾客可以很放松，成交压力可减轻许多。但是由于一般人不喜欢被外人干扰，所以，以顾客家中为约见的地点，一般应由顾客主动提出为好。三是公共场所。有的顾客由于种种原因，不便于在工作单位或家中接待推销员，这时就得考虑第三种场合，即一些公共场所，如饭店、公园、舞厅等。随着经济的发展，人们生活、消费水平的提高，这种场合逐渐被越来越多的推销员和顾客所接受。四是会议场地。由于市场竞争不断加剧，各种各样的现代化推销手段相继出现，如利用招待会、座谈会、订货会、展销会、学术报告会、新闻发布会等形式进行推销。这种会议就是第四种推销场合。推销会议一般都选择在风景胜地、社交场所等，事先发出邀请信、请柬、入场证等。其目的在于联络感情，宣传产品，进而进行推销活动。

2. 预约技巧

1）电话预约技巧

电话，是推销员的重要工具。对于老顾客，电话约见是很方便的，也比较容易，因为是熟人，不需要太多的寒暄，也不用对约见的事由作更多的解释。但对新顾客，用电话约见的难度就比较大一些。很多刚从事推销工作的人都深有感触：当你在电话里大致介绍完情况后，大部分顾客就会说："好吧，过一段时间我们考虑一下。"而过了几个小时后再去电话，回答往往会变成"不必"或者是"没兴趣"。为什么会这样呢？主要原因就是推销员没有掌握必要的电话约见的要求和技巧，从而导致顾客对你的提议没有引起兴趣和足够的重视；或导致顾客对推销员的猜疑、怀疑，进而予以拒绝。可见，要想有效地运用电话约见，就必须熟悉其基本的要求和技巧，并灵活地应用。电话预约要把握好以下几个要点。

（1）电话预约的目的。一般说来，推销员通过电话约见方式要达到两个目的：一是给对方留下良好印象；二是使对方产生足够的兴趣，主动邀请推销员详细介绍产品。

（2）电话预约的要求。为了达到以上两个目的，推销员必须注意以下事项。

首先，打电话之前，推销员要精心设计自己的开场白，如何说好前两句话，十分关键。

其次，在谈话过程中，要力求简短，抓住要点，即用最简洁的语言，说最有效的话；同时推销员还应言辞恳切、理由充分、口齿清晰、用词准确、恰当，切忌语气逼人或啰里啰唆，引起顾客的反感。

最后，如果顾客态度不好或不愿约见，推销员仍然要心平气和地好言相劝，他急你不急，否则，强行求见不但达不到约见的目的，还会增加顾客的反感与厌恶情绪。

概括地说，电话预约要达到以下几点要求。

①力求简短，抓住重点。
②理由充分，口齿清晰，用词准确。
③地点清楚，时间确切。
④语气亲切坚定、态度诚恳。

（3）电话预约应遵循的步骤。

①说明身份。以最快的速度说明自己的身份，让顾客了解自己的姓名、所属的公司以及能提供什么产品及服务。

②说明目的及约请面谈。在说明目的时，一定要明确地讲明以下两个要点：一是要向顾客明确表示自己已充分地了解了他现在的需求，并且自己有能力满足其需求；二是要向顾客提出面谈请求，最好主动地提出面谈时间，这种方式既省时省力，又可以避免模糊的信息。

范例 7-1

销售员：您好。麻烦您接总务处陈处长。
总务处：您好。请问您找哪一位？
销售员：麻烦请陈处长听电话。
总务处：请问您是……？
销售员：我是大华公司业务主管王正，我要和陈处长讨论有关提高文书归档效率的事情。

销售员王正用较权威的理由——提高文书归档效率让秘书很快地将电话接上陈处长。

陈处长：您好。

销售员：陈处长，您好。我是大华公司业务主管王正，本公司是文书归档处理的专业厂商，我们开发出一项产品，能让贵处的任何人在10秒钟内能找出档案内的任何资料，相信将使贵处的工作效率大幅提升。

王正以总务处的任何人在10秒内都能取得档案内的任何资料，来引起陈处长的兴趣。

范例 7-2

"王经理您好，我是博讯智能公司的王建，我们有一种产品可以使贵公司每月节省一半的电费。相信一定会为贵公司间接创造效益。如果可以的话，今天晚上 6:30 在您公司附近的君悦酒店面谈，好吗？

销售人员在电话上与准顾客谈话时要注意做到下面重点：①谈话时要面带笑容，虽然对方看不到您的笑容，但笑容能透过声音传播给对方。②经常称呼准顾客的名字。③要表达热心及热诚的服务态度。

（4）电话预约相关技巧。常用的电话预约技巧有以下几种。

①问题解决约见技巧。推销员在使用电话约见的方式时，可选用多种具体的技巧，无论采用哪种技巧，都要达到一个共同的目的，即要使对方对你及你的产品产生较深的印象，同时还要暗示对方这次约见对他很重要，不可轻易忽视。以此为根本出发点，结合具体的情况，可考虑运用某一种技巧，或多种技巧同时使用。

问题解决约见技巧，即本着为顾客解决其存在问题的态度，或以顾客迫切需要解决的问题为契机，来促使顾客同意约见。

例如：

"王经理，您想不想知道能节省100个小时且能提高贵公司工作效率的办法呢？若您有兴趣，能否请您给我10分钟的见面时间？您看我明天上午10点半到您办公室拜见您，可以吗？"

"李总，我们想请您看看这次的新构想，相信一定会比现在的规划节省更多的时间和经费，这是一石二鸟的好办法。但我想单独说给您听，且想请教一下您的意见，所以必须见您一面。"

以上两段电话内容都是在理由陈述上强调帮助顾客解决问题来吸引顾客，对顾客有一种雪中送炭的感觉，突出"约见"的质量，使其对约见印象深刻，同时也颇感兴趣。

②信函邮寄约见技巧。推销员预先邮寄产品资料给顾客，然后再用电话的方式，以征求顾客意见为理由与顾客约见。这种约见方式可以使顾客在没有与推销员约见时，先对产品有了一定的了解，若有意购买，则必然会有所表示；同时在电话约见交谈时，以提起邮寄材料为开头，以征求意见为事由而展开，使顾客有一种受尊重的感觉，由此而产生好感，拒绝接见的可能性可减到最小。

例如：

推销员高军给顾客打电话："李总，我是高军，请问您对我寄给您的信上介绍的电吹风有什么意见吗？我们能否明天中午12点在华都酒家二楼凤凰餐厅见面，交流一下看法？"

③连带推销约见技巧。对于交往较深的老顾客，可以在电话约见中直接报上姓名，并在刚刚圆满成交某种商品或劳务不久，趁热打铁，推销另外一种产品或劳务，同时告知对方是自己选定的某种产品首批试用顾客或试用单位。如果此时推销员提出约见，一是顺理成章之事；二是可以充分表示出推销员对老顾客的关照之情，老顾客也必然会以接受推销员的约见来作为回报。

④真心致谢约见技巧。这种方法也是推销员与老顾客打电话约见时采用的一种技巧。推销员打电话时，可以以真心诚意地感谢老顾客的支持为开场白，使之心情舒畅，同时减轻了顾客对推销员的戒备心理和成交的压力；然后再为推销新产品而提出约见要求。如此顺理成章，一般老顾客都会接受推销员的来访。

⑤消除障碍约见技巧。当推销员打通电话后，不幸遇到一些挡驾者如秘书、接线员、

家人等的答复,这时推销员就应采用消除障碍约见技巧,即先设法说服这些约见障碍,达到约见目标顾客的目的。在实际推销过程中,这些约见障碍经常地、大量地存在,其中以买主的秘书最为常见。所以推销员要掌握一些与秘书等打交道的基本技巧,尽快消除约见障碍。

买主的秘书常常会"保护"她(他)的上司免受不速之客的干扰,所以,当推销员被秘书挡驾之后,应运用不同战术,迅速摆脱秘书的冷落或拒绝。例如,你可以这样说:"我很抱歉,这是件非常复杂的生意,请您尽快安排我同你们经理通话。"

推销员也可以让秘书感到自己已充分认识到了她(他)的重要性,并设法把秘书拉到自己一边,这样会使推销员同买主约见的机会大大增多。因为秘书非常清楚买主的日程安排,同时她也是安排同买主会面的最佳交涉对象。

推销员还可以采取一种力争主动、先发制人的态度。例如,"张小姐,希望你能帮我的忙,我想先同经理谈一件非常重要的生意,这笔生意能为贵公司节约很多的资金。"

再请看以下例子:

"你好!我是董事长的秘书,我姓王,你找董事长有什么要紧的事吗?"

"哦,王秘书你好!我是张伟,请你多帮忙。我想与你们董事长会谈10分钟,明天上午能否麻烦你安排一下?"

"我看还是请你把事情讲给我听吧!因为我们董事长这周的时间排得满满的,恐怕没有时间见你,很抱歉。让我替你转告一声吧!"

"我还是直接对他说比较好,这件事对董事长很重要,这星期不行,下星期也好,请代我问候你们董事长一声,谢谢!"

这样的谈话简洁、自信,会使对方对你产生深刻印象。

又如,你电话约见总务部林主任,秘书若问你:"有什么事情?"

你应该回答:"这是有关总务部主任林先生工作上的事情,请你转告一声,说我今天上午来看他,拜托了!"如果对方以没有时间为理由拒绝,那你就问:"那么,下午3:00见面,好不好?"

这段对话会使秘书以为你和林先生是很熟悉的朋友,从而达到约见的目的。

再看另一个推销员的约见。

推销员打电话约见赵先生:"赵先生在家吗?我是×××。"若对方以为你是熟人,冲口而出:"他在,你有什么事情吗?"

推销员可回答:"现在是9点半,我10点钟准时到你家,请你通报一声好吗?"对方很可能说:"赵先生恐怕不想见你。"

推销员:"我相信赵先生一定会见我的,我今天来找他的目的,是要告诉他一点很重要的事情,而且也是他很想知道的。总之,见不见随你们,不过,赵先生的公司将来若受损失的话,可别怪我,请代向赵先生问候一声。"

这段话略带告诫,为避免担当责任,恐怕这个代言人不得不考虑安排这次会面。

(5)有效克服拒绝借口。

打电话时,往往会遇到顾客找借口说不方便继续通话等情况,对于顾客的此类异议,最好的处理方法是请求顾客给自己一两分钟的时间简明扼要地表达自己的意图。一般情况下，顾客都会满足这样的请求。销售员可以利用这个机会想方设法地引起顾客的兴趣。切记：在遇到顾客的拒绝借口时，不可绝望地马上挂掉电话，挂掉电话往往标志着顾客拜访失败。

常见的拒绝借口如下：

①托词借口：请你把资料给我寄过来就行了。

应对举例：张总，我正好今天去你们那儿，我给您送过去好了。

或者：张总，我们的资料都是精心设计的纲要和草案，必须配合人员的说明，而且要对每一位顾客分别按个人情况再作修订。所以，最好是我当面给您介绍一下。您看是今天下午2点还是明天上午10点比较好？

②托词借口：我很忙，根本没时间。

应对举例：我知道，张总。像您这样事业有成的人肯定很忙，这也正是我打电话和您约时间的原因。（我今天和明天都会在贵公司附近办事，您看是今天下午2点还是明天上午10点我去拜访您？）

③托词借口：你就在电话里跟我说说吧。

应对举例：张总，这笔业务在电话里说不清楚。而且有些关键资料您必须亲自过目。

④托词借口：让我考虑以下再说吧！

应对举例：张总，我们当面谈一谈会使您的思路更清晰，我可以给你介绍更多详细的情况。

⑤托词借口：我买不起。

应对举例：张总，只要您亲自操作一下，您就会认为它是物有所值的。

2）书信约见技巧

除了电话之外，书信也是与顾客约见的一条重要渠道。它可以详细地陈述理由，有针对性地叙述推销内容，必要时可以寄去有关资料；同时它可以冲破各种阻拦，约见到难以约见的准顾客；虽然今天的通信方式已发生天翻地覆的变化，电话、短信、微信、脸书等手段非常便捷高效，但书信的优点依然很突出，书信约见对于推销员来说仍是一种求得顾客接见的主要方法。

但实践中不少推销员很少使用书信约见，他们宁愿自己不打招呼而去吃顾客的"闭门羹"。其原因不是他们不知道有这种方法，而是缺乏必要的书信约见技巧，害怕书信文辞不当，引起顾客的反感；有一些推销员虽然使用了这种方式，但由于书信内容以及劝导阅信技巧不够，以致对方一眼都没看就扔在一旁（甚至扔到垃圾桶里）。因此，要让对方重视你的信函，达到约见的目的，必须注意以下书信约见要点。

（1）书信写作技巧。书信约见中的信函与一般的书信不同，应以介绍情况为主，内容不宜过长，即要短小精悍，同时要能激发起买主的兴趣。具体可从以下几方面考虑。

①写上收信人的姓名，并注明他在公司中的职位。许多人发现，这样做有助于把注意力集中在收信人身上，并能站在他们的角度考虑问题，千万不要写"负责人收"。

②信的第一段要唤起对方的兴趣，牵住对方的思路，要清楚地阐明该信的宗旨。

③第二段应指出目前正面临的某个重要问题，同时尽可能地说明这个问题对收信人产生的影响，以强调这个问题的重要性。

④信中，应该清楚地说明你的产品或服务如何能满足对方的要求，如何能以合适的成本解决他所面临的问题。

⑤用你的产品或服务如何在类似的情况下帮助了其他顾客的证据，来证实你的说法。

⑥信的结尾应该让收信人希望知道更多、更实惠的东西。例如，可以这样写："您可以从我提及的事例中了解到，从我们的产品中获取的利益是真实的、巨大的，我建议我们可以就此问题进行商谈，我确信这会为贵公司带来同样的好处。下周我会给您去电话商量与您会面的时间安排。"

按以上六个方面给顾客起草完信件后，可将信件与推销信件检查表逐一核对，看其是否符合所有的要求，以此确定起草的书信是否能达到约见目的。

（2）书信语言表达技巧。信函除了按以上六方面写出基本草稿之外，还需掌握一定的语言文字表达技巧，对其进行加工、润色。主要可从以下三个方面考虑。

①书信约见时，要求词语生动，以便打动顾客，引起共鸣。例如，如果推销员想用"物美价廉"来激发顾客对桃子的购买欲望，倒不如用"色艳味甜、鲜嫩多汁，每箱30公斤，每公斤售价才1元5角"来得更生动实在。

②书信约见以简洁明确、表达清楚为要旨，切不可长篇大论。

③在文字表达上要尽量恳切、委婉，因为约见顾客能否最后如愿，完全要看顾客的意愿，所以，推销员在文字之间要表达出对占用顾客时间的抱歉和感激之情，以获得买主的好感。

（3）劝导阅读书信技巧。现代社会是信息社会，顾客会经常收到相类似的大量信件，如果你的信件引不起顾客的注意，他就会在看一眼后就将信丢弃。这样，即使你的信的内容写得再好、再生动，也无济于事，一切都是白费。所以，推销员要想一些办法，掌握一些技巧，使顾客愿意拆阅你的信。

①选择寄信日期。推销员在寄信函时，只要有可能，就应选择一些特殊的发信日期，如节假日、生日、纪念日、发工资日等。

②选择信封。尽可能不要用公司统一信封，让顾客一看就知道是推销之类的；有财力的推销员可自己设计一些具有特色的约见信封，使顾客对信封产生兴趣；没有财力的至少应使用普通信封，这样可使顾客无法凭信封判断出是约见信。

③选择邮票。要按一般信件贴邮票寄出，最好使用一些有特色的邮票；对大一点的买主还可以考虑寄挂号信，以增强对顾客的吸引力。绝对不要盖"邮资已付"的图章。

在实践中，书信约见常常与电话约见相配合使用。如前面提到的，先邮寄一封信函，随之再用电话约见。可在电话里问："前些日子寄去的信件您见到了吧？有些内容当面说会更清楚一些。明天上午我去一趟好吗？"这种约见不会显得突然，安排会面的成功率会大大提高。

3）委托约见技巧

在推销实践中，有一些顾客经常会对陌生的推销员存有严重戒备心理，态度冷淡。对于这类顾客，用电话约见和书信约见等形式都是相当困难的，最好的办法就是通过与顾客有联系的第三者，即顾客的熟人，委托他们来约见顾客。这些熟人包括顾客的亲人、朋友、上级、同学、同事、同乡等。

俗话说得好:"熟人好办事",委托约见由熟人推荐更容易达到约见顾客的目的,因为熟人推荐,顾客总得给个面子,这是人之常情。但是通过什么人推荐,怎样推荐效果更好,约见后如何能深入一些等,则是需要推销员认真研究的内容。

推荐人与当事人的关系在很大程度上决定着推荐的效果。推荐人的选择可从以下方面考虑。

一是选择推销对象所信赖的人,比如某某权威人士的推荐,同行专家以自己的体会推荐,这样推销对象在与推销员会面前就有了一定的倾向性。

二是选择和推销对象比较亲近的人,这种关系也会使推销对象碍于情面而去见面。

三是选择与推销对象利益有关联的人,如推销对象的上级领导或者是其重要的用户,由于不能得罪这些人,约见一般都会成功。

这里需要注意的是,双方见面之后,应主要强调产品能给对方带来的好处,努力建立一种良好的氛围,不要频繁地提及推荐人,以免对方本来存在的不情愿成分膨胀,或感觉到推销员在向他施加压力。

那么,委托哪些内容呢?第一,告知推销对象产品的基本性能,最好加进去一些推荐人自己的体会;第二,将推销员的人品告知推销对象,初步使推销对象有一个诚实可靠的印象;第三,请推荐人表达一下自己对推销员的良好评价,如知道其业绩,其名声如何,很珍惜这次机会,等等。总之,在介绍内容的同时,还应重点进行情感的传递。

此外,对于一些重要的推荐人(委托人),应想办法维持住长期的委托关系,其中请为顾问就是一种可行的办法。北京继电器厂是一个规模不大的企业,但产品很有竞争力,主要原因就是全国七大电网的专家都被他们聘为顾问。顾问们不但为该厂提供了大量信息,同时也大力推荐了企业的产品。由于这些专家都具有权威性影响,因而效果极佳。

7.2 如何拜访可能买主

在介绍如何拜访可能买主前,我们先看两个接近顾客的范例。

范例 7-3:

销售员 A:有人在吗?我是大林公司的销售人员,陈大勇。在百忙中打扰您,想请教贵商店目前使用收款机的事情?

商店老板:我们的收款机有什么问题吗?

销售员 A:并不是有什么问题,我是想是否已经到了需要换新的时候。

商店老板:我们的收款机很好,用起来还像新的一样,我不打算换。

销售员 A:是这样的,对面李老板已更换了新的收款机。

商店老板:对不起,我现在不打算换!

范例 7-4:

销售员 B:郑老板在吗?我是大林公司的王辉,在百忙中打扰您。我是本地区的销售人员,经常经过贵店。看到贵店一直生意都是那么好,实在不简单。

商店老板:您过奖了,生意一般。

销售员 B：贵店对顾客的态度非常亲切，郑老板对贵店员工的教育训练，一定非常用心。我也常常到别的店，但像贵店服务态度这么好的实在是少数。对面的张老板，对您的经营管理也相当钦佩。

商店老板：是吗？张老板经营的店也非常的好，他一直是我学习的目标。

销售员 B：郑老板果然不同凡响，张老板也是以您为模仿的对象，不瞒您说，张老板昨天换了一台新功能的收款机，非常高兴，才提及郑老板的事情，因此，今天我才来打扰您！

商店老板：喔！他换了一台新的？

销售员 B：是的，目前您的收款机虽然也不错，但是如果能够使用一台有更多的功能、速度也更快的新型收款机，让您的顾客不用排队等太久，他们会更喜欢光临您的店。您说是不是？郑老板！

7.2.1 接近可能买主的任务

接近可能买主有三个目标：一是争取他的注意；二是引起他的兴趣，刺激他产生想进一步了解你所提建议的欲望；三是为顺利地转入洽谈准备条件。

1. 争取注意

只有当可能买主集中注意力听你说话，你才有可能做成买卖。这个问题要比你预料的重要，因为可能买主经常处于繁杂事务的包围之中。他的脑子里可能还在想着其他令他头疼的问题。只要他的注意力被另外的事情分散着，你无论如何也不要急于谈生意。在不少情况下，一个很忙的经理都会这样讲："你尽管讲吧，我可以一边签署这些文件一边听你讲话。"千万不要这样做！一个人在同一时间里只能做一件事。他如果是在做别的事，就不可能听你讲话，在你接近可能买主时必须首先争取到可能买主的未经分散的注意力。

2. 引起兴趣

你可以在短时间内争取到可能买主的注意，但如果他对你说的话不感兴趣，他很快就会转移对你的注意力。倘若你不能提供充足的理由促使对方继续听下去，对方对你所提建议的兴趣就非常容易消失。可能买主会暗暗自问："你说的这些对我有什么好处？我有无必要将宝贵的时间用到你身上？"

接近可能买主时要善于创造条件让他感到有理由听下去。告诉他，他将会得到哪些利益，你能为他解决什么问题，为什么说遇到了你会使他走运，以及你能帮他赚多少钱，等等。

销售时传递给顾客的第一印象：我就是你的朋友，我今天与你见面就是和你交朋友的，所有顶尖高手都会把顾客当家人，设身处地为你着想，帮你解决难题、得到好处。只有这样，你的话才能让顾客感兴趣。

3. 转入洽谈

接近可能买主的第三个任务往往是人们意料不到的，那就是把会见轻松顺利地引入生意洽谈。这种转换应当做得非常平淡，让他基本上意识不到，就像人们坐在一辆高质量的汽车里很难感觉到汽车在换挡一样。

无论采取哪种接近方式，都要考虑如何完成这三个任务。

7.2.2 接近可能买主应注意的问题

"好的开始等于成功了一半！"与顾客的第一次见面在一笔交易中显得尤为重要，你永远没有第二次机会给顾客建立自己的第一印象。一旦给顾客形成不好的第一印象就很难扭转了。我们在与顾客见面前应注意以下几点。

（1）见面前，尽量了解顾客。

首先要对即将见面的顾客进行一定的了解，通过同事、其他顾客、其他厂家推销员、你的上司、该顾客的下游或上游顾客等途径来初步了解该顾客。

（2）将见面的目的写出来，将即将谈到的内容写出来，并进行思考与语言组织。

（3）着装整洁、卫生、得体，有精神。

（4）自我介绍的第一句话不能太长。

（5）说明来意时，要学会假借一些指令或赞美来引起顾客的注意。

比如：你可以说："是××经理派我过来的……"

也你可以说："经过××顾客介绍，我专程过来拜访拜访您。"

还可以说："是××厂家业务员说您生意做得好，我今天到此专门拜访您，取取经！"

视频10—登门拜访技巧

7.2.3 拜访可能买主的具体技巧

1. 语言接近技巧

在顾客与推销员面对面地接触时，顾客听第一句话时的态度要比听后面的话认真得多。听完第一句话后，很多顾客就会决定是继续谈下去，还是马上把推销员打发走。至于会产生哪种情况，就要看推销员说的话是否引起了对方的兴趣。可见，开场白的好坏，几乎可以决定一次推销访问的成败。所以，推销员必须在第一句话上多下些功夫，掌握必要的技巧，迅速抓住顾客的注意力。

为了开始就能抓住顾客的注意力，推销员一定要注意绝对不能用一些空泛的言辞和不必要的寒暄作为开场白。例如，"很抱歉，打扰您了""哟，几日不见，您又发福啦""您早啊！大清早到哪去呀""我正巧路过这里……""我来只是想知道（我想告诉您）……"，等等。开始几句话必须是非常重要的、非讲不可的。表述必须生动有力、直达主题，不拖泥带水、支支吾吾，同时还应富有人情味，讨顾客喜欢。下面介绍几种巧妙的语言接近技巧。

（1）利益接近技巧

"天下攘攘，皆为利往。"推销员一开口就让顾客了解利益或实惠所在，这样比较容易吸引顾客注意力。例如：

"您知道一年只花几块钱就可以防止火灾、失窃吗？"

铲车推销员问某工厂管理人员："你想缩短材料搬运时间吗？"工厂管理人员正是负责这项工作的，马上会表现出极大的热情。

以上两个例子中，如果推销员直截了当地问是否需要产品和服务，而不是以问话的形式提示产品和服务带来的好处，效果显然就差许多。另外，还可以开门见山地告诉顾客，你可以使他获得哪些利益。例如：

"张经理，我是来告诉你节省贵公司一半电费的方法的。"

"王主任，安装这部电脑，一年内将会使贵公司多赚 200 万元。"

"李先生，像您这种小微企业的负责人，常常会感到会计工作复杂、乏味，且费时甚多。使用本公司的 H 系列，可提高您账务处理的效率，直接为您的企业带来降低成本、创造更高利润。"

利益接近技巧符合顾客消费时求利的心理，容易诱发顾客兴趣，从而增强购买欲望。但这种方法在使用时必须实事求是，不可浮夸，更不能无中生有、欺骗顾客。

（2）赞美接近技巧

推销员第一句话就赞美顾客或赞美顾客喜欢的人或物，容易引起顾客的注意力。爱听赞美之词，是人的本性。卡耐基在他的著作中讲道："人性的弱点之一，就是喜欢别人的赞美。"每一个人都觉得自己有很多值得夸耀的地方，推销员如果能抓住这种心理，很好地利用，就能成功地接近顾客。

有一位推销员去拜访一个新顾客，主人刚把门打开，一只活泼可爱的小狗就从主人脚边钻了出来，好奇地打量着他。推销员见此情景决定马上改变原已设计的推销语言，他装着惊喜地说："哟，多可爱的小狗！是外国的狗吧？"

主人自豪地说："对呀！"

推销员又说："我可喜欢狗了！您这宝贝真漂亮，鬃毛都收拾得整整齐齐的，您一定天天梳洗吧！真不容易啊！"

主人很愉快地说："是啊！是不容易的，不过它确实很讨人喜欢。"

推销员就从这条狗展开了话题，然后又巧妙地将话引到他的真正意图上。待主人醒悟过来时，已不好意思再将他扫地出门了。

孩子的母亲最以自己的孩子为豪，因此夸赞孩子也是较好的推销突破口。可以这样说："您这孩子长得真可爱，瞧，胖乎乎的连衣服都显得小了……"母亲听到这样的赞美，心中喜悦自不用说，她还会自然而然地将注意力集中在孩子的衣服上，若此时推销员接着向她介绍一件合身漂亮的童装，母亲很可能会欣然购买。

"张大夫，我非常崇拜您的为人及医术，所以今天特地过来拜访拜访您。"

"张总，这书法是您写的呀！只知道您是生意场上的高手，没想到书法也有这么高的造诣。"

（3）悬念接近技巧

利用适当的悬念以引起顾客的好奇心，也是引起注意的好办法。在推销访问开始时，可以有意无意地为要推销的产品制造一点悬疑，以引起顾客的好奇和注意。例如，"陈先生，请问您知道世界上最懒的东西是什么吗？"顾客感到迷惑，同时也很好奇。这位推销员继续说:"这就是您藏起来不用的钱,它们本来可以用来购买我们的空调,让您度过一个凉爽的夏天。"

一个推销员在推销真空吸尘器时,总是成功地用一句话引起顾客的好奇。这句话是,"我能向您介绍一下怎样才能减轻家务劳动吗?"

国外一位科普书籍推销员见到顾客时说:"丈夫的寿命与妻子有关,你想了解这是为什么吗?"顾客往往会好奇地接过书来翻翻。

日本推销之神原一平也是运用悬念接近技巧的高手,下面一例,是他成功动用这种技巧与幽默配合接近顾客的范例:

有一次,我去访问一位难以说服的顾客。他请我进了房间,可就是一副不理人的顽固模样。

于是,我就快嘴快舌地说了一阵话。可能是说得太快,让他听不清楚,因此,他就反问别了一句:"你说什么?"

我顶了他一句:您呀!脑筋真差。"

此语一出,原是望着另一边的他,突然转头,正视着我。

他的脸写着:好小子,居然敢损我?

"你说什么?既然认为我的脑筋太差,何必跟我穷磨?"

"哎呀!这就叫人难过了,别生气,这只是打个比喻而已,为了这种话而发脾气,成何体统?"

"我没生气。你说我笨,我才要问个究竟呀。"

"我可没有说您笨。因为您一副冷淡的样子,所以,我才说您的脑筋差……"

"碰到你这种人真拿你没办法。"

"哈哈哈……"

当然,运用这种方法风险很大。

把场面带到可以"哈哈哈"一阵大笑了之的过程,若不顺利,顾客很可能给逗得怒火万丈。造成那种局面可就不堪收拾了。其间过程是:破坏对方平静的节奏,使其注意力转向你,而后刻不容缓地逼他走上你的步调。这种良好时机,如果难以测准,或是无法一帆风顺地带他走上你的步调,你就千万不要这一招。因此,必须谨而慎之,抓住适当时机行之。

(4)提问接近技巧

推销员向顾客直接提问,利用所提问题引起顾客的注意和兴趣,也是一种有效的接近技巧。提问时可以先提出一个问题,根据顾客的反应再继续提问,步步逼近,接近对方;也可以开头提出一连串问题,使对方无法回避。例如美国一位推销女士总是从容不迫、平心静气地提出三个问题:

"如果我送给您一小套有关个人效率的书籍,您打开,会发现十分有趣,您会读一读吗?"

"如果您读了之后非常喜欢这些书,您会买下吗?"

"如果您没有发现其中的乐趣,您把书重新塞进这个包里给我寄回,行吗?"

这位推销女士的开场白简单明了,使顾客几乎找不到说"不"的理由。后来这三个问题被该公司的全体推销人员采用，成为标准的接近顾客的方法。

提问接近技巧也叫劝导式说话技巧，推销员事先对一连串的问题进行设计，所有的问题顾客只能肯定回答，就像多米诺骨牌效应一样，一步步将顾客引导到所推销的产品或服务上。

我们再看一个例子：

推销员：先生，请问您是住这儿吗？ （顾客：是的。）

推销员：能向您请教一个问题吗？ （顾客：可以。）

推销员：您认为学习知识有价值吗？ （顾客：当然了。）

推销员：如果免费放您家里一本百科全书，便于您帮助孩子扩大知识面，您愿意吗？（顾客：愿意。）

推销员：我能进去给你展示一下吗？（顾客：您请进。）

推销员用一连串的提问完成了争取注意、引起兴趣、转入洽谈三个任务。

2. 激发顾客兴趣的动作技巧

（1）演示接近技巧

推销员的说话技巧，特别是第一句话的技巧固然重要，但若能采取一些适当的行为，则也可以进一步吸引顾客注意，激发起顾客的兴趣。所以灵活运用一些行为接近技巧，也是接近顾客的有效办法。

演示接近是一种古老的推销术。推销员用夸张性的手法来展示产品的特点，从而达到接近顾客的目的。在现代推销环境中，这种技巧仍有重要的使用价值。

例如，一位消防用品推销员见到准顾客后，并不急于开口说话，而是从提包里拿出一件防火衣，将其装入一个大纸袋里，然后用火点燃纸袋，等纸袋烧完后，纸袋里面的衣服仍然完好如初。这一夸张的演示，使准顾客产生了极大的兴趣，没费多少口舌，这位推销员便拿到了订单。

又如，一家铸砂厂的推销员为了向某铸铁厂推销其产品，在见到铸铁厂采购负责人之后，一声不响在负责人面前摊开两张报纸，然后从皮包里取出一袋砂，摔落在报纸上，顿时屋内飘起了灰尘。正当负责人即将恼怒之际，推销员不慌不忙地说："这是目前贵厂所采用的砂，是我从你们生产现场取来的。"说着又从皮包里取出另一袋砂，摔在了另一张报纸上，却几乎没有什么灰尘，"这是我厂的产品。"推销员的一系列演示，引起了负责人的兴趣，经仔细比较，他发现推销员推销的产品品质确实很高。推销员用产品演示的方法成功地接近了顾客，并顺利地开拓了一家大顾客。

（2）解决问题接近技巧

推销员把自己放在顾客的位置来思考一个问题：是什么因素能让我们认真听取推销员的介绍？恐怕有一个很重要的因素就是，我有某一种还没有满足的需要。实际上，现实生活中的我们或多或少地存在某些需要解决的问题、需要满足的需要，推销的最终目标就是满足需要或解决问题。所以，帮助顾客解决问题是引起顾客注意的重要手段。

顾客在遇到困难的时候，或在拜访开始时就已了解到你可以帮助他解决问题的时候，往往采取比较合作的态度，乐意接待你，这样就比较容易达到接近顾客的目的。

理查德准备把他的汽车开进车库，但由于天气严寒，车库门前斜坡上结了一层厚厚的冰雪，很难把车开进去。就在这时，一位过路人走了过来，他又是打手势又是指方向，非常热心。在他的帮助下，汽车终于弄进了车库。这时过路人问道："你有拖缆吗？""没有。我一直想买，可总没有时间。"理查德回答。过路人看到时机已经成熟，一边从包里拿出一条绳子，一边说："我可以给你提供一条尼龙拖缆，经试验，它的拉力是5吨。"一笔交易很快达成了。可见，及时发现顾客困难，帮助顾客解决问题，是一个非常好的接近顾客的方法，这个推销员用这种技巧已经推销了很多拖缆。

小王是推销厨房用品的推销员，他总是在主妇做饭的时间去拜访顾客，成功率一直很高。原因很简单，当他对那些被油烟呛得直揉眼睛的目标顾客说"来套排烟机怎样？"时，很少有人会拒绝他。

（3）产品接近技巧

推销员直接把产品摆在顾客面前，利用产品本身来引起顾客的注意和兴趣，即产品接近技巧。这种方法的特点就是让产品作无声介绍，起到一个"沉默推销员"的作用。这种作用远比推销员口头介绍大得多。

例如，童车推销员一声不发地把产品送到目标顾客面前，目标顾客自然要详细地看货考虑，一旦顾客发生兴趣，开口讲话，接近的目的便达到了。

使用这种技巧时，要注意产品本身是否符合要求。一般说来，这种方法适用于轻巧、便于携带、具有一定的吸引力、质地优良、不易损坏的产品。否则难以吸引顾客。对于一些体积庞大而笨重的产品，一般不宜使用。

（4）赠送礼品接近技巧

推销员可以赠送一些小巧、精致的礼品，来引起顾客的注意，达到接近顾客的目的。我国很多生意人常常借助一支香烟来联络彼此的感情，这种做法就是最典型的送礼接近。赠送礼物时，不论礼物轻重，一般总能增加别人对你的好感。因此，经常送给顾客一些小礼物，是最容易取得对方欢心的方法。但要注意，赠送礼品是一项技巧性比较强的工作。推销员在赠送时，选择的礼物不要过于贵重，最好是自己公司具名的纪念品；送礼时不应过分炫耀，以免对方会感到你认为他没见过世面；选择的礼物最好与所推销的产品联系起来，如推销冰箱，可送温度计及冰箱除味器，推销打印机可送墨盒等，推销西装可送领带、衬衣，推销电视机可送电视机套，推销领带可送领夹，等等。

目前，我国很多企业和个人都使用赠送礼品接近技巧来开展推销活动，如赠送文件夹、名片册、效率手册等。但大多设计得不好，起不到应有的作用。如有的企业赠送钥匙扣做礼物，但色彩暗淡，上面大多是厂名和产品名称，由于没有什么特色，人们自然不会很喜欢，也就达不到吸引顾客注意力和兴趣的目的。正如我们前面提到的，许多企业都推出精心设计的POP礼品，深受顾客欢迎。

7.3　洽谈的技巧

在零售学中有这样一项统计：20%的顾客是事先已计划购买某种产品，80%的顾客都是临时产生购买欲望，并进行购买决策的。可以说大部分顾客是随机购买的，受推销员的影响较大，推销员的介绍说明、服务是其购买决策的一个重要依据。推销员又主要是通过语言、交谈、问话来影响顾客的。研究没有成交的一些案例可以清楚看出：交易失败大多来源于没有识别成交机会，没有利用谈话、问话的技巧。所以有时候，我们也说："没有成交，就是你没有说好，没有问好。"

7.3.1 洽谈的语言技巧

1. 洽谈时应遵循的原则

面谈是推销员运用各种手段、技巧说服顾客购买商品的过程，它是一种复杂的、具有丰富内容的活动过程。在这个过程中，推销员首先要向顾客当面介绍所提供的是哪种商品，其次说明商品所能产生的功能是什么，最后分析指出顾客从商品所发挥的功能中，能获得哪些实惠和益处。只有在实惠的诱惑下，顾客才会较快采取购买行动。所以，整个面谈过程或者说整个推销过程，就是一个说服对方购买的过程，推销员的语言艺术、说话技巧自然成为面谈中十分重要的方面。从开始打招呼到引出话题，到进入正式商谈，每一个过程都应注意话要说得巧妙、得体，同时要遵循以下基本原则。

（1）"说三分，听七分"是面谈中不可动摇的准则。许多善于交谈的人都十分强调听的重要性。面谈过程中，顾客是交谈的主角，让顾客多说，而自己多听，可以了解对方的心意，把握对方的想法和需要，掌握更多有价值的信息。

（2）应该注意用询问的说话方法。推销员要多听，但不要过于被动，要抓住对方的自然停顿或其他良机，不失时机地提出问题，将话题引入你希望谈的内容之中。多用询问的说话方法，语气就会显得比较委婉，易于接受，也比较容易收到好的效果。

（3）交谈中要注意应该避免的用语，如冷淡的语言、缺乏感情的话、否定性的话、别人的坏话、太专业化的语言、过于深奥让人理解不透的话等。此外，还应注意说话的时间、方法、语气以及话题的选择等。

2. 洽谈的基本语言技巧

语言交际是个十分复杂的课题，有许多需要注意的问题，推销面谈也是如此。不过，最基本的问题，不外以下几个方面。

（1）语调适度

语调包括说话的快慢、嗓音的高低和音调的长短。个性比较急躁的推销员，说话的速度很快，嗓音奇高，音调急短；而个性温和的则速度较慢，嗓音低沉，音调平淡。这是两种极端的语调，都不受顾客欢迎，听一会儿便让人感到厌倦无趣。所以推销员说话时语调的快慢、轻重和长短的配合一定要适度，使话音清楚、柔和、抑扬顿挫。一般来说，当对方非常兴奋、嗓音高时，推销员要嗓音低沉以柔克刚；当推销员想引起对方注意力集中时音调短促，想放松精神时音调平长。

（2）语意清晰

推销员在阐述过程中，要语意清晰、分明，绝不能够连珠炮式地喋喋不休，让对方难以忍受。当话说到某种地步，应暂告一段落或稍作停缓，让顾客的听觉神经稍作放松，同时回味理解一下语意，待明白后继续进行。否则，顾客不能够很好地理解推销员的真意，当然也就会影响面谈的进行。

（3）重点突出

推销员在交谈中，不能模棱两可、含糊其词，使顾客对其基本意思捉摸不定。特别是对商品特点、品质、功能和使用方法的介绍更要准确，以供顾客作为购买决定的参考；同时，推销员的语气还要重点突出，必要时可重复强调要点，让顾客完全明白你的意思和目的。

（4）措辞得当

面谈时语气措辞要得体、恰当。例如，夸赞对方而不能流于谄媚，赞美产品而不能流于吹嘘，幽默而不能流于庸俗，随便轻松而不能疏于礼节。至于具体如何处置，则要有一番随机应变的功夫。

（5）利用身体语言

身体语言主要指除了口头表达之外利用身体动作进行的沟通，主要包括脸部表情变化，头、手足等身体部位的动作。利用身体语言，可以使言语表达更加生动、形象，加深顾客对产品的印象和信念。恰当地运用身体语言，常常能够收到意想不到的效果。推销员平时应多加观摩、模仿、练习，熟练运用。

（6）学会幽默

幽默是面谈过程中不可缺少的润滑剂，它可以创造一种轻松的交谈气氛，缓和双方紧张的情绪，增强顾客对推销员的好感；同时幽默还可以缓解矛盾，化解各种尴尬气氛，使面谈朝着有利的方面发展。

3. 如何使讲话引起对方的好感

如何能把话讲得得体，赢得对方的好感与信任，是推销面谈中的一个关键问题。许多推销实践经验表明，至少应符合以下三方面的要求。

（1）讲话要有礼貌

礼貌是社会的一个基本道德规范。在推销活动中讲究礼貌，是一种友好的表示，它可以使顾客感受到真诚和情意。

（2）讲话要有热情

热情具有很强的感染力，同时传递着友好和问候，使对方产生愉悦的感觉。热情还能够化解双方由于初次相遇产生的紧张和顾虑，解除戒备心理，使推销活动顺利进行。如果语言缺乏热情，就会给对方留下冷漠、不愿接近的感觉，推销活动也很可能因此宣告结束。

东北有一家大型合成洗涤剂厂，派人到北京一家仪器厂门市部购买一种色谱仪。北京这家门市部的业务员看见来人装束不很时髦，便以冷淡的态度随便说了一句："洗涤剂厂买色谱仪有什么用？"来人一听，扭头就去了别的地方。后来，两厂厂长在抚顺开会时相遇，无意中提起了这件事。北京仪器厂厂长非常生气，原来人家要18台这种仪器，每台就几万元，几十万元的买卖就因为业务员的一句话而告吹了。

（3）讲话要有责任感

这里的责任感包括两个方面的含义：其一是推销员对企业的责任感，即推销员必须时刻意识到，你不仅仅代表你个人，同时也代表着你的企业及企业的产品；其二是推销员对顾客的责任，即为顾客提供满意的产品和服务，不能有欺瞒行为。推销员这两方面的责任感，应成为整个推销活动的指导思想。但实际推销活动中，真正能把责任感落实到行动上的并不是很多。例如，当顾客询问企业的某些情况时，有些推销员很随便地回答"不知道"，或者说"这些不关我的事"，这些话说起来很随便，但会给顾客留下很不好的印象，造成疑虑，如果消除不了这个疑虑，就意味着失去了这个顾客。其实如果能够换一个方式回答："这事我回去了解清楚，就打电话给您"或"您稍等一会儿，我马上去查一下"等，那就会出现完全不同的结果。

4. 学会附和对方

适时地附和对方，是推销面谈中一种重要的语言艺术，也是使谈话持续、建立亲近感的唯一方法。当双方开始谈话时，推销员如果以听为主，同时适时地、有技巧地附和对方，这样谈话就可以进行下去。对方津津乐道，你洗耳恭听，双方关系就会随气氛的和谐而逐渐地好起来。

在交谈中，你可以不时地就一些不太重要的问题附和、赞许对方，如果你对顾客的某些观点实在难以苟同，也实在不愿意继续违心地说附和的话，那么你认真地听下去就是了，或者用一些语气词如"嗯""哦"使谈话持续，但切不可使谈话中止。一旦谈话中止即意味着你自己放弃了面谈的机会，承认了自己的失败。

所以，推销员为了赢得顾客的好感，要学会附和、赞许对方。对方接受了你，也就为接受你的产品铺平了道路。其实，附和几句对方的话，并不失自己的身份，又可以解决问题，实在无伤大雅。所以作为推销员应该灵活一些，要察言观色，感同身受，随机应变，不可太死板。比如下例：

顾客是一家服装公司经理，推销员是一家化纤厂的职工。双方一直有业务上的往来。

"你好，是化纤厂吗？你们是怎么搞的？我们谈妥的，昨天下午或今天上午送货，可现在已经是下午5点多了，还不见人影。"

"实在是对不起……"

"对不起值几个钱，这天的工钱谁付？你们付吗？对，你们付！"

"张经理，对不起！如果换成我们也会很气愤的。可是我们的车与电话都坏了，我们这就给您送去。哪怕我们雇车，今天也要给您送去。"（其实这时车已修好了。）

从心理学角度分析，当一方内心有怨气的时候，已经做好了与对方争辩的准备，如果这一方也不甘示弱，必然要争执不下，生意也就难做了。而上例中的推销员此时并不争辩，反而示以附和、赞同，这样做就可以抚平对方当时的激愤心情，以柔克刚，一场激烈的争论避免了，同时也很好地协调了与对方的关系，不致影响今后的业务往来。

附和、赞同对方是一种很有用的语言艺术，它可以使交谈持续，给他人以好感，同时还可以使问题的解决变得顺利得多。

7.3.2 面谈中谛听的技巧

在介绍谛听技巧前，我们先看一个范例：

一次，一对中年夫妇进店买车。乔·吉拉德根据这对夫妇对产品需求的描述，推荐了两款汽车。他们选中了其中一款，丈夫掏出支票准备购买，并随口说："这是给我儿子吉米的生日礼物，他以优异的成绩考上了期望中的密歇根大学医学院。"此时这对夫妇脸上都洋溢着幸福的表情。吉拉德说："那发票填你的名字还是你儿子的名字？"顾客犹豫了一下说："还是等周末让我儿子亲自来看看吧！"

这是汽车推销大王乔·吉拉德亲自分享的一个案例，每当谈起这个例子时他都显得非常遗憾。由于只专注成交，没有听清顾客的用意，结果到嘴的鸭子又飞了。其实此时你夸他儿子一句，相信顾客会马上付钱。

1. 谛听比谈话更为重要

一位西方哲人说过："上帝给我们两只耳朵，却给我们一张嘴巴，意思是要我们多用耳朵听，少用嘴巴说，不逾越此原则，才不致违背上帝的旨意。"这就是说，我们对于别人的谈话要多加以谛听，对于推销员来说，更是如此。

谛听，即仔细聆听，它是面谈中促使顾客作出购买决定的一个非常重要的手段。在与顾客进行面谈时，不少推销员总是滔滔不绝，不给顾客表达意见的机会，因而很容易引起顾客的反感。实际上，谛听比谈话更为重要。依据专家提供的资料表明：任何一次面谈的成功，约有75%要依赖推销员谛听功能的发挥，而只有25%是依赖发问谈话技巧来完成的。

面谈过程中把更多的时间留给顾客，表面上看顾客似乎是主动的意见发出者，而推销员是被动的意见接受者；前者掌握面谈的主动，而后者处于不利地位。其实心理学家经过大量的研究证明"说"与"听"两者相比，听者有利。原因很简单，在交谈过程中听者思考的速度大约是说者的5倍，显然在问题思考上，谛听的推销员要比说话的顾客更具有优势。在谛听过程中，推销员可以有充分的时间，对顾客的真实需要、疑虑、问题进行准确的判定，及时捕捉各种购买信号；同时善于谛听，投其所好，又能很快赢得顾客的注意、兴趣和信任。所以，在面谈过程中，推销员一定要学会谛听，掌握谛听艺术。

2. 专心致志地谛听

全神贯注、专心致志地听，是谛听艺术最重要、最基本的问题。

一方面，只有全神贯注地谛听，才能准确把握顾客所要表达的真正意思。心理学研究表明，一般人听话思考的速度大约比说话时思考速度快4倍。所以，说话人的话还没说完，听话者就已基本理解了。这样，听者常常由于精力富余而去开"小差"。也许就在这时，顾客传递了一个至关重要的信息，这样就可能会由于你的大意而导致面谈的失败。因此，要全神贯注地谛听。

另一方面，只有专心致志地谛听，才能赢得顾客的注意、好感和尊重。推销员对此更不能掉以轻心。可以想象，如果你登门拜访某一个顾客，或在顾客的办公室里，或者与顾客共进午餐时，你总是不用心，东张西望，顾客会怎么想呢？他一定会认为你没有把他放在眼里，你的推销计划也该就此告终。所以，如果不想引起顾客的反感，就必须用心去听。

美国汽车推销大王乔·吉拉德对谛听的理解是这样的："当你听到顾客要说什么时，你必须凑上前去以表现出急于要听的样子；当你说话时，你通常应该双眼注视着他，而当你听他说话时，你必须看着他的嘴唇，不要东张西望；甚至在你回答问题时，也需要表情自然，双目始终注视着他。这种眼神的对视接触是重要的，它表明，你在真诚仔细地听他讲述。

3. 对顾客的话表现出极大的兴趣

在谛听过程中,推销员要不时地对顾客的话作出一定反应,使顾客觉得你对他的话表现出极大兴趣。对于顾客来说,再没有比拥有一个忠实的听众更令其愉快了。推销员谛听的时候,主要有这样一些反应方式。

(1) 轻轻地点头作出反应。推销员用这种方式表示自己正在听顾客的谈话,有时轻轻点几下头表示对顾客所传达信息的默许或赞同。

(2) 推销员目光注视正在说话的顾客不要做任何动作,也不要说话。这表明推销员正专心致志地谛听顾客的谈话,并且对顾客的谈话表现出浓厚的兴趣。

(3) 推销员偶尔发出一点声音,用尽量少的言辞表示出自己的意思。例如,"我了解""嗯嗯""是的""是那样""很有趣"等。使用这些词语,一般表示推销员对于顾客的话有所了解,或者表示同意顾客的看法。发出声音也能表示推销员正在倾听顾客的谈话。

(4) 推销员重复顾客一句话的最后几个字,以表示对顾客意思的肯定。

4. 不要打断顾客的谈话

推销员在谛听过程中,不要在顾客的谈话还在进行中插话,也不要打断顾客的谈话。推销员如果打断顾客的谈话,就会引起顾客的反感。即使是你根本不同意他的观点,或者你急于纠正他的观点,也要耐心地听完他的意见。听得多,才能够发现顾客的真正需要和主要的疑虑,从而有针对性地给予解决。

另外,你的插话会使顾客完整的思路受到干扰,从而影响顾客信息的充分表达。

所以,推销员在谛听时,一定不要随便打断顾客的谈话。而做到这一点不是一件很容易的事情,它需要推销员有比较坚强的毅力,控制好自己的感情。因为推销员在谛听时,直接面对的是顾客各种不同的感受:激动、赞美、诉苦、抱怨、驳斥、责备、警告甚至辱骂等。推销员必须理智地对待顾客的一切感受,不要被顾客激怒;同时也要正确地、客观地分析这些感受,从中找到最有价值的信息。

5. 有鉴别地谛听

有鉴别地听,应以专心谛听为基础。因为不专心听,对传递的信息不能很好地把握,鉴别信息也就无从谈起。例如,顾客说"太贵了",这几乎是每一个顾客的口头禅,但其真实意图依顾客的具体情况而有所不同。有的顾客的言外之意是"不想出这个价",而不是"我没有那么多钱",嫌贵只是他的一个借口,而不是反对意见;但也有顾客确实是财力有限,价高成为他的购买异议。所以,如果不能辨别各种信息的真伪,就会错把顾客的借口当作反对意见加以反驳,这样很容易激怒顾客,使顾客感到有必要为他的借口进行辩护,无形中增加了很大的推销阻力。

7.3.3 面谈中询问的技巧

1. 巧妙询问,驾驭谈话

在面谈中,询问是一种非常有用的交谈方式。它和谛听经常搭配使用,成为面谈的两大主要技巧。推销员为了解除顾客心里的疑问,会提出种种口头提示和问题,这个过程就是面谈中的询问。询问可以引起顾客的注意，使顾客对于一些重点问题予以重视；它还可以引导顾客的思路，帮助推销员获得需要的各种信息。所以，推销员如果善于运用询问技巧，就可以及早了解顾客真正需要和疑虑，从而有效地引导面谈的顺利进行。

推销员在专心致志谛听的时候，也不应过分地被动，而应该抓住对方自然停顿或其他良机，不失时机地询问对方，将话题引到你希望了解的内容方面来。此外，询问时还要掌握一定的技巧和艺术。

2. 避免提出与顾客正面冲突的问题

在推销实践中，有一些推销员会在面谈中向顾客提这样一些问题，如"您还不作购买决定？""我们能否今天就达成协议？""您是否接受我的推销建议？""您买这种产品吗？"等，这些问题由于是类似"最后通牒"的形式，因而往往使顾客感到尴尬。为了摆脱来自推销员一方的压力，顾客会毫不犹豫地拒绝推销员的建议。所以，在劝导顾客购买推销品的时候，不要向顾客发布"最后通牒"。

从另一个角度看，这种提问也违反了销售心理学的一条规则，即要避免提出一些容易遭到反对的问题。以"最后通牒"形式问顾客意见，只会招致否定的答复。例如，"我们再来谈一谈你要不要这个产品？"这样的提问，顾客只能有这样的回答："不，我现在不想谈。"

3. 掌握一定的询问技巧

提问是引起顾客注意的常用手段。在面谈中，提问的目的主要就是了解顾客的需要，但恰当的、有技巧性的提问还应该起到引起顾客注意的作用。例如，推销员向顾客提问："您需要某某产品吗？"这种提问属于最原始的、直截了当式提问，它没有起到吸引顾客注意的作用，因而实践中推销员很少使用。

又如，汽车加油站的职员向顾客提问。如果他问："您需要多少升汽油？"顾客往往很难回答出一个具体数字，除非个别司机对剩余油量比较清楚。但如果他这样问顾客："为您把油加满吧？"面对这样的提问，顾客往往会说："好吧！"油的销售量因此会增加很多。

以上这个例子告诉我们，采用不同的提问技巧，推销的结果大不相同。如果推销员想获得更多的关于顾客的信息，推销员应该怎样提问呢？下面我们举例说明。

某推销员发现他的一个老顾客（某一公司）购买他的产品数量有所减少，于是就去询问这家公司的主管。推销员这样询问："李先生，贵公司最近几个月购买产品减少了，你们公司出什么问题了吗？"公司主管回答："我们公司经营很正常。"显然，推销员的发问技巧出现了错误。那么，他应该怎样询问才能得到自己想要的信息呢？他可以从以下三个基本的询问技巧中找到答案。

（1）探索式询问技巧

探索式询问即推销员为了了解顾客的态度、确认他的需要而向顾客提出问题，如"您的看法？""您是怎么想的？""您认为我们的产品怎么样？""您对我们的服务有什么看法？"

推销员应用这种方法向顾客提问后，要耐心地等待，在顾客说话之前不要插话，或者说些鼓励的话，让顾客大胆地告诉你有关信息，收效会很好。

顾客对于探索式询问方式也是乐于接受的。他们一般都能认真思考你的问题，告诉你一些有价值的信息。甚至顾客还会对你的推销工作提出建设性意见，有利于你更好地工作。

（2）劝导式询问技巧

这种提问技巧旨在引导顾客的回答符合推销员预期的目的，争取顾客的同意。

范例 7-5

某年秋天，杭州工艺鞋厂与美国波尔格林公司洽谈一笔生意。美方代表史德美先生从包里取出一双深色旅游鞋，说："这是全美最流行的旅游鞋，贵厂能生产吗？"杭州工艺鞋厂代表俞金水接过鞋子，审视片刻回答说："可以，但原材料由你们提供。"史德美答应了，要俞金水开个价，俞略一沉思："10元。"史德美大吃一惊："美元？""不，是人民币。"史德美顿时由惊变喜，生意立即拍板。在场的其他中方人员大感不解，这种鞋在美国市场上卖到10～15美元一双，我们只收这么低的加工费，岂不是吃了大亏？

俞金水胸有成竹，不露声色地邀请史德美参观工厂。到了厂里，史德美边看边点头，表示满意。俞金水随手拿起几只鞋底、鞋帮，对史德美说："我厂制作工艺在国内是比较先进的，我们鞋帮、鞋底比您带来的那只更柔软、更舒适，对吗？"对方试了试，表示同意。俞金水又把史德美带入总装生产线，取过一只成品鞋，说："做你们那种鞋最多30多道工序，我们厂的鞋要56道工序。因此，我们的鞋看上去比你们带来的鞋要好，就是造价高了些。"对方附和了一句："按质论价嘛。"这时，俞金水取过那只美国制造的鞋挑剔地说："如果能全部按我们的工艺流程制作，肯定会比你这种鞋更受消费者欢迎。"史德美一听非常高兴，俞金水紧接着说："当然，如果同意我的意见的话，价格需要重新预算。"结果，最终以每双人民币25元的价格，做成了这笔生意。

（3）选择式询问技巧

这种询问方法是提出的问题中，已包含两个或两个以上的选项，对方须从这些选项中挑选出一个作为回答。在推销面谈中，为了提醒、敦促顾客购买，最好采用这种询问技巧。它往往能够增加销售量。例如，推销员向家庭主妇推销一种刚上市的洗洁剂的时候，效果较好的询问方式应该是："您是买两瓶还是买三瓶洗洁剂？"假如顾客根本不想买，这样的选择问句常常可以促使顾客至少购买一瓶。

选择式询问技巧是推销面谈中最为重要的一种询问方式，在实践中被推销员灵活使用，收到了非常好的效果。

例如，推销教练埃尔玛·维拉曾经受瓦尔格林药品联营店的委托，在店里帮助工作。当时联营店按15美分卖出的麦乳精，在当时那个年代备受欢迎。后来他们根据人们的需要在麦乳精里加上鸡蛋，加一个鸡蛋的价钱是5美分。每次顾客要喝麦乳精的时候，维拉就让他的推销员取出两个鸡蛋，和颜悦色地问顾客："您是要一个鸡蛋，还是要两个鸡蛋？"在大多数情况下，顾客即使连一个鸡蛋都未曾想买时，也能痛快地说："要一个。"自从这样问以后，他们每星期都能卖出数量相当可观的鸡蛋，收入自然也十分理想。

另有一个高明的汽车推销员，在向顾客推销汽车时也经常使用这种方法。凭多年的推销经验他知道，顾客要做出买车这样的决策并不容易，特别是老年顾客。如果他这样说:"××先生,只需付 15 750 美元,这辆车就归您了。您看怎么样?"顾客并不能轻松地作出决策,他肯定要说回去考虑考虑。但这位推销员通过和顾客进行下面的一段对话,卖出汽车就顺理成章了:

您喜欢两个门的还是四个门的?""哦,我喜欢四个门的。"

"您喜欢这三种颜色中的哪一种呢?""我喜欢黄色的。"

"您要带调幅式还是调频式的收音机?""还是调幅的好。"

"您要车底部涂防锈层吗?""当然。"

"要染色的玻璃吗?""那倒不一定。"

"汽车胎要白圈吗?""不,谢谢。"

"我们可以在 10 月 1 日,最晚 10 月 8 日交货。""10 月 1 日最好。"

在提出了这些对顾客来说比较容易的小决策后,这位推销员递过来订单,轻轻地说:"好吧,××先生,请在这儿签字,现在您的车可以投入生产了。"

7.3.4 洽谈时应对的技巧

针对顾客提出的问题,推销员常用以下几种方法来应对。

1. 询问法

当顾客对我们的产品或服务不满意又不愿说出具体原因时,可直接用询问的方法找到其不满意的原因。只要找到原因,我们就可以去应对。

例如,先生,您能否谈谈对我们产品的哪些方面不满意?

2. "是的……但是……"法

这是一个推销的魔力句型,西方称为"Yes... But..."法。就是首先顺着顾客的话说,制造和谐的谈话气氛,然后转折说出你应对的理由。

例如,"先生,我也希望能按您提出的价格成交,但那样的话我们就破产了。"

3. 反投法

反投法就是针锋相对地把顾客拒绝的理由再反问回去,以试探顾客的购买意愿。

例如,"先生,如果我们按您的要求进行修改,您会肯定购买吗?"

4. 转换话题法

有时顾客情绪激动,或者一概不听推销员的解释,只是不停地发脾气或发牢骚,这时若推销员非要就事论事、解释清楚,只会使矛盾升级。所以,有经验的推销员会把话题岔开,转移到别的方面去。

应对顾客异议的具体技巧下一章将详细阐述。

7.3.5 产品说明的技巧

与顾客面谈,必要的内容是要说明商品,说明你的产品"是什么",它到底"怎么样","为什么"是这样的。不过,同是一种产品的说明,出自不同的推销员之口,却可能有相当大的差异,产生截然不同的效果。

1. 说明要将产品功能转化为顾客利益

每一位顾客在作出最后购买决定以前,都会问一个重要的问题,那就是:"它对我有什么好处？"顾客不仅是因为你的产品好才购买，而最根本的是因为它对自己有好处才购买。推销员必须牢记，顾客购买的永远不是产品，而是利益和好处。因此，推销员说明产品的时候，就不只是要说明产品的功能，而更要说明它对顾客的好处，即将产品功能转化为顾客利益。

对此，成功的推销员和那些初出茅庐者有着显著的不同：

一般推销员卖衣服；有创意的推销员卖的是个人优美的外形。

一般推销员卖人寿保险；有创意的推销员卖的是亲人的安全保障。

一般推销员卖家庭用品；有创意的推销员卖的是解决日常烦恼的工作品。

一般推销员卖书；有创意的推销员卖知识的价值。

一般推销员卖汽车；有创意的推销员卖路上的轻松愉快。

一般推销员卖广告；有创意的推销员卖利益的保障。

推销员不能依赖顾客将产品功能诠释成顾客的利益。推销员必须有创意并以顾客的眼光来看此产品，因为人们买的是利益不只是产品。

以下例子是关于汽车零件的功能：

我们不卖刹车器，我们卖更安全、更踏实的阻挡器，我们卖的是生命保障。

我们不卖隔离器，我们卖安静的车子，并能保护隔离热气和低温。

我们不卖方向盘，我们卖好停车、好控制的能力。

我们不卖汽车空调，我们卖舒适和干净的车内空气……

2. 产品的效用

由以上的例子可以看出，成功的、有创意的推销员充分发掘了产品的效用，这需要丰富的生活经验和想象力。

其实，一般的推销员可以根据上述例子举一反三，融会贯通。因为确确实实，很普通的产品就可能有着相当大的效用。经济学理论认为，商品的价值及价格是不相同的，价格只代表购买自己所需的物品所要付出的货币，如有收集邮票、硬币、美术品等嗜好的收藏者，常愿以相当的代价购买这些物品；换言之，商品的价格与购买者的购买欲望强度及商品本身所具有的效用是成正比的。那么，商品到底具有何种效用呢？一般来说，有以下七种。

（1）象征地位的效用——提高顾客的身份和地位

例如，对方是一位董事长，则选购汽车必会购买进口车，或国产第一级的轿车。而选购其他产品方面也大多用舶来品，甚至于那些高级品牌的电子计算机也可以成为身份、地位的表征。因此推销员必须针对这一点，以"这个东西最适合您的身份、地位"等言辞来刺激对方的购买欲。

（2）快乐、享受等效用——给顾客带来舒适、快乐和幸福的感觉

例如，一家人开车去享受假期、用四声道立体声来欣赏音乐，或室内安装空调机，或到别墅避暑避寒等，皆是人在利用商品来享受生活的实例。依据这一点，推销员可以用"能使家人共度快乐假期""能使全家人每天过着健康的生活"等话语来吸引对方购买产品。

（3）机能的、经济的效用——帮助顾客省时、省力

例如，电磁炉、复印机、全自动洗衣机等产品都有节省人力、时间的效果，推销员

可依产品所具有的效用向顾客说："有了这样东西,可减少贵公司在时间、劳力上的花费,更可以利用所省下的时间做其他的工作。"

(4) 完成社会的、公司的责任效用——帮助顾客履行对家人、公司和社会的责任

以最便宜的价格购得优良的机器、零件、原料等,不但可节省公司的花费,进而提高自己的地位,也可因自己的善尽职责而获得工作上的满足感。推销员应依此点向顾客说"您这么做是为了公司""为了全家人您这么做是可以的"以激发对方的购买欲。

(5) 满足虚荣心的效用——让顾客满足心理需求

那些在窄小的住宅内添购钢琴、大型音响,或购买不符合自己薪水、身份的东西的人,大多具有爱慕虚荣的心理,所以推销员可针对顾客的这种心理,以"为了让生活过得多姿多彩,花这点钱值得"等话语来吸引对方购买。

(6) 替代其他物品的效用——帮助顾客解决难题

房屋太贵买不起,就先购买汽车,钢琴太贵而改买电子琴等,以改买其他物品来满足需求。据此,推销员便可利用"买房子虽然重要,但需要的首付太高,还不如先买部汽车来提升自己的工作效率",或"电子琴比钢琴更富有乐趣,买部试试看吧!"等话来吸引对方的购买欲。

(7) 增加收益的效用——帮助顾客赚钱

例如,农耕机、自动售货机等的使用,都可以增加收益。针对顾客的心理,推销员应提供给对方具体的数字,以表示使用该产品前后,对方损失及收益的情形。

就此而言,任何正常的产品,都对顾客有着相当大的潜在利益,功能—利益的转化大有潜力。

3. 怎样完成转化

单独只有功能,给顾客的冲击较小,只能待顾客将功能转为个人利益时,才能发生作用。因此,推销员除了自己首先完成这种转化以外,还要积极帮助顾客完成这种转化。想要成功地将产品功能转为顾客利益,可使用以下三个步骤。

步骤一:列出产品功能。

步骤二:弄清此功能能为顾客做些什么。

步骤三:向你的顾客解说此产品如何使用。

其公式为:功能+作用+买主利益。

表 7-1 就以销售运动鞋为范例,对此加以说明。

表 7-1 运动鞋产品功能转换步骤

功能	作用	顾客利益
弓形脚垫支柱	跑步时脚的支撑	脚会觉得更舒服
真皮表面	持久耐穿	由于耐穿,顾客就可以省钱
脚趾补充垫	保护脚趾	脚趾较不易受到伤害
橡皮鞋底	较容易支配路面	脚会感觉舒适
鞋内软垫	防止长水泡	不会滑倒,也不会容易疲倦

商品介绍是否有效在于你要说些什么和做些什么。借着上述的方法以强调买主利益，能有效诱发顾客购买动机。在你做任何商品介绍之前，先坐下来，并确认至少五项产品功能，把这些功能以前述三步骤转换为买主利益。

4. 产品说明的五种方法

1）标准记忆法

记忆法是美国的帕特森发明的。后来他曾担任国民收银机公司的总裁。帕特森针对他属下最成功推销员的推销说明方式，深入加以研究，编制了一本载有一套标准推销说明方法的小册子。后来他要求国民收银机公司的全体推销员牢记该方法的详细内容，同时在日常推销活动中应用。结果带来销售量的提升，因而证明该法确实有效，所以其他公司也都竞相采用类似的方法。如果所有的推销员都仿照成功的推销员所使用的方法，来传达他们的推销讯息的话，成功的机会自然就会相对增多了。

推销员在应用标准记忆法时，必须自然、诚恳，同时还要具有弹性，以及进行双向沟通。

标准记忆法主要优点如下。

（1）它是计划周详且经证实有效的方法。

（2）具有完整性，不至于把重点给遗漏了。

（3）可预先准备，且能够克服典型购买者所提出的反对意见。

（4）对缺乏经验的推销员相当有助益。

2）自由法

推销员根据自己对产品的理解，针对具体的顾客自由发挥，对产品进行说明，这就是"自由法"。自由法一般是经验丰富的推销员运用的，初做推销工作最好不要采用此法。

3）计划法

计划法也称"组织法"，即推销员根据公司的统一计划、产品图片进行推销说明。这种方法鼓励采用视听器材如电影、幻灯片等进行辅助说明。

4）产品演示法

俗话说："百闻不如一见"，顾客对于产品的认识也是如此。因而，产品说明的另一种方法就是让顾客"一见"，通过产品演示使顾客对产品一目了然。从理论上说，演示推销法可以迎合某些顾客求新求奇的心理。在演示推销法中，推销员就是演员，顾客就是观众。推销效果如何，就看你的演技了。

在推销演示过程中，应注意如下几点。

（1）有点戏剧效果最好，这样能引起顾客的注意和兴趣。

（2）演示必须合理自然，应能打动顾客。若表演过分，可能会引起顾客的反感。

（3）应尽量使顾客进入"剧情"，这样才能引起顾客的注意和兴趣，才能为推销面谈铺平道路。

（4）产品演示法实际是把示范表演戏剧化，推销的产品就是表演中必不可少的道具。要注意的是，尽量不要用与推销无关的物品作道具，以防转移顾客的视线。

（5）在对比演示中，不要贬损其他品牌的同类产品。如果必须出现同类产品才能表演,那么你不要暴露它的品牌。

推销员在演示产品时,一定要让顾客去感受你的产品,而不是只傻乎乎地演示,顾客干巴巴地听你描绘产品。

只要有可能,就应按照实际使用的情形来展示商品。例如,推销洗手液的推销员敲开一家大门后便把一瓶洗手液交给顾客看,然后拿出样品瓶,打开瓶盖让对方闻闻,"很香,是吗?"接着在取回让顾客观看的瓶子的同时往他手心里倒上几滴:"您觉得怎样?一点也不粘手吧?"

在做产品演示时,推销员还要善于利用一些辅助工具来进行说明。

小林是某家糕饼批发商冰淇淋部门的经理,平时很健谈,后来,他发现自己爱说话的毛病是推销不成功的主要原因,于是便站在顾客的立场,设想出一种不必说太多话而能顺利销售的推销方法,并亲自制造出符合本身构想的销售用具。结果在此后的销售中,他不但节省了销售的成本及劳力,而且销量倍增,还获得了许多新顾客的长期订购。

小林所制作的销售用具是用多家零售店照片制成的照片簿。他将这种相片簿命名为"销售簿",至于相片的内容则是其公司生产的各种冰淇淋陈列于各零售店的实际情形,另外还有零售店老板一家人、服务人员的相片,并于相片旁记载了各零售店三年销售额及店老板的证言,还有各店老板的印鉴。

小林将这些相片供予顾客阅览,以代替他的销售言谈。如此一来,顾客在看了这些照片后,必定觉得十分好奇而产生许多问题,而小林唯一要做的便是解答顾客的疑问。至于这种销售用具的销售对象,主要是相片中所出现人物的朋友。如果对方很顽固甚至拒收名片、相片簿,小林便故意将那些相片簿遗留在他们的店内,过了几天以后,这些顽固的顾客往往便会改变他们的态度。

推销辅助道具主要包括推销辅助器材和视听辅助器材。

主要的推销辅助工具有:①产品;②仿制品(含 POP 礼品);③照片与插图;④广告作品;⑤图表;⑥图形;⑦资料夹;⑧产品目录;⑨推销道具;⑩视听器材。

5)顾客操作法

产品演示法已经是一种使顾客比较能形象认识产品的方法,但这还不够,因为"一见"尚不如"一试"。因而,有些适合于让顾客操作的产品,还不妨让他们试试手。让顾客动手亲自操作,可以引起他的欲望。

张先生是一名活跃的推销员,他销售每一辆新车或二手车时,他必定亲自驾驶所要推销的同款车去访问每名可能购买的顾客。他的推销方法如下:

"先生,您好!我现在正要将这部车送到顾客那儿去,您要不要看看这部车的性能如何呢?我想先将不满意的地方调整一下再送给顾客,还好遇见您这位驾车高手,如果您愿意替我检查看看,我将感激不尽。"

张先生以上述的方法让顾客驾驶了一二公里后接着便征求顾客的意见说:

"先生,您觉得怎么样呢?您有没有任何意见?"

"这部车的方向盘灵敏度过高。"

"嗨!说得不错!您不愧是行家,我也担心方向盘的灵敏度过高,还有没有其他意见呢?"

"胎噪、空调的效果都还不错。"

"不愧是专家，连这一点您也能发现！实在令我佩服！佩服！"

"张先生，您这部车到底卖多少钱？哦！我并不是要买，只是问问看而已。"

"您是内行人，应该了解市面上汽车的售价，如果是您要购买，您愿出多少钱呢？"

如果价格双方都合意，在一面驾驶一面谈价中，张先生便可轻易地将车售出，尤其这部车如果是二手车的话，那么销售成功率将达100%。

无论销售任何产品，都可运用张先生所使用的推销方法。如果是设备类的商品，则不妨让顾客试用几天，或让对方实际操作看看；如果所销售的是食品，则让顾客品尝一下食品的味道；如果销售的是药品，那么就询问对方试用的结果如何。诸如上述的销售方法，都是要让顾客变成体验的主角，以使其产生实际参加计划及提出意见的参与感，以增强他们的购买意愿。然而，使用这种推销方法并不一定就能顺利地售出产品；如果你所推销的是自动化设备或电脑之类的产品，而你的推销对象又正好是熟练该类工作的人员或精于打算的人，那么就不要在关公面前耍大刀，最好多询问他的意见。

5. 生动形象的说明

如果把那些经验丰富的推销员所使用的言辞加以分析，我们将会发现：这些推销员皆能巧妙地运用拟音、象声词以及感情用语等技巧，将那些机械、多数字、生硬的产品说明，变成有生命的生动言谈；另外，他们在表达有关产品使用后的感觉及评价时，也能利用巧妙的言辞，令顾客产生一种历历在目的临场感。所以每一位推销员都应培养这一技巧，如此方能走上成功之途。

如："太太，请您仔细地听一下！"一面说一面拿起打火机点火："您听得见打火机气体燃烧的声音吗？听不见吧！这种电冰箱的马达运转时也与这种打火机一样，一点声音也没有。"

当你说明产品的时候，一定要让顾客看到、听到、尝到、闻到、感觉到——这便是具体化的销售，它会提升顾客购买产品的欲望和拥有产品时的美好感觉。所以运用这些诉诸对方感官的语言，绝对能帮助你提高业绩。

例如，你可以从五种感觉来介绍某假日度假中心。

听觉：你可以听到海浪冲击的声音，还有海鸥的叫声。

嗅觉：你可以闻到松树或刚刚收割的稻秆香气。

味觉：你可以去逛逛那里的乡村商店，拿起那里的苹莓尝一粒：那酸酸、甜甜、花蜜般的味道。

触觉：你取来一支拉木舟的划桨，那木头十分平滑，而且手握起来十分舒服，让你觉得充满活力。

销售纸张的推销员也可以这么做具体介绍：

听觉：你先撕一张纸。

视觉：然后请顾客仔细看看这张纸的纤维。

触觉：把这些递给顾客，让他感受纸张的质感。

嗅觉：你对顾客说："好的，这纸张有一种很干净的气味，你可以闻闻看。"然后把这张纸交给顾客。

味觉：你可以建议顾客尝尝纸张的味道。

延伸阅读 7
接近准顾客的 8 种方法

思考题

1. 拜访计划包括哪些内容？
2. 出发前应准备哪些主要问题及应对方法？
3. 电话预约的要求有哪些？如何应对电话拒绝？
4. 书信预约的要求有哪些？如何吸引对方阅读书信？
5. 接近可能买主的任务是什么？
6. 访可能买主的具体技巧有哪些？
7. 为什么洽谈中听比说重要？应怎样听？
8. 洽谈时应对的技巧有哪些？
9. 产品说明的技巧有哪些？

第8章 应对拒绝、化解异议的技巧

开篇案例

应对顾客拒绝的关键是和顾客建立互信

案例背景： 我的一位台湾来的学生讲了一个他自己的故事：他在台湾做销售的时候，一家很大的银行一直从他的竞争对手那里大量采购，且没有更换新供应商的打算。自从接触这个顾客以后，他开始收集资料，准备登门拜访。他首先打电话给银行负责采购的经理约定拜访时间，他从声音上听出对方是一个女士。下面是他们的对话：

"您好，我是×××公司的销售代表。请问张经理在吗？"

"我是。"

"您好。您一定知道我们公司，我们的服务模式能够给我们的顾客带来与传统模式不同的体验，尤其适合银行这样的大型顾客。我们计划在下周五举办一个新产品的发布会，有我们最新的产品，您可以去吗？"

"下周五？不行啊，我有事。"

"哦，真可惜。我能在电话上了解一下您的情况吗？"

"不行啊，我要去开会了。"

"那好，我抓紧时间。你们银行的信息系统的现况是怎样的？"

"这样吧，你去找我们的工程师×××去了解吧。再见。"

"再见。"

此后，几乎每隔一段时间，他都用各种借口来见这个顾客。有时送新的样品给顾客看，有时请顾客参加商务活动。但顾客的态度都没有改变，且每次见面的时间都很短。她对我们竞争对手的产品很满意，她认为没有必要改变供应商。

终于有一次，他赶在下班的时候拜访这个顾客，见她手里正摆弄着一个很流行的玩具。于是他就从这个玩具开始和她攀谈，结果发现两个人的孩子都差不多大。两个人越谈越投机，从幼儿玩具谈到幼稚园，他还向顾客推荐了一种新型的玩具，并告诉她在哪里买的。最后他说："小孩子玩玩具都不会玩很久，因为他们知道总会有更新的和更好玩的玩具出来。其实新产品也一样。"

第二周，他就接到这个顾客的电话，说她的孩子很喜欢他推荐的新玩具，并请他来银行介绍一下产品和服务，她说她一直都使用一个厂家的产品，也许是应该换换了。

案例赏析： 销售是先抓心后抓金的过程，应对顾客拒绝的关键是必须和顾客建立互信的关系，这样才能影响顾客的决定。在案例中，顾客已经有了一个很满意的供应商，

不希望改变，所以销售代表多次努力还是没办法改变顾客的想法。但销售代表没有放弃，终于从一个小小的玩具入手，在轻松的家常式交谈中抓住了机会，达成了互信的关系。这时销售代表又巧妙地用孩子的玩具影射自己的产品：以前很好的厂家现在也不一定就是最好的。顾客这才真正开始考虑和听取他的观点。

8.1 顾客异议及其作用

8.1.1 顾客异议的含义

顾客异议是指顾客对推销品、推销人员及推销方式和交易条件发出的怀疑、抱怨、否定或反对意见。

在推销过程中，顾客异议是一般情况下都会出现的现象，除经常购买或重复购买的推销品并且交易条件不变者外，顾客不提任何问题或异议就购买商品的情况是很少见的。几乎所有的交易都包含着产生顾客异议的胚胎。当推销员与潜在顾客直接接触时，双方既是交易伙伴，同时也使各自的选择自由受到限制，可能的买主与卖主间，越来越要求对方接受自己提出的交易条件。顾客异议便是买方为争取有利的交易条件所做的努力。如果对推销活动缺乏全面的认识，一旦遇到顾客异议，就误以为对方对销售的商品不感兴趣了，推销员便会失去信心，束手无策。其实，顾客表示异议，正是表明推销品和推销活动引起推销对象的注意。若是顾客无动于衷，完全不感兴趣，连看都不愿多看一眼，何需多费口舌，发表议论和提出异议。

8.1.2 顾客异议的作用

拒绝是成交的开始，学会了应对拒绝、化解异议，你就拿到了成交的钥匙。也有人说，销售就是零存整取的游戏，顾客每一次的拒绝都是在为你存钱。

有经验的推销员，把顾客异议当作达成交易的起点，认为顾客异议是对推销品产生兴趣的标志，顾客在争取有利的交易条件，无疑孕育着成交的机会。同时，顾客发出疑问、抱怨或否定意见，总是有一定原因的。要么是商品性能、质量还不尽如人意，要么是商品价格还不够合理，要么是交易条件过于苛刻。退而言之，即便是顾客对物美价廉的商品和优惠的交易条件缺乏了解，也正好说明推销活动还存在不足之处。优秀的推销员对顾客异议能正确对待，不紧张，不回避，也不感到意外，而是热情欢迎顾客提出异议，冷静分析异议的焦点与原因所在，并创造良好的气氛，让顾客畅所欲言。让人把话讲完，一吐为快，从心理学来讲，这叫作"排除不满"或"感情净化"；从推销学来看，异议指出的问题，有利于改进营销组合与推销工作。反之，未能表达出来的异议，往往危害更大。因为异议反映的产品与推销方面的不足，毕竟仅是实际存在缺陷的一部分，如果连这一点意见也听不进去，就难以优化营销组合，也不可能有成功的推销。倾听顾客抱怨，正是为了避免另一种更可怕的抱怨。有时候，顾客虽不向推销员发出抱怨，却把不愉快的经历和感受向其他人倾诉，既不能让推销员澄清问题，又难免"反宣传"产生负面效应。事实上，在频繁、众多的顾客异议中，有相当一部分是客观的合理的意见，其特点是针对交易条件、商品质量、价格、售后服务等问题提出的意见，带有明显的"讨价还价"的性质，反映了顾客有求购的愿望。对此，推销员应有充分的思想准备，利用自己所掌握的资料，进行耐心地说明、说服，做好"转化"工作，争取达成交易。

概括地说，顾客异议有以下作用：

（1）顾客异议是顾客对商品产生兴趣的标志。
（2）顾客异议是市场信息的主要来源之一。
（3）顾客异议是确认进一步激发购买、产生购买欲望的最佳时机。
（4）通过分析顾客对现有产品的不满与抱怨，可以了解顾客的新需求。
（5）顾客异议可以帮助发现现有产品及销售工作中存在的缺点与不足。

8.1.3 顾客异议的种类

1. 货源异议

所谓货源异议是指顾客对推销品来自哪家企业和哪个推销员而产生的不同看法。在推销过程中，顾客常常会提出："没听说过你们这家企业。""我们一直用××厂的产品，从来没买过你们厂的产品。""这种产品质量太差，我愿要别的厂家生产的。"这些都是货源异议。货源异议主要有以下三种。

（1）产品异议。产品异议是指顾客已经了解了自己的需要，但是却担心眼下这种产品能否满足自己的需要而产生的异议。顾客对产品的异议可以告诉推销员顾客为什么抵制购买。你或许经常听到这样的异议："这种商品还有其他式样吗？""我不会使用，结构太复杂了。"这种异议的来源是带有主观色彩的，主要反映了顾客的认识水平、购买习惯以及其他各种社会成见，当然与广告宣传也有一定的关系。

（2）品牌异议。顾客的这种异议往往和产品异议有一定联系，有时由于对产品的偏见影响到对企业和品牌的看法。由于企业的社会知名度和美誉度不高，企业厂址过于偏僻或规模太小，与产品的性能相联系便令人怀疑。同时，品牌异议还根源于推销态度不良、推销服务不周、市场竞争不力等因素。

（3）推销员异议。推销员异议是指顾客对某些推销员的不信任而提出的异议，它使顾客拒绝接受某一特定推销员并拒绝接受其推销的商品。有些推销员态度过于热情，所给条件过于优厚，说话过于浮夸，以及人际关系不好，信誉不好，缺乏说话的技巧，不讲究礼仪，推销员之间的竞争等，导致顾客拒绝推销品。这种异议，在一定的程度上有积极作用，有利于推销员改进推销工作。

总之，货源异议是在推销中最常遇到的顾客异议之一。一方面，它要求推销员从客观上提高服务质量，向企业提出建议以不断改进各项工作，塑造良好的企业形象；另一方面，推销员要不断提高修养，善于运用各种推销策略与技巧，以心理战术改变顾客的主观看法，促成交易。

2. 价格异议

价格异议是顾客对商品价格与价值是否相称的反映，是对商品价格的高低与自己感觉价值的大小以及商品价格与商品质量、性能、使用、效用等的适应情况所提出的问题，也是最常见的一种异议。由于价格与顾客的利益息息相关，所以，顾客在产生购买欲望以后，首先考虑的就是价格问题。通常的情况是顾客告诉推销员："你的价格太贵了。就这价钱，我买不起。以这价格我估计卖出去较困难。"面对顾客的异议，大部分推销员，尤其是新手很快就会在头脑中产生一些错误念头。例如，不相信自己的企业，对自己推销的产品的质量没有信心；似乎顾客只对价格感兴趣；推销就是不断与顾客讨价还价；要保住产品的市场占有份额，唯一的做法就是降价。如果让这些推销员随心所欲，他们就会用不断降价的方法来换取销售额。但为此会付出很大的代价，影响公司少赚钱事小，破坏公司价格战略，损害形象事大。

有些公司在价格问题上始终坚持，无论竞争多么激烈也从不让步，这些公司偶尔会失去一两笔生意，但归根结底他们是最后的胜利者，因为他们赢得了顾客的信任。

任何公司、厂商没有明确的价格政策，想长久经营下去，要么是不可能的，要么会遇到数不清的难以克服的困难。

因此，作为一名优秀的推销员，一方面要尽量稳住价格不让步；另一方面要善于对待顾客的价格异议，认真分析顾客产生价格异议的原因。

3. 时间异议

购买时间异议又称拖延，指顾客在购买过程中有意拖延购买行为。一般有三种可能性：第一种情况是顾客对所推销的产品已经认可，但由于目前经济状况不好，手头现金不足，会要求延迟付款时间或改变支付方式，如采用分期付款等；第二种情况是顾客可能还存在各种各样的顾忌，对购买行为犹豫不决，如购买费用、购货后出现的后果以及产品使用方面的困难等，就可能会告诉推销员："让我们再考虑一下，研究以后再告诉您""我们不能拍板决定"；第三种情况是顾客尚未作出购买决定，他提出的时间异议仅仅是一种推辞的借口。对此，推销员应寻找真正的异议以便采取相应对策。

4. 需求异议

需求异议是指顾客认为自己不需要某种推销品而产生的一种异议。这种异议可能来源于顾客的心理成见、认识水平，也可能是对推销员不够了解。常见的需求异议有："我根本不需要这种商品！""我不知道这个对我有什么用！"等。对顾客所提出的需求异议，推销员应作具体分析，妥善处理。从现代推销学理论讲，早在顾客审查阶段，推销员就已对顾客的需求状况作了严格的资格审查，在接近准备阶段又进行了更具体的需求状况分析，因此对顾客的需求和爱好，推销员心中是有数的。推销员应该利用所掌握的情况巧妙化解顾客的异议，驳回顾客各种不买的理由。当然，也不排除推销员判断失误的情况，这时应立刻停止对顾客的推销。

5. 财力异议

这种异议也称为支付能力异议，指顾客自己认为没有钱购买推销品。一般来说，假如顾客的经济状况确实不好，他是不愿让别人知道的，因为他认为那是丢人的事。出现这种异议的真正原因可能是顾客早已决定购买其他产品，或者顾客不愿意动用存款，也可能是因为推销员的说服工作不够，使顾客没有意识到产品的价值。但是，经过深入细致的调查，发现他确实无力购买所提供的产品，最好的解决办法是暂时停止对他的推销。

6. 权力异议

权力异议，也称作购买人人格异议或决策权力异议，是顾客自认为无权购买推销品的异议。就权力异议的性质来看，真实的权力异议是直接成交的主要障碍，表明推销员在顾客资格审查时出现了差错，应及时纠正，重新接近有关销售对象；而对于虚假的权力异议，应看作是顾客拒绝推销员和推销品的一种借口，应采取合适的异议转化技术，予以驳回。

7. 服务异议

服务异议是顾客对推销员或其所代表的企业售后服务不满意，而采取的拒购商品的行为。从营销学的产品整体概念分析，服务是产品的附加部分，属于产品异议的范围，但服务竞争已经成为企业的一种主要手段，顾客购买行为的发生，在很大程度上取决于企业能够提供什么服务及服务的质量和水平。优质的服务能够增强顾客购买商品的决心，树立企业及产品的信誉，防止顾客产生服务异议。对待顾客的服务异议，推销员应诚恳接受并耐心解释，以树立企业良好的服务形象。

8.2 化解顾客异议的原则及步骤

8.2.1 化解顾客异议的原则

化解顾客异议应遵循以下原则。

1. 事前做好准备

"不打无准备之仗"，这是推销员应对顾客拒绝应遵循的一个基本原则。推销员在走出工厂大门或公司之前，就要将顾客可能会提出的各种拒绝列出来，然后考虑一个完善的答复。面对顾客的拒绝，事前有准备就可以胸中有数，从容应付；事前无准备，就可能惊慌失措，或是不能给顾客一个圆满的答复，不能说服顾客。加拿大的一些企业专门组织专家收集顾客异议，并制定出标准应答语，要求推销员记住并熟练运用。

编制标准应答语是一种比较好的方法。具体程序如下。

（1）把大家每天遇到的顾客异议写下来。

（2）进行分类统计，依照每一异议出现的次数多少排列出顺序，出现频率最高的异议排在前面。

（3）以集体讨论方式编制适当的应答语，并编写整理成文章。

（4）大家都要记熟。

（5）由老推销员扮演顾客，大家轮流练习标准应答语。

（6）对练习过程中发现的不足，通过讨论进行修改和提高。

（7）对修改过的应答语进行再练习并定稿备用。最好是印成小册子发给大家，以供随时翻阅，达到运用自如、脱口而出的程度。

事先认真准备，主要应做好以下具体工作：首先，推销员必须充分而正确了解自己的产品、交易条件及企业的销售政策，对产品的性能、优缺点、使用和保养方法等内容要了若指掌。试想，一个对自己的产品都含糊不清的推销员，如何能使顾客信赖，如何能使顾客购买呢？其次，要对顾客（谈判对手）的性格、对方企业的业务情况、需求特点等有所了解，并根据自己的实践经验，提出一些顾客最可能提出的问题，设计回答这些问题的方法。这些有针对性的准备工作往往能收到良好的效果。最后，必须了解市场，掌握同类产品的行情和同行业竞争对手的情况，以及自己所推销产品的供求趋势等。顾客提出异议的范围是十分广泛的，原则上，顾客异议可能涉及的内容都是推销员应当了解的。

2. 选择恰当的时机

美国通过对几千名推销人员的研究发现，好的推销员所遇到的顾客严重反对的机会只是差的推销员的1/10。这是因为，优秀的推销员对顾客提出的异议不仅能给予一个比较圆满的答复，而且能选择恰当的时机进行答复。懂得在何时回答顾客异议的推销员会取得更大的成绩。推销员对顾客异议答复的时机有以下四种选择。

（1）在顾客异议尚未提出时解答

防患于未然，是消除顾客异议的最好方法。推销员觉察到顾客会提出某种异议，或者几乎所有顾客都会提出的异议，如能否降低价格等问题，最好在顾客提出之前，就主动提出来并给予解释，这样可使推销员争取主动，先发制人，从而避免因纠正顾客看法，或反驳顾客意见而引起的不快，同时，还可避免浪费过多的时间。

推销员完全有可能预先揣摩到顾客的异议并抢先处理，因为顾客异议的发生有一定的规律性，如推销员介绍产品的优点时，顾客很可能从差的方面去琢磨问题，有时顾客没有提出异议，但他们的表情、动作及谈话的用词、声调却可能有所流露，推销员觉察到这种变化，就应该抢先解答。

（2）异议提出后立即回答

绝大多数异议需要立即回答，否则，顾客会因为他们没受到应有的尊重而报复你，故意为难你。出现这种情况，要想达成交易就比较困难了。况且，在大多数情况下，不回答顾客的问题，洽谈根本就无法进行。在顾客提出异议后马上处理，比较容易引起顾客的注意力，使其对产品产生浓厚的兴趣。如果在推销过程的结束阶段，推销员能够圆满地、及时地处理顾客的异议，往往可以直接促成顾客采取购买行动。

（3）异议提出后过一段时间再回答

以下异议需要推销员暂时保持沉默：异议显得模棱两可、含糊其词、让人费解；异议显然站不住脚、不攻自破；异议不是三言两语就可以解释清楚的，异议超过了推销员的权力和能力水平；异议涉及较深的专业知识，通过解释不容易使顾客很快理解，等等。急于回答顾客此类异议是不明智的。经验表明：与其仓促错答十题，不如从容答对一题。

（4）不回答

许多异议不需要回答，如顾客提出的异议会随着业务洽谈的进行而逐渐消失；顾客提出的异议实际上是一些借口或是自我表现性的问题；容易造成争论的话题；明知故问的发难；可一笑置之的戏言，等等。推销员不回答时，可采取以下技巧：沉默；装作没听见，按自己的思路说下去；答非所问，悄悄扭转对方的话题；插科打诨幽默一番，最后不了了之。

3. 争辩是推销的第一大忌

顾客提出的各种异议可能是无理的、荒谬的，有时甚至是令人愤慨的。但不管怎样，推销员都千万不要和顾客争辩，不能冒犯顾客。如果和顾客吵翻了，即使你获得了争吵的胜利，但你仍是个销售的失败者。一句推销行话是："占争论的便宜越多，吃销售的亏越大。"

此外，冷嘲热讽也是要尽可能避免的。对于顾客的无知，推销员应施展说服艺术，尽可能不让顾客难堪，否则，顾客仍然会拂袖而去。

请记住：在推销中，推销员首先应该把顾客的过错统统归结于自己，然后再心平气和地进行耐心的解释。不妨把"对不起，我使您产生了误解"之类的话常挂在嘴边。

4. 推销员要给顾客留"面子"

推销员要尊重顾客的意见。顾客的意见无论是对是错、是深刻还是幼稚，推销员都不能表现出轻视的样子，如不耐烦、轻蔑、走神、东张西望、绷着脸、耷拉着头等。推销员应双眼正视顾客，面部略带微笑，表现出全神贯注的样子。并且，不能语气生硬地对顾客说："你说错了""你连这都不懂"，也不能显得比顾客知道得更多："让我给你解释一下……""你没搞懂我说的意思，我是说……"这些说法明显地抬高了自己，贬低了顾客，会挫伤顾客的自尊心。

尊重顾客的意见，说几句表示同情和理解的话，会解除顾客对你的戒备心理，并增加信任感。这样，当你再进一步向顾客作解释时，顾客也会接受你的意见和观点，从而有利于推销的达成。

5. 学会及时结束销售

当顾客提出异议，而你又圆满地予以回答之后，就要及时地结束销售，不能久拖下去，以避免顾客再产生其他新的疑虑。尤其是当顾客发出购买信号时，推销员更应及时抓住时机。

推销员通常可以采用尝试的办法来结束销售。通过问"您现在就要吗？""要一个够吗？""您要蓝色的还是绿色的？""您是现金、刷卡还是手机支付？"等问题，促进顾客与你达成交易。

当然，及时结束销售，并不是要急着催促顾客购买，而是逐步劝导顾客显露其真实意图，最终达成交易。倘若推销员在这时表现出不耐烦和焦急的心情，就会加重顾客的疑虑，无疑又会在其心里蒙上一层阴影，这样不仅不利于销售达成，反而会使整个推销告吹。

8.2.2 消除顾客异议的步骤

推销员要想比较容易和有效地消除顾客异议，就应遵循一定的程序。下面，是推销员应该遵守的步骤。

1. 认真倾听顾客的异议

回答顾客异议的前提是要弄清楚顾客究竟提出了什么异议。在不清楚顾客说了些什么的情况下，要回答好顾客的异议是困难的，因此，推销员要做到以下几点。

（1）认真听顾客讲。

（2）让顾客把话讲完，不要打断顾客谈话。

（3）要带有浓厚兴趣去听。推销员如果打断顾客的话，匆匆为自己辩解，竭力证明顾客的看法是错误的，则很容易激怒顾客，进而演变成一场争论。有经验的推销员会想方设法保护顾客的自尊心。

2. 回答顾客问题之前要有短暂停顿

这会使顾客觉得你的话是经过思考后说的，你是负责任的，而不是随意乱侃。这个停顿会使顾客更加认真地倾听你的意见。

3. 要对顾客表现出同情心

这意味着你理解他的心情，明白他的观点，但并不意味着你完全赞同他们的观点，而只是了解他们考虑问题的方法和对产品的感觉。顾客对产品提出异议，通常带有某种主观感情色彩，所以要向顾客表示你已经了解他们的心情，可实际情况并非如此，如可以对顾客说："我明白你的意思，但是……""很多人这么看，但是……""很高兴你能提出这个问题，但是……""我明白了你为什么这么说，但是……"，等等。

4. 复述顾客提出的问题

为了向顾客表明你明白了他的话，可以用你的话把顾客提出的问题再复述一遍。有的问题推销员没有事前准备该如何应对，有经验的推销员会利用复述顾客问题的时间思考应对策略。

5. 回答问题，消除异议

对顾客提出的异议，推销员要回答清楚，使顾客满意，这样才能促使推销进入下一个程序。推销员在回答顾客的问题时，应尽力避免一个问题，即在后面的介绍中，又提及顾客前面提到的异议。这样做，容易夸大问题的严重性，在顾客脑子里留下不必要的顾虑。

8.3 处理顾客异议的具体方法和技巧

每一个推销员都有自己独特的处理顾客异议的方法和技巧，不同的技巧适用于不同的顾客、产品和不同的场合。作为一名优秀的推销员，只有了解掌握多种多样的消除异议的技巧，才能在处理顾客异议的过程中取胜，使推销工作顺利地进入下一个阶段。消除顾客异议的具体技巧主要有以下几种。

8.3.1 直接驳正法

直接驳正法是指顾客一提出异议，推销员就不用讳言，直截了当地予以否认和纠正。这种方法又叫正面进攻法。按照常理，直接驳斥顾客的做法是最不明智的，往往会让顾客感到遭受了不恭敬的对待，而使面谈恶化为无谓争辩或使顾客拂袖而去。但在有些情况下使用直接驳正法却很有效。我们来看看如下例子。

顾客："贵公司交货经常延迟，真是糟糕透顶。"

推销员："张先生，您这话恐怕不太确实吧？从我所接触过的顾客当中，还没有人这样讲，他们都认为本公司的交货一向及时，在同行中是有口皆碑的，您能否举出最近的实例，供我参考？"

在本例中，"延迟交货"是顾客异议的重点，若真有其事，顾客必能举证，推销员应该立刻向上级反映，设法补正；若有不实，顾客必然无词搪塞，自寻台阶下场，其所谓的异议，因而得以转化。再如如下例子。

假定顾客说："请问，您能以什么优惠价格给我呢？"这是对产品价格的异议，推销员可以直接否定："哎呀，对不起，本公司一向规定不打任何折扣。因为我们绝不会在产品品质上打折扣，当然价格也不能予以优惠，一分价钱一分货。换句话说，我们决不会蒙瞒顾客。"

假定顾客说："质量不错，可是总经理不在，别人作不了主。"这属于购买资格异议，推销员因事先已做过调查，知道这完全是借口，可以说："别开玩笑了，您主管营销，谁不知道您是这方面的老大。"

假定顾客说："把电池装在机器的尾部，岂不影响运行吗？"推销员可以说："不会！不会！不会！您过虑了。公司在设计时，就已经考虑过这个问题，您看这里不是有一个特殊装置吗？它就是用来解决这一问题的。"

应用直接驳正法时，推销员必须注意以下几点。

（1）态度委婉。由于要直接驳斥顾客的意见，为了避免触怒或引起不快，推销员的态度要真挚，语气要诚恳，要面带微笑，切勿双眉攒聚、面露不悦，怒言责备顾客。唯有经验丰富、个性温和的推销员，才能将它运用得不温不火，恰到好处。

（2）针对问话。在顾客的异议以问话表示时，应用此法最为有效，因为它常给予对方一种肯定自信的感觉。例如，顾客问推销员："这种布料，时间长了会褪色吗？"答："不会，绝对不会，已经试验过很多次了，我可以保证。"在此例中，怀疑布料经不起日晒、水洗而褪色，是顾客异议之所在，推销员听到这样有损声誉和产品形象的话，应立即否认并加以反驳。从推销员答话表面看，像是直接对顾客的驳斥，实质上则是品质担保的坚决"声明"，完全符合顾客的利益，所以顾客听后不但不生气，反而对推销员所提供的商品增加了信心，这是针对顾客问话"驳斥"的最大益处。

（3）对固执己见、气量狭小的顾客最好不用这种方法，因为这类顾客会认为推销员不尊重自己，从而产生争执。面谈气氛紧张时也不要用，否则容易引起争论，使洽谈破裂。

（4）从事店铺推销者，最好不用这种方法，因为零售经营都是顾客主动上门，人数众多，形色不一，顾客的个性不易掌握，万一发生争执，不仅成交无望，而且会给周围人留下不良印象，影响企业形象与声誉。

（5）勿伤自尊。处理顾客异议时，最忌伤害顾客自尊。维护脸面和尊严，是顾客应享的权利，有时明知自己异议错误，但为顾及面子，他们会恼羞成怒。这类情形经常遇见，推销员应该体谅顾客有不得已的苦衷，不要逼迫顾客使其处于尴尬境地。

8.3.2 间接否认法

间接否认法是指当推销员聆听完顾客的购买异议后，先肯定对方的异议，然后再诉说自己的观点。这种方法又叫迂回否定式或"是的，但是"法。它的应用最广，使用的机会也比其他方法多，不论何种异议，几乎都可以运用，尤其是在澄清顾客错误想法、鼓励顾客问话方面，效果显著，常常出人意料。

推销员应用这种方法，要以诚挚之心，先接纳顾客异议，然后再以事实或实例婉言否认或驳正。这样才能消除异议，同时也不伤害顾客的自尊。

例如，顾客在听完推销员现场说明后说："贵公司的产品，并不如你说得那么完美。"推销员听后，若直接否认辩驳："张先生，你错了，你根本没听懂我的意思。"则必然会引起不快，所以，推销员不妨改用"先是后非"技巧（即间接否认）改答如下："是……张先生，您的想法是可以理解的，正因如此，我要特别强调它（产品）的特点和功能，请看……"或"您说得对，张先生，一般顾客最初都有和您相同的看法，即使是我，也不能例外，但若再仔细瞧瞧，深入地研究一下，您就会发现……"

面对顾客同一种异议，两种迥然不同的回答，读者看后自可分出高下。又如：

顾客：我听说VW瓦斯注射器有些问题。

推销员：是的，虽然它有节省瓦斯的功能，在过去几年来一直有些问题。故此，我们的工程师一直在改进，你可以从消费者报道中看到，这类型机器目前已没有任何问题了。

以上答复在第一句时保护到顾客的感觉，但后面申述了其理由。

顾客：你的产品实在太昂贵了。

推销员：对，我们产品是属于高档定位，而且也是同类产品中唯一的手工制品。

在这一例中，推销员先肯定顾客的看法，接着指出其原因，既安抚了顾客，又延续了推销，维护了自己的利益。

使用间接否认法，需注意以下几点。

（1）这种方法特别适用于自以为对推销建议了解较多，并有独到见地的顾客。这些人生性主观自负，常常自以为是，所以只能顺其性而智取，不能直接反驳。若要改变他的成见，只能用理智说服，以事实证明其错误，并用超越的见解和非常的思想，使之就范。

例如，顾客对推销员说："这种水管材料，市面上很多，只要多花点时间去寻找，一定能找到更便宜的。"应付这种价格异议，推销员不妨说："话是不错（先是），但（后非）像您这样的大忙人，哪有时间和精力，再去做这种琐事呢？再说，即使找得到，交货也未必能像我这样快。再说，一分价钱一分货，便宜肯定有便宜的原因。"

（2）这种方法的基本表达语型是"先是后非"，即对于顾客异议用"是……但……"答辩，但这种语型暗示着极其强烈的否定性，容易招致顾客抗拒，因此应用时可将其改为委婉的"是……而……"语型。此外，还可以用"除非……"的语型。如下例：

顾客："我根本不会付这么高的代价来买这种东西。"

推销员："我也不会，除非确实值得，那就另当别论了。"

8.3.3 转化法

转化法即推销员利用顾客异议，作为说服顾客购买的理由。换句话说，顾客异议一经推销员巧妙转化，可以变成反击顾客的武器，使顾客作茧自缚，陷入自设陷阱之中，被推销员说服。这种"以子之矛，攻子之盾"的做法，能化解多种常见的顾客异议，是推销中最常用的技巧之一。如下例：

顾客："怎么又涨价了！"

推销员："是的，高层每平方米比上周涨了200元，比洋房涨得还多。按现在的供求趋势，下个月还要调价。现在购买可以节约一部分资金。"

顾客："抱歉，我财力有限，现在没钱买。"

推销员:"张先生,您可别这么说,现在物价上涨这么快,赶早不赶晚呀!"或者说:"张先生,就因为您说现在钱不多,才应该趁早买下,以后涨了价更划不来。"

在本例中,顾客原以"没钱"为拒绝的异议,但在物价不断上涨之时,与其延迟购买,不如早作出购买决定,顾客听得实惠,被推销员说服。因此,"财力不足"原来是不买的原因,一经推销员巧言转化,反而成为必须购买的理由。

以上是利用转化法转化价格异议的实例,下面是运用这种方法转化产品异议的例子:

顾客:"我家小强一向对科幻图书不感兴趣,所以,即使我买了,他也不会用心去读的。"

推销员:"啊呀!张女士,您知道小强为什么对科幻图书不感兴趣吗?就是因为他平时接触得太少。您我都知道,他天资不差,多让他阅读,多培养他的兴趣,相信他不久就会改变的。"

在本例中,顾客以其儿子小强讨厌科幻图书为拒绝的理由,原以为就此可将推销员打发,但推销员却"将计就计",认为小强厌倦科幻图书,原因不在他,而是家长(顾客)平日缺少鼓励、培养小强读科幻书的兴趣。推销员虽然没有明确地指责,但已有责备之意。顾客惭愧彷徨之余,怎能不自省?

此外,这种方法也可用来说服顾客的"货源异议",如零售商对制造厂商推销员说:"贵公司在广告上的花费着实惊人,若能稍作节省,售价便可降低,我们零售商的利润也可多些。"推销员听完后,马上应用转化法进行说服:"您可知道,就因为我们舍得大量投入广告,您才好卖。顾客还没上门,心里都已有了良好印象,您不必太费力气就可赚钱,这都是我们广告的功劳呀!"广告,在本例中原是顾客利润被瓜分而提出的异议,但经推销员依理解释,反而变成有利推销的催化剂和增加销路、增加零售利润的理由。

推销时应用这种方法,应注意以下三点。

(1)采用转化法的推销员,本身必须经验丰富,精于推销技巧,因为只有有经验的、精通技巧的人,才能察言观色,当机立断,适时将顾客异议转化为有利成交的理由。

(2)这种方法应用后,若转化不当,顾客情绪反应强烈,则会弄巧成拙,使顾客生气,增加推销阻力。

(3)推销员在应用这种方法时,必须平心静气,态度温和,即使顾客异议缺乏事实依据,也不能当面驳正,而应旁敲侧击,去疏导、启发和暗示。

8.3.4 截长补短法

天下没有十全十美的事情,凡推销建议,虽有优点,但也必有瑕疵;同理,世间任何缺憾,都有补正的可能。截长补短法,即在利用顾客异议之外的其他优点,来补正异议之缺点,以化不能成交为可能。例如,顾客提出"产品异议",认为产品的品质和设计都不理想,推销员不妨以价格低廉、服务良好为由,给予补偿。如此以优补拙,以良救劣,必能使顾客因异议引起的心理不平趋向平衡。例如:

顾客:"我要一部窗户自动升降开闭的汽车,你卖的却没有这种设计和功能。"

推销员:"汽车窗户自动控制,固然理想,但多一分这种装置,却要加价多成,迫使售价提高,实在得不偿失。"

下面的例子是笔者当年为天津第六中药厂的速效咽炎药"清咽滴丸"产品策划时，帮助医药代表设计的化解顾客异议的语言。

顾客："这种药太苦。"

推销员："的确，和同类产品相比，我们的产品是不含糖的。而且糖对治疗嗓子的副作用也很大，相信您也不愿让您的孩子吃过多的糖吧。再说，良药苦口利于病，当咽喉疼痛时，您是选择含糖但疗效低的呢，还是选择味儿不好但起效快的药呢？"

此法在推销中称为截长补短的技巧，顾客异议若在"产品"，可以"价廉"来补偿，如上例汽车销售即是。反之，若嫌"价高"，可以"品优"（包括质地、款式、颜色、功能等）抵消。若顾客对"产品"与"价格"皆有异议，不妨以"售后服务"（包括交货快速、免费保养、终身保修等）来弥补。若"产品""价格""服务"皆无是处，则可以品牌、高贵等其他优点与事实来弥补。这些都是用有余而补不足。

截长补短法在运用时一定要用顾客需要的长补产品存在的短，若这些长不是顾客关心和所需的，则不能照搬，否则会弄巧成拙。如顾客说："听说你们的药疗效不是很好。"推销员答："但是我们的药便宜呀！"

8.3.5 反问巧答法

反问巧答法是推销员化解顾客真实异议时的制胜要素，适时对顾客发问，能引起其思考，再巧答化解其异议。推销员在应用这种技法时，先将异议转为发问，用来启发顾客的自省能力，如果顾客有所领悟，便能自己说服自己；若不能领悟，推销员再应问巧答，举证说明，消解其异议。如下例：

顾客："您这种机器，性能太差了。"

推销员："性能不好吗？陶先生。您能否具体说说哪儿不好？"

这个例子虽然简短，但推销员的反问技巧已有所表现，顾客提出产品异议，其真实程度如何，在此例中一时尚难断定，故推销员将之转变为"不好吗"这三字反问，实际含义有两个：一是推销员认为机器性能甚好，所以顾客尽可放心购买；二是如果顾客认为其性能不好，则应指出其不好之处。顾客因受此一问而在心里感到必须"摊牌"的压力，于是不得不将性能不好的理由说出，推销员便有机会用示范或举证说明将异议化解。

在应用反问巧答法时，"为什么"等反问词经常使用，推销员必须熟练运用到得心应手的地步。理由有以下四点。

（1）反问词语能诱使顾客当场说明，提供推销员有用的资料，并由此获得判断顾客不能作出购买决定的原因。

（2）此类词语能引起顾客的自有意识，分析其异议的合理性。

（3）它们能唤起推销员注意，悉心谛听顾客说明，以免误解或遗漏顾客已表达的意思。

（4）利用顾客答话机会，缓和推销员时间的紧急和情绪的紧张，以便有充裕的时间和饱满的情绪，做有利说服的思考。

下列"产品异议"，就是运用这种"为什么"疑问语词，以达到化解目的的。

顾客："好了，不管你怎么说，你所提供的东西，就是不够好。"

推销员："请问，您为什么会有这种感觉呢？能否说来听听？"（请注意"为什么"疑问词。）

顾客："我说这玩意儿，看来不太结实。"

推销员："喔！原来您是担心这个，难道您怀疑这个产品不符合你的规格吗？果真如此，那么请注意我下面的分析和举证：第一……第二……第三……。"

在上例中，原先顾客拒买的意志和态度十分坚决，似乎已经无可挽回，但却没有将真实异议讲出来。推销员在不得已的情况下，反问顾客，结果顾客果然将拒买的真实异议说明，于是推销员便针对异议，列举事实以说服顾客。

反问巧答法适用的范围很广，不仅可以用于顾客异议的消除，而且在推销程序中的每个阶段，几乎都可以运用。

8.3.6 置之不理法

置之不理法，顾名思义，是弃顾客异议不予理睬，推销员明知顾客已提出异议，因情节轻微、声势不大，所以故意忽略，不予理会，继续其面谈说服。

如下例：

顾客："您刚才说的一番道理，似乎有些牵强。"

推销员："（故意置若罔闻）噢！汪大夫，我只想把这种新药的特点和功效介绍给您，希望能引起您的兴趣，所以，请看说明书上的详细内容。"

由上例可推知，顾客原已提出"产品异议"，对推销员的解释也不赞同，若推销员应用反问巧答法，企图化解，一定会引发顾客更深一层异议，反而弄巧成拙，与其如此，不如暂不予理睬，等顾客浏览说明书之后，便会自然明白推销员原先的解释并不牵强附会，这样顾客心中的异议便化为乌有。

应用置之不理法，推销员应注意以下几点。

（1）若顾客提出的异议情形并不严重，如果不予答复，不影响面谈的进行和成交的希望，则可采用此法，否则不可用。

（2）推销员心里虽然可以有置顾客异议不理睬的念头，但其外表应泰然自若，若无其事，以免顾客看出破绽，产生被人冷落的感觉。

（3）当推销员确定顾客异议为真，且不理睬会引起顾客不满时，应设法转化消除顾客异议，不能置之不理。

以上介绍了六种主要的推销技巧和方法，在实践中，推销员可根据具体情况进行选择，巧妙应用。这里应注意的是：任何推销上的技巧或方法，妙在能相互换用，才有效果。为了使推销员便于识别和使用，下面将以上几种方法的主要适用情形归纳如下。

（1）直接驳正法适合于驳正顾客的虚假异议。

（2）间接否认法是还击顾客重要异议的利器，应用任何方法不能收到满意效果时，都可以试用间接否认法。

（3）截长补短法应在推销员确定顾客异议为真时使用，若为虚假，则不能应用。

（4）转化法应用时，推销员事先要详加考虑，因为这是一种"以其人之道，还治其人之身"的强烈手段，较难被一般顾客所接受。但在某些场合，若使用得当，往往能产生奇效。

（5）反问巧答法适用于以下三种情形：①顾客异议含糊不明确，推销员一时无法确定，所以采用反问的形式。②顾客所提出的异议荒诞不经，缺乏逻辑依据。③利用反问巧答法，引导顾客自省，使顾客可以自己化解异议。

（6）顾客异议无足轻重，推销员不必过分重视，可故意忽略时，不妨应用置之不理法。

8.3.7 价格异议的化解技巧

在所有的顾客异议中，价格问题是顾客提得最多的异议，讨价还价也是最艰苦的洽谈过程。所以，我们把化解价格异议单独进行介绍。

1. 化解价格异议的原则

推销员在处理价格异议时，应遵循下列基本原则。

（1）恰如其分地使用价格因素

在业务磋商过程中，推销员不应该对价格过分敏感。他应当摆脱任何形式的价格因素的影响，否则他就会不断地提及价格问题。有些时候，推销员抱怨顾客过分关心价格的细节，而根本没有意识到问题的症结正好出在他们自己身上。正是他们对价格的敏感影响了顾客，使顾客对价格也变得敏感起来。

（2）多谈价值，少谈价格

推销员在推销过程中，应多谈及产品价值方面的话题，尽量少提价格方面的话题。这是因为，在交易中，价格是涉及双方利益的关键，是最为敏感的问题。以往一触及价格，就会造成僵局。因此推销员应多向顾客强调产品对他的实惠，能满足什么需要，尽量将顾客注意力引向产品的相对价格，即与价值相对应的价格。在可能的情况下，不应该与顾客单纯讨论价格，应当指出顾客购买的是产品的价值。这是减少在价格问题上与顾客摩擦的一个重要原则。

（3）灵活掌握提出价格的时机

在推销会谈中，只有当顾客问到价格问题时，推销员才宜谈及产品的价格。或者，提出价格问题的最好时机是在会谈的末尾阶段，即在推销员对购买推销品的好处作了充分说明，顾客也对这笔交易产生浓厚的兴趣和欲望之后，再谈及价格问题。在推销会谈的早期就和顾客讨论价格问题是极不明智的做法。

但是，如果顾客较早提价格问题，推销员不要急于回答，等把推销要点阐述完之后，使顾客对推销品的优点及购买推销品所获得的好处有了充分的了解和认识之后，再来回答价格问题，这样容易避免顾客提出价格异议。

如果顾客坚持要求你立即回答他提出的价格问题，你也就不要拖延回答。

对于顾客提出的价格问题，推销员切不可避而不答，或装作没有听见，有意躲闪，以免引起顾客的猜疑，认为推销员有欺瞒行为，价格一定很高或其中有鬼，致使会谈受阻。

（4）坚守报价，尽量不退让

在遇到价格障碍时，推销员一定要坚定信心，相信自己的企业，相信自己的产品。

因为,说服不了自己是不可能说服别人的。

因此,推销员在价格问题上一定要采取较为强硬的态度,否则很容易被对方牵着鼻子走。但是,由于推销员的职业特性,决定了他不可能永远坚持不让步,在有些情况下可以适当的让步从而有利可图,如获得数量较大的订单,使顾客接受交货期长的定货等。在征得管理部门允许后,也可相应作出特殊的安排。但在价格让步的同时,还应附加一些条件,表明你并没有向顾客完全让步,还让他意识到这只是一种特殊优惠,下不为例。

(5)请对方出价

如果推销员在事前通过顾客资格审查得知其习惯讨价还价,那么,在商谈过程中,当顾客询问价格时,推销员可请对方先估计一下产品价格。若对方估价高于或接近产品的价格,推销员再提出产品的实际价格,推销员在说出其价格后,可通过分析产品的价值、好处等来消除顾客的价格异议。

(6)在洽谈价格时,让对方产生一种富裕感

很多人都希望在别人的心目中自己是"不穷"或"不缺钱"的人。因此,当洽谈进入最后时刻,就应该让顾客产生这种心理状态,即这个推销员已经把我看成是有钱的人了,已经到了这个时候,就不能让他认为我穷。这是转化价格异议的一种技巧。

(7)利益化解

这种方法是通过强调推销品带给顾客的利益和实惠,来化解顾客就价格提出的不同意见。例如,"先生,除了这块优美的土地外,你还能欣赏到充满春色的小湖景色;那里盛产鲈鱼。你还可以随心所欲地在宁静的天然小径上散步或骑车,同时还可以终身使用那个高尔夫球场。你和那些同样需要一个与世隔绝的宁静场所的人一样,有了一块这样静僻的地方,这可能是最好的事实。你散步时的那种悠闲、自在,远离在城市中你遇到的那种酷热、烟雾、噪声、拥挤以及凌乱。这将使你延年益寿;更重要的是,它会使你生活愉快!"

2. 化解价格异议的方法

(1)价格构成分解法

就是根据商品价格的构成要素分析一下该商品的价格是如何制定的,让顾客清楚推销员的报价并不高。适用于对方压价过低或嫌价太高时,当然这种商品的价格构成也是易于分解的。若是珠宝古玩或艺术品的定价就不易于分解。

从经济学中我们知道,价格是价值的货币表现。构成商品价值的 c、v、m 三部分用货币表现出来分别是商品价格组成的生产成本(生产环节的成本费用)、流通费用(运杂费、包装费、保管费、利息、损耗和经营管理费)、利润及税金,简称本、费、利、税。所谓价格构成分解法,就是将该商品价格中的这四个部分逐一向顾客进行介绍。

例如,有个西安生产厂家的推销员向成都一家塑料制品商店推销带电子秤的菜篮子,按出厂价每个 10 元报价,商店经理把价格压到 5 元,推销员用价格构成分解法成功化解了顾客的价格异议。

推销员:"要是这个价格的话,明天我们就得喝西北风了。张经理,您是塑料方面的专家(夸赞),您最清楚现在塑料的市场行情。现在市场这种塑料每吨的价格是 4 000

元,我们这个菜篮子最少要用 1 000 克塑料吧,光原材料成本就 4 元,还有电子秤的成本是 3 元。现在人工费用涨得那么快,别说厂房和机器设备折旧,光工人工资分摊到产品上每个加工成本最少得 1 元,从西安运到成都每个运费最少要 0.5 元,再加上 1 元的税,一个菜篮子我们只有 5 毛的毛利,您说我要得高吗?"(注:商品价格=4+3+1+0.5+0.5+1=10(元)。)

推销员分析得合情合理,商店经理也觉得压价太低了,经讨价还价,每个按 9.8 元成交。

(2)理解价值法

所谓理解价值法,就是借鉴市场营销学中认知价值定价的原理,当顾客嫌价太高或觉得比别的产品贵时,从原材料、工艺、品质、性能等方面解释定价的依据,从而帮助顾客理解一分价钱一分货的理由。

例如,在某家具商场,一位顾客欲买一套组合柜,但看到这里的标价比别处贵一些后,有些犹豫不决。这时推销员主动走上前向这位顾客介绍说:"我们这里卖的柜子与别人卖的不一样。请您看看这木料、烤漆都是上乘的,做工也很考究,不仅结实,也很光亮,其使用寿命是一般柜子的三倍。还有,我们的柜子比一般的要深 100 毫米,放物空间大 6%。我们的拉门也比一般的精致、灵活、耐用,不管怎么拉都非常方便自如。另外,我们这里的组合柜还做了两个抽屉,并配有暗锁,可以放一些较贵重的东西。这一比你就知道,一般的组合柜不能与我们这里的组合柜相提并论。您多花上一点钱所得到的好处是一般组合柜的三倍以上。"顾客听了推销员的介绍并仔细鉴别后,发现这里的柜子有这么多的优点,也就不再犹豫了。

再如,顾客看上一款豆浆机,问过豆浆机的价格(580 元)后,感觉价格太贵时,推销员马上讲:"我们的产品是医用不锈钢材料做的(原材料),一方面更加卫生和安全(品质),另一方面即使天天使用,它的使用寿命也能达到 15 年,折算下来一天的使用费才一毛钱,您说贵吗?(性价比)"客人马上说:"要这么说一点都不贵。"

(3)价格变动趋势分析法

价格变动趋势分析法适用于有涨价趋势的产品或服务。当对方犹豫不决或嫌又涨价时,用这种方法往往能取得理想的效果。

例如,顾客:"这价格比去年高多了,怎么涨幅这么高?"推销人员:"是啊,价格比起去年确实高了一些,老李,你是这方面的行家,你回顾一下近五年的价格,是不是一年一个台阶,再过段时间这个价格可就买不着了。"

8.3.8 货源异议的化解技巧

货源异议也是顾客提得较多的异议,其化解技巧有如下几种。

1. 锲而不舍,坦诚相见

许多货源异议都是由于顾客的购买经验与消费习惯造成的。例如,顾客以往购买过某乡镇企业的产品,由于产品质量差而使自己的企业蒙受损失。于是根据这一经验教训,在以后的采购中,凡是乡镇企业、街办小厂的产品,一概拒之门外。再如,顾客个人习惯饮用某种啤酒,而对其他啤酒不屑一顾。还有些货源异议是由于顾客的个人成见或偏见造成的。推销员在初次拜访顾客时，最易遇到这类异议。

例如，乡镇企业、街办企业的推销员到大中型工商业去推销产品，对方常会说："对不起，我们从不和你们这样的小企业来往。"遇到这种情况，推销员不要气馁，更应坚定信心，相信自己的企业和产品，坚持不懈地进行访问，多与顾客接触，联络感情，沟通思想，以诚相见。"心诚，石头也能开出花来"。通过锲而不舍地努力，执着追求，便一定能消融顾客心中偏见堆积而成的冰山。

2. 以礼待客，有错就改

造成顾客货源异议的另一个重要原因是推销员本身的问题，即态度不好，不注重礼节，常常冒犯顾客，或推销行为中有不文明的地方，如肆意夸大产品的功效或隐瞒产品的不足之处，顾客购买后产生被骗感。这些都会使顾客产生不满情绪，甚至怨恨。这种对推销员的不满势必演变为对企业的不满，从而有损企业的形象和声誉。当推销员再次登门拜访时，必然遭到顾客强烈的货源异议。因此，在这种情况下，推销员一定要以礼相待，消除顾客的怨气，并承认自己的过错，保证今后一定改进，使顾客称心如意，以求得顾客的宽容。

3. 提供例证

当顾客持货源异议的态度顽固时，提供例证是解决问题的好办法。例如，小厂（乡镇企业或街办工厂）的推销员初次向某大企业推销产品时，遇到货源异议障碍（如"我们只购买大厂商的产品"，言下之意小厂产品他们是不会购买的），可向其提供本厂与其他大厂商签订的产品销售合同等证据，以获得对方的认可，从而消除货源异议。

4. 广泛联系，重点培养

顾客常常提出这样的货源异议："我们同某某厂有几十年的合作关系，一直从他们那订货，而且我们对目前的供货单位很满意，所以我们不想改变这种现状。"

对于这种观点，应对时应突出你产品或服务的优点或独特之处。绝对的满意是不存在的，一旦对原供货方不满意，希望顾客能想到你，以培养顾客的未来意识。强调对于一个企业来说，仅仅把握单一的货源是有潜在风险的。因为假如供货单位由于某种原因一时失去供货能力，则企业的货源就会中断，以致停产停销。企业在购买上应多方掌握货源，以保持多条进货渠道，这样既可避免货源中断的情况发生，又能增加在购买产品及价格上的选择余地。

可以这么应对："我今天来只是想把我们最新的产品（或服务）介绍给您。俗话说，多个朋友多条道嘛！一旦您有新的需求或一旦对原供货方不满意的话，请和我们联系，期待着为您提供更加满意的服务。"

如果顾客强调从来没听说过你们的产品（或你的产品不合我们的要求）。这种情况下，要做好以下几点。

（1）介绍公司的情况、优势及占有率。

（2）出示与权威性顾客订货的依据。

（3）详细介绍产品的品种及系列。

5. 提供担保

有些货源异议是由于供货厂商延误了交货时间造成的，如"你们的货比合同规定的时间晚了三个月才到，影响了我们厂的生产，我们再不向你们订货了！"

出现这种异议，一般是较难对付的。因为能否按时交货的问题取决于企业的生产情况和交通运输状况，绝非推销员所能左右。推销员至多只能对本企业的生产起督促作用，诸如提醒领导抓紧安排生产，确保按时交货等。所以，推销员应对拖延交货给顾客造成的损失表示深切同情，并作出口头或书面担保：倘若下次再延期交货，一定给予经济上的赔偿。只有如此，方能打消顾客改变进货渠道的念头。

8.3.9 购买时间异议的化解技巧

购买时间异议属于顾客方面的一种购买异议。一般来说，当顾客提出购买时间异议时，往往表明他愿意购买这种推销品，只是想推迟购买时间。购买时间异议的情况比较复杂，例如，顾客尚未作出购买决策；顾客资金周转困难；顾客存货过多等。不过，也有些顾客利用购买时间异议来拒绝推销员的接近和面谈。因此，对于顾客提出的购买时间异议，推销员也要进行具体分析，认真处理。

推销员切不可忽视时间异议，现代市场营销环境瞬息万变，俗话说："夜长梦多"，顾客拖延购买时间越久，则可能导致不利于推销的变化越大。一时的疏忽大意，往往招致意想不到的后果。在推销实践活动中，顾客"借故推托"的时间异议多于"正当真实"的时间异议，其处理方法有如下几种。

1. 货币时间价值法

一般来说，物价的变化总是随时间的推移而上扬。但是由于历史方面的因素，自然经济、产品经济的观念左右着很多人的头脑，很多消费者还缺乏市场经济和货币时间价值的意识，总认为今年的 100 元还等于明年的 100 元。因此，推销员在推销实践中可以结合消费者身边的通货膨胀情况告诉顾客，如果拖延购买时间，意味着今后将会花费更多的钱来购买同等数量的商品。此外，还应该告诉顾客，拖延购买不仅费钱，而且费心、费力，多方选择，必耗时间，而现代社会"时间就是金钱，效益就是生命"。

2. 良机激励法

这是利用对顾客有利的机会来激励顾客，使其抛弃还要"等一等""看一看"的观望念头，当机立断，拍板成交。

例如，"先生，在这个星期内购买的话，你还可以享受20%的优惠价格。""我们的货已经不多了，如果你再犹豫的话，可能就被别人买去了。"这种方法有一定的局限性，必须确有其事，千万不能采取欺诈行为，违背商业道德。

3. 意外受损法

这种方法与"良机激励法"相反，推销员利用顾客意想不到但又必将发生的变动因素如物价上涨、政策变化、市场竞争等情况要求顾客早作出购买决定。

4. 竞争劝导法

如果顾客提出"何时购买，我还要再考虑考虑"的异议，推销员可向顾客提出，他的同行的竞争对手已购买了同类的产品；倘若再不尽快购买推销品，就会在竞争中处于劣势。以此劝导顾客的竞争意识，激起竞争欲望，从而下定购买决心。

延伸阅读 8
顾客拒绝你的十大借口以及应对话术

思考题

1. 什么是顾客异议？顾客异议有何作用？
2. 顾客异议的种类有哪些？
3. 化解顾客异议的原则有哪些？
4. 消除顾客异议的步骤是什么？
5. 处理顾客异议的具体方法和技巧有哪些？
6. 如何化解价格异议？
7. 如何化解货源异议？
8. 如何化解购买时间异议？

第9章 成交技巧

让顾客自发作出购买决定

案例背景： 小陈带着他的未婚妻小丽去逛家具商场，他们刚买了房子准备去挑点家具，小丽看上了一套香榭尊邸简约法式系列沙发，小陈一看标价，觉得太贵了，可是看到未婚妻渴望的眼神，只好跟销售员杀价。

小陈："这套沙发太贵了，能不能便宜点？"

销售员："是的，这套沙发确实不便宜，像这种简约而不简单的浪漫法式沙发是专门为一些都市白领、金领阶层以及对生活品质有追求的人士打造的，您女朋友这么漂亮又有气质，这套沙发摆在家里一定相得益彰，先坐上试试？"

（当他们坐在沙发上体验时）销售员："你看，很舒服吧！姑娘，你真幸福，有这么好的男朋友。我在这个店工作已经三年了，以我的经验，只有那些很爱老婆的男人才舍得买这么配他老婆气质的家具。好羡慕你啊！"

之后，销售员又详细介绍了这款沙发的工艺、材料、功能、品质等方面的卖点，又拿出销售记录给他俩看了看。

看到小丽坐在沙发上那舒适的表情，小陈决定买下了。

案例赏析： 针对顾客的异议，推销员与顾客站在同一立场上，"先跟后带"，给顾客一个购买的身份和必买的理由，同时引导顾客体验拥有的感觉，让顾客自发作出了购买决定。

9.1 成交失败的主要原因分析

一个成绩斐然的推销员说："成交应当是推销活动中最容易、最自然的一步，可能买主毕竟需要你的商品，又能买得起。你的推荐工作也做得很好，那剩下的事不就简单了吗？成交嘛，动手签订合同好了。"

看来，成交是件非常容易的事。但事实显然并非如此。在成交时遇到麻烦的推销员何止万千！

优秀的推销员总是善于成交的人，不善于成交的人总是失败的推销员。前面做过的每一件事：寻找可能买主、前期准备、接近可能买主、推荐商品、排除障碍……所有这一切准备和努力全都是为了一个目标：成交。不能成交的推销员就像是经过长年艰苦训练，比赛时一路领先却在最后 10 米摔倒在冲刺线前的田径运动员。

经常听到年轻或成绩不佳的推销员说："在成交之前我一直干得不错。但突然好像闯不过去了，就像一支橄榄球队一下子冲过中场，但再没有力量冲入最后 10 码，抱球触地得分。我推销搞得不错，但成交太差劲。这样分析他遇到的困难可能有几分道理。但实质却是麻烦出在他之前的推销活动中。如果一个推销员在整个洽谈过程中确实一直表现得很出色，他在成交时绝不会经常遇到困难。

但这绝不是说未来的推销员不需要特别学习成交技巧。我们确实感到近年来人们对这方面的教育缺乏足够的重视。这也不是说每一次推荐都能导致成交。谁也没有创造过这样的纪录。最好的推销员也只能把东西卖给他拜访过的一部分买主。我们再拿高尔夫球比赛作比较，成交就像是球手击球入穴。不管前面几杆打得如何出色，如果最后一杆不能把球打入洞内，那就前功尽弃了。高尔夫球运动的格言是："如果你打不好最后一击，你就别想获胜！"推销员的口号也是一样："如果你不能成交，你就卖不出去货！"

有一家餐具公司推出一款新品压力锅，初期为了推广该产品，特别针对这项商品的优点与特点训练了一批推销员，准备进行上门推销。

有位推销员在下午 4 点左右到了一家正在准备晚餐的家庭，向主妇说明这个压力锅的特点。正当推销员头头是道、口沫横飞地介绍压力锅的优点，还没来得及使出最后一招推销动作前，却被那位家庭主妇烧开水的笛声打断了思路，在主妇需要去做饭的前提下，最后这位推销员只好悻悻然地离开。

晚餐过后，夫妻俩坐在客厅里看电视，主妇向先生提及下午推销员和压力锅的事情："我觉得那个锅子十分好用而且价格又公道，我实在非常喜欢，真想买一个。"这时丈夫疑惑地问她："既然你这么喜欢，为什么不马上买下来呢？"太太说："我一直在等待他要求我买一个，可是那位推销员自始至终都没有开口问我要不要买一个来用嘛。"

一个人如果对自己的成交能力缺乏信心，他整个的推荐活动都要受到影响，因为他们时刻都在担心跨越不了最后的障碍。有人甚至对成交产生了一种恐惧感，唯恐到头来会落个一事无成，这种恐惧感通常是由两个原因造成的：一是不懂成交技巧，二是羞于启齿求人家订货。似乎，许多推销员在成交时都会遇到困难，对此，我们来分析一下成交失败的主要原因。

9.1.1 害怕失败

首先，最主要的原因就是害怕失败。我们绝大部分人对待成功的理解都很片面，只把成功看作唯一有价值的目标，一想到失败就会吓得半瘫，这样就不敢要求可能买主写订单或作出最后购买决定，害怕遭到拒绝。我们似乎认为，只要不让顾客写订单，即使交易没有发生也算是避免了失败。我们就是不想听到那些令人生畏的话，如"不！""我不感兴趣！""对不起，我不想要这玩意儿！"，等等。这些话能对我们造成重大打击，刺伤我们的自尊心。这种恐惧与小伙子请姑娘幽会时的心情有点类似，即使小伙子完全肯定姑娘愿意接受邀请他也难以启齿，只害怕姑娘万一说"不！"然而，不提出邀请，就不会有幽会。

既然如此，为何不抓住机会？没有冒险就没有收获！假设可能买主真说"不"，实际上也伤不了谁一根毫毛。你甚至可以采取视而不见、充耳不闻的战术，装成聋子，好像根本没有听见似的。如果你学不会如何应付"不"的回答，并像拳击手一样立即跳回来准备再次出击，反而让顾客的拒绝影响了自己的信心，那么，你最好还是到别处找点活儿干，你干推销员永远不会有出息！

9.1.2　理亏心怯

有些人之所以成交失败，是因为他们感到理亏心怯。他们认为干推销这一行丢人。人寿保险学会经过深入调查后认定，造成新保险员失败的最大单一原因是他们认为自己的作为不光彩。他们觉得自己好像是闯入民宅乞讨为生的叫花子，而不是助人为乐、解危救难的英雄。那些尚未完全理解自己推销商品的价值，还不清楚这些商品能给可能买主带来多大利益的推销员干起活来一般都有这种做贼心虚、理亏心怯的感觉。一个向受益人多次发放过巨额赔偿金的保险员由于亲眼看到了自己卖出的保险单在持有人急需时发挥了多大的作用，他就再不会有这样不正常的感觉。他就会真诚地相信，以坚韧不拔的精神搞推销实际上也是在为可能买主办好事。在这样的推销员面前，"不"只是一个挑战，不是禁止前进的"红灯"。

如果你对你干的职业缺乏自豪感，那你就趁早离开。推销这一行不适于认为干推销不体面的人。不幸的是，人们对推销员的职业性质、目的和推销员在社会经济制度中的重要作用还缺乏理解，这也助长了一些推销员的负罪感！

9.1.3　觉得没有必要采取行动

有些人之所以成交失败是因为他们觉得没有多大必要主动提出成交问题；他们认为在推荐结束后可能买主应当自动地购买。不错，有些人确实会这样做。但是，实践证明，运用成交技巧可以大大提高可能买主的认购率，因为他们中间有不少人需要你推动一下才会采取行动。人本身的自然惰性窒息了许多人的购买欲；这样的可能买主就需要你推他一把，他才能克服自身的惰性。

9.1.4　脑子不灵活

有些呆头呆脑的推销员只知一个心思地去排除可能买主的购买障碍，脑子里就没有想过怎样设法成交的问题。他们简直是在深水中挣扎的人，思想混乱得一塌糊涂，完全失去对洽谈的控制。成交应当是一件水到渠成的事，推销员应当能够自动地抓住每一个机会挥兵而入。这就像足球运动员起脚射门，优秀的足球运动员的职业球星在射门之前很少会考虑他该怎样起脚，大腿应向后甩多高。他们在多年的训练中已经形成下意识的动作，机会一到自动就会射门！成交也应当做到这样。

9.1.5　有思想禁忌

每个人都是在一定的社会环境中成长的，这种环境要求他们必须遵循一系列的道德观念和行为准则。许多人赖以生存的文化传统告诉他们，向别人要钱或要别人为你办事是不礼貌和不适当的。主动提出成交就是要求别人签订单和掏钱，在某些社会里，这是触犯戒条的。

9.2 成交的基本策略

推销要实现成交的目的，还需要掌握一定的成交策略。这是指导推销员熟练运用成交技巧的方法和指导性方案。策略运用不当，成交技巧便没有发挥的余地。因此，作为一名优秀的推销员，应灵活掌握和运用各种成交策略，千方百计促使交易的达成。

那么，推销员怎样才能把好推销的最后一道关口，达到成交目的呢？

9.2.1 学会捕捉成交信号

在实际推销工作中，顾客为了保证自己所提出的交易得到满足，往往不愿主动提出成交。但顾客的购买意向总会有意无意地通过各种方式流露出来，即所谓的成交信号。为了有效地促成交易，推销员必须密切注意并善于捕捉这些稍纵即逝的成交信号，抓住时机，及时成交。

顾客的成交信号多种多样，且受一定的推销环境和推销对象影响。常见的成交信号主要通过语言、人体姿态、面部表情等表达出来或有所暗示。为了识别成交信号，下面列举一些比较典型的情况加以分析说明。

1. 语气信号

当顾客有购买意向时，可以从顾客的语言中发现。例如，顾客向你打听交货时间；新旧产品比价问题；有没有其他的付款方式；称赞某种商品；让你把价格说得确切一点，问能否再降点价；要求试用几天；对产品的一些小问题（如包装、颜色、规格等）提出具体的意见与要求等。

2. 动作信号

推销员也可以从观察顾客的动作来识别其是否有购买的意向。如顾客由原先的静止状态听推销员讲解，转为动手操作产品，仔细触摸产品，翻动产品；顾客频频点头；端详样品；细看说明书；向推销员方向前倾；顾客出现找笔、摸口袋等签字倾向的动作，等等，都是较明显的购买动作信号。

3. 表情信号

推销员还可以从顾客的面部表情中看出成交信号。如顾客紧锁的双眉张开、上扬；出现深思的样子；神色越来越活跃，态度更加友好；表情变得开朗、自然微笑；突然眼睛睁大；面部表现出怕上当受骗的样子，等等，都是成交的信号。

4. 其他成交信号

顾客还可能有其他成交信号，例如，乐于接受推销员的约见；接待推销员的态度逐渐好转；顾客主动提出变换洽谈环境与地点，由大到小，由会议室、大办公室到小房间或私人住宅；洽谈期间，拒绝接见其他竞争企业的推销员；安排推销员住宿、饮食等。

总之，顾客的语言、面部表情和一举一动，都在表明他在想什么。从顾客明显的行为上，完全可以判断出他是急于购买，还是抵制购买。及时发现、理解、利用顾客表露出来的成交信号，并不十分困难，其中大部分能靠常识解决，在具体实践中，一要靠推销员细心观察和体验，二要靠推销员的积极劝导。当成交信号发出时，及时捕捉，并迅速提出成交要求。

9.2.2 把握成交机会，适时成交

抓住成交机会，随时促成交易，是推销员最基本的技能。这就要求推销员在捕捉住成交信号的时候，主动出击，有针对性地说服顾客，促成交易。这里存在"机不可失，时不再来"的机会观点，但更重要的还在于对"适时"的要求，即把握最合适的成交时机。推销时把握时机，犹如钓鱼，浮标开始动时，虽然你知道鱼儿已经上钩，但你却不能马上把钓竿提上来，而应该等到浮标停止浮动，而且浮标一次、二次、三次地被拉入水里时才可提竿。不能太早，也不能迟，否则鱼就逃掉了。推销也是如此，推销员与顾客的交谈，每次都存在高潮和低潮，但并不是每个高潮都是成交最合适的机会，即使在顾客成交信号发出以后，也应该选择最有利成交的洽谈高潮，提出成交要求。如果推销员错过了某个交易时机，应该当机立断，耐心等待下一个机会，千万不可急于求成，误解当机立断的含义，致使欲速不达。

心理学研究表明，人在感到压力的情况下是难以作出决策的。顾客的感觉也是如此，在他尚未考虑成熟的时候，如果不择时机地强迫他下决心购买，无疑会给顾客添加许多无形的压力，结果将导致成交无望。所以，实施这一策略，正确的做法是既要善于抓住机会，又要善于利用机会，坐等顾客提出成交固不可取，急于催促顾客成交也是大忌。

9.2.3 消除心理障碍，促成交易

在推销过程中，一些推销员抱有不良的心理倾向，阻碍成交，因此需要分析形成障碍的心理因素，及时消除障碍，方能促成交易。推销员通常有以下几种心理障碍。

1. 推销员不敢主动地向顾客提出成交要求

有些推销员害怕提出成交要求后，如果顾客拒绝将会破坏洽谈气氛，一些新推销员甚至对提出成交要求感到不好意思。据调查，有70%的推销员未能适时提出成交要求。许多推销员失败的原因仅仅在于他们没有开口请求顾客订货。美国施乐公司前董事长彼德·麦克考芬说，推销员失败的主要原因是不要订单。不提出成交要求，就像你瞄准了目标却没有扣动扳机一样，这是错误的。没有要求就没有成交，顾客拒绝也是正常的事。美国的研究表明，推销员每达成一次交易，至少要受到顾客六次拒绝。推销员只有学会接受拒绝，才能最终与顾客达成交易。

2. 推销员认为顾客会主动提出成交要求

有许多推销员误以为顾客会主动提出成交要求，因而他们等待顾客先开口。这是一种错觉。一位推销员多次前往一家公司推销。一天该公司采购部经理拿出一份早已签好字的合同，推销员愣住了，问顾客为什么过了这么长时间后才决定购买，顾客的回答竟是："今天是你第一次要求我订货。"这个案例说明，绝大多数顾客都在等待推销员首先提出成交要求。即使顾客想主动购买，如果推销员不主动提出成交要求，买卖也难以做成。正像求婚一样，虽然是两情相悦，虽然个别情况下女方也会主动求婚男方，但大部分情况下是需要男方主动求婚的。你若迟迟不敢求婚，女方可能会认为你没那个意思而另作选择，这时男方恐怕只剩下徒伤悲了。

3. 推销员的职业自卑感

社会对推销工作的轻视，推销员工作的艰苦性不被社会理解，社会上不少人对推销员存在许多偏见，从而导致部分推销员对自身工作的自卑。要克服这种自卑心理，需要从职业成就感、职业地位、推销对于社会的重要贡献等方面入手，提高认识。

4. 推销员的期望值过高

许多推销员存在不切实际的幻想，期望过高，行动上表现为催促顾客成交。这种心理与自卑感相反，过于乐观地看待成交工作，出发点虽好，但往往事与愿违。推销员应从研究推销规律方面克服这一心理。

9.2.4 正确对待顾客的否定

成交是推销员奋斗的目标，但是，遭到拒绝也是推销活动中常见的事情，不可能每次推销都能成交。据有关资料介绍，一次推销就成功的仅占8%左右，一般都要经过三四次，甚至七八次的约见、访问才能成交，所以说拒绝是推销的开始。顾客对产品提出异议，问这问那，显得很挑剔，这是推销中常有的事，有经验的推销员知道，这是成交的信号，"因为挑剔的人就是买主"。这时，推销员应认真对待异议和否定，并及时运用各种技巧转化顾客异议，促成交易。

如下例：

一对夫妇领着女儿挑选弹力牛仔裤，挑了很长时间总算选中了一条，穿着试试，刚好合适，可当妈妈的很挑剔：女儿还小，要长个头，觉得裤子稍短一些。面对妈妈的异议，推销员不失时机地进行转化："现在穿着多合适，都21世纪了，买一件衣服不可能穿三五年了，再说，就是营养再好，孩子的个子也不可能长那么快呀！如果买再大一号，穿在身上又肥又长，既不美观，也不利于运动！再说，这条裤子本身是有弹性的，穿几年没问题。"几句话就把当妈妈的异议消除，买卖做成了。

9.2.5 创造单独洽谈环境，防止第三者介入

现代推销学认为，有利的成交环境直接影响着顾客的成交决策。顾客的情绪不仅受推销人员言谈举止的感染，同时还受到周围环境变化的影响。一般情况下，单独的顾客便于作出成交决定，优雅的环境可减少顾客的心理压力，顾客熟悉的环境有利于其自信心的增强。特别是在推销的成交阶段，周围环境的影响更为明显。当顾客被推销员和产品吸引后，一些外界刺激仍然会干扰、分散和转移顾客的注意力，这对成交是极其不利的。在这些干扰中，对成交破坏力最大的是第三者的介入，介入后买卖双方的交谈会因此而中断。第三者介入不仅会改变或打乱正常推销程序，分散顾客注意力，而且还可能会改变顾客的购买决定，使推销前功尽弃。

第三者可分为两种：一种是推销员的竞争对手，这种第三者目的很明确，就是要争夺同一个顾客，因此对成交威胁很大，需时刻提防。另一种是顾客的熟人，他既不了解所推销的商品，也不欣赏商品的优点，当顾客征求他的意见时，这位第三者的一句否定意见，即可使唾手可得的成交化为泡影。因为顾客在行将作出购买决策时，对其他看法的反应相当敏感，此时，第三者的干扰就成为成交的最大危险。

许多推销员在成交条件成熟时都要把可能买主单独带入一个特别的办公室或外人无法干扰的场所。您见到过汽车商店里的隔离间吗？那就是专门为买卖的双方洽谈签约使用的。许多推销员为了防止第三者介入，往往在两人进餐时或私人俱乐部里与买主成交。

9.2.6 如何在成交关头把握自己

成交的决定权虽然操纵在顾客手中，但开启成交之门的钥匙却掌握在推销员手里。推销员手中这把钥匙的内容，除了以上我们介绍的成交策略之外，还有一方面非常重要，即推销员能否在成交的关头很好地把握自己，这将直接决定着推销活动的成败。作为一名成功的推销员，在成交的关键时刻，应从以下几方面把握自己。

1. 让顾客感觉是自己在作选择

成交对于任何顾客来说都是一个决策过程，即从买与不买中作出抉择，由于这一决策的特殊性，大部分顾客不愿意让人感到成交活动里面有外力在发挥作用。成交的这种特性是顾客的自尊心和产品的归属性造成的。针对顾客的这一心理特点，推销员应及时利用语言艺术对顾客的购买决策加以肯定，使顾客认为成交决策是他自己的正确选择。需要注意的是，在肯定顾客的时候，一定要使用第二人称"您"，突出顾客地位，尽量不要用第二人称"你"，以免顾客的反感，节外生枝。

2. 从容镇定，把握自身情绪

推销员从寻找顾客开始，经历了接近顾客、约见顾客、推销洽谈、消除异议、成交说服等一系列工作后，终于抵达了成交关头，这个时候推销员情绪有些变化是情理之中的事。但实践中，有很多推销员情绪变化太大，把握不住自己，从而导致行为上的骤变。例如，有的推销员因成交在望而过于兴奋、喜不自禁；有的则因成交恐惧、担心而过于紧张。推销员的情绪变化不仅会乱了自己的阵脚，而且也会导致顾客的紧张，因为成交关头对于推销员和顾客来说都是关键时刻，顾客在这时也表现得最为敏感，推销员的慌乱失措会引发顾客的多疑心理，动摇顾客的成交信心。所以，在成交关头，推销员一定要善于把握情绪的变化，从容镇定，稳住阵脚。

3. 沉默是金

"沉默是金"是成交关头推销员的座右铭。在推销阶段和成交的前期，推销员为了诱发顾客对产品的兴趣，要不断地进行鼓动、劝导、说服，而一旦进入成交关头，推销员则应尽可能地少表态，保持沉默。这样做既可以避免动摇顾客信心，又可以适当增加成交压力，制造良好的成交气氛。实践中有些推销员到了成交关头，仍喋喋不休地夸奖自己的产品，很容易引起顾客的反感，导致推销工作的中断。

4. 不妄加评论

心理学研究表明，人类具有一种自我辩护的心理，即某一行为发生之后，人们都有一种为所发生行为进行辩护的本能。一个顾客，当他在未购买商品之前，他会想方设法从正反两方面了解商品的有关情况，而一旦他购买了这个商品，他便会用赞美、肯定的语言更多地谈及商品的优点，同时也希望听到更多的赞美之词，以此来证明他决策的正确性，为其选择的行为进行辩护。有些时候，在成交关头顾客提出了疑虑或异议，这些异议很多都是购买决策完成后的异议，顾客的内心仍然希望维持其既定的决策，所以，此时推销员不要轻易表态，更不能妄加评论，即使回答，也要先听取顾客意见，然后再以婉转的语气进行异议转化。

5. 不轻易让价

在成交关头，顾客常挂在嘴边的一句话就是"能不能再便宜点？"顾客讲这句话，并非要求推销员非在价格上让步不可，而只是一种侥幸的心理，是一种长期自由购物、进行讨价还价的习惯。有些情况下，价格的让步反而会再次引出顾客异议，形成顾客对推销员的不信任，甚至产生吃亏上当的感觉，拖延成交工作的进行。所以，成功的推销员决不在成交关头轻易让价。

9.3 成交的具体方法

成交，是推销活动追求的目的。但是，并不是每一次面谈都能达成交易。如果推销员在政策法令和社会公德允许的范围内，施展一些成交的方法、技巧，促成交易，不仅是应该的，而且是必需的。

成交技巧主要指推销员用以启发顾客作出购买决定，促成顾客最后购买成交的技术和技巧。成交阶段意味着推销进入最后关口，成败在此一举。为了往顾客权衡利弊得失的天平上不断加入"购买"的砝码，增加购买的勇气，推销员须采取各种适当的成交技巧，主动地促使顾客迈出最后一步。

用什么方法和技巧促成交易，由顾客的具体情况而定。一般情况下，顾客的购买行为带有共性，可从大量的推销实践中，总结出一些带有共性的成交技巧，如直接请求技巧、假定成交技巧、选择成交技巧、小额成交技巧、最后一分钟成交技巧等。另外，顾客的行为还受个性心理特征影响，在成交面谈中，表现出许多带有个性倾向的东西，如对是否成交表现出犹豫不决，或挑三拣四等。这些个性心理特征，成为成交的障碍，需要推销员总结出和这些类型的人打交道的经验，运用成交技巧努力促成交易。

9.3.1 直接请求成交法

直接请求成交法即推销员在适当时机直接向顾客提出，请求顾客购买推销品的一种成交技巧。一般说来，当推销员和顾客经过一番面谈，双方对主要问题的看法基本趋向一致时，推销员就应抓住时机及时提出成交要求，以达成交易。如请对方在合同上签字或询问对方打算购买多少，要求什么时候交货等。

请看下面的例子：

"请不要错过这次机会，如果您现在订货，我们就能在本月内交货。"

"请您告诉我，明天能把签好字的合同交给我吗？"

"如果您今天能作出决定，我们可在 6 月份以前安装好冷冻设备，您的冷库面积有多大？"

"如果您同意我的看法的话，那么请问您这次打算要多少吨？"

直接请求技巧是在推销实践中运用得最为广泛的一种成交技巧，这种技巧使用方便，容易表达，如果运用得当，效果也最好。

推销员在使用直接请求技巧时，要十分注意自己的言辞和态度，否则会引起成交高压，破坏原本不错的成交气氛。推销员在推销时，言辞要得当，使顾客乐于接受，态度要从容恳切，以加深顾客的信任感。另外，如果顾客对产品印象不错，但又不愿过多地考虑是否作出购买决定，老练的推销员会马上向顾客提出一个劝导性问题，再提出直接成交要求。

下列几种情况宜于采用直接请求技巧：一是比较熟悉的老顾客；二是顾客通过语言或身体发出了成交信号；三是顾客在听完推销建议后未发表异议且无发表异议意向；四是顾客对产品已有好感，已有购买意向，但不愿提议成交；五是推销员处理完顾客重大异议之后。

9.3.2 暗示成交法

暗示成交法就是在与顾客交谈时，通过我们的语言或行为来给予顾客相应暗示，婉转地让顾客知晓，从而启发顾客主动采取购买行为的方法。

当交易双方还正在讨价还价的阶段时，即可运用本法。

刚开始谈生意时，就要向顾客做有意的商品暗示或肯定暗示。例如：

"先生，府上如果装饰了我们公司的产品，那么必然就成为这附近最漂亮的房子了！"

"本公司目前制订了一项新投资计划，这笔金额正好可以支付令郎的留学费用！"

"在这个经济不景气的时期里，购买本公司的商品，一定可以让您赚大钱。"

当你作出"暗示"之后，要给顾客一些充分的时间，让这些暗示逐渐渗透到顾客的思想里，进入到顾客的潜意识里。

当你认为这是探询顾客购买意愿的最佳机会时，你可以说："每个为人父母者，都想要自己的子女接受良好的教育，您是否想过如何让孩子轻松留学呢？我们公司都给您把路铺好了，就等您迈步前行了。"

只要在交易一开始时，利用这种方式，提供一些暗示，顾客的心意就会变得积极起来。一旦进入交易中期阶段，顾客虽会考虑你所提供的暗示，却不会太过认真。但当你试探顾客的购买意愿时，他可能会再度想起那个暗示，而且还会认为是自己发现的呢！

顾客不断地讨价还价，也许会使得商谈的时间延长。办理"成交"，又须一些琐碎的手续。这些琐事会松懈他的心理，使得他在不知不觉中将这种暗示当作自己所独创的想法，而忽略了这其实是推销员所提供的巧妙暗示。因此，顾客一定会很热心地进行商谈，直到成交为止。

9.3.3 假定成交法

假定成交法即推销员假定顾客已经接受推销建议而直接要求顾客购买的成交技巧。

例如，推销员可以如此来商洽："先生！如果您想加入保险的话，哦！不！不！我不是要求您现在投保，而是说'如果'而已，如果您要投保，您的受益人是谁呢？"

或者说："小姐，如果穿上这套服装参加聚会，您一定把她们全盖了！""如果您要购买此物，您会付现款还是刷卡呢？"

推销员以如上的询问方式问对方，那么即使是那些不爱说话或常采取拒绝态度的顾客，也会出人意料地以较轻松的方式回答。这是一种具有劝导作用的说话技巧。如果推销员使用这类言辞来询问对方，则对方将会轻松地说出自己的真心话，然后推销员再据此继续询问对方，如此一来，顾客将在各项回答中了解整个交易程度及内容。例如，如下的对话：

"如果连赠品包括在内的话，每件您愿支付的价格是多少？"

"我打算拿出 70 元来，但目前我仍未决定要购买你的商品。"

"这我明白，那如果您要购买本公司的产品，您会选购哪一种款呢？我的意思是'如果'。"

"嗯！如果要我选择嘛，我可能会选购没有图案的那款。"

"谢谢您所提供的信息，如果您所需商品的数量多的话，我们还会给您优惠。"

"哦，我们单位有 150 人，每人一件，每件 70 元行吗？"

"好吧，后天上午给您送到公司，可以吗？"

"可以。"

假定成交法具有以下优点。

（1）它将会谈直接带入实质性阶段，节约推销时间，提高推销效率。

（2）通过逐步深入的提问，提高顾客的思维效率。

（3）和直接请求成交法相同，它使顾客不得不作出反应。

（4）可以适当减少顾客的心理压力，形成良好的销售气氛。

（5）可以把顾客的成交信号直接转化成交行动，促成交易的最终实现。

使用好假定成交技巧要注意以下几点。

（1）必须善于分析顾客，对于那些依赖性强的顾客、性格比较随和的顾客，以及一些老顾客可以采用这种方法。

（2）必须发现成交信号，确信顾客有购买意向，才能使用这种方法。

（3）尽量使用自然、温和的语言，创造一个轻松的推销气氛。

但是，假定成交技巧如果使用不当，未准确捕捉住成交信号，可能会引起顾客反感，有时还会对顾客造成一定的心理压力，破坏成交气氛；另外，也不利于顾客异议的进一步处理，有时可能使推销员丧失成交主动权。

9.3.4 选择成交法

选择成交法是在假定成交法的基础上发展起来的一种成交技巧，是假定成交法的应用和发展。这种方法的特点，不是询问顾客是否购买，而是在假定他购买的基础上，在两个或多个购买方案中选择其一，非此即彼。其常用模式为"您认为是××好呢，还是××好？"

如下例：

一个推销员到顾客的单位推销铁矿石。他认为所推销的铁矿石价格合理，品质好，认定顾客非买不可。所以，在见到顾客寒暄几句之后，就把话题转到铁矿石上来，立即就问："老王，是先送几吨来，还是全部送来？"或者问："老王，上次送的货用完了没有？再送一些来，是送到库里，还是送到车间来？"或者问："老王，是明天送来，还是再等两天，周六再送？"

"先生，您是用现金，手机支付还是刷卡结算呢？"

"这种款式，有两种颜色；您喜欢哪一种呢？"

"你认为能够远眺高尔夫球场的好呢？还是能够远眺湖光山色的好呢？"

选择成交法适用于以下假设。

（1）假设顾客已接受了推销建议。

（2）假设顾客已具备购买某种推销品的信心。

（3）假设顾客已决定购买，只是在规格、型号、交货时间、购买数量上尚有疑虑。

推销员使用选择技巧，表面上看是把成交主动权交给了顾客，而实际上只是把成交的选择权交给了顾客，从而更有利于推销员掌握成交主动权；顾客在权力转移中产生错觉，难以全部拒绝备选的成交方案，因为无论顾客作出什么样的选择，都在推销员的目标范围之内，都能达到推销员的目的。

使用时应注意以下几点。

一是备选方案不要太多，一般 2～3 个，太多不利于选择。

二是备选方案的答案应是肯定回答的，而不能是否定答案，否则顾客很容易选择否定答案。

三是介绍备选方案时应着重使顾客认识到商品或服务能为其带来的好处和利益，以利于顾客选择。

选择技巧使用不当，即推销员提出的成交方案令顾客无法或者是无能力接受时，就会给顾客产生过高的成交压力，使顾客丧失成交信心，失去成交机会。如果推销员提供的成交方案不适当或过多，可能使顾客在方案中挑来选去，拿不定主意，无所适从，从而使推销员失去成交主动权，浪费推销时间，错过成交时机，降低成交效率；此外，还可能分散顾客的成交注意力，造成成交重点的转移。

9.3.5 小点成交法

小点成交法，又可称为次要问题成交技巧、化整为零成交技巧、避重就轻成交技巧等，它是指推销员根据顾客的心理活动规律，首先在一些次要的小问题上达成一致意见，进而促成全部交易的成交技巧。它是假定成交技巧的发展。

成交小点是指有关推销的次要问题、小问题，如产品的包装、运输、生产日期、保修等一些相对次要的问题。要善于通过满足顾客这些小的要求而引起他的好感。相反，有时却因为这些小的疏忽或没满足顾客这些小的需求而惹怒了顾客，因小失大。

小点成交技巧适用于以下几种情况。

（1）较大规模的交易。

（2）顾客不愿直接提及的购买决策。

（3）小点在整个购买决定中占有突出地位的时候。

（4）其他技巧无法直接促成的交易。

小点成交技巧的最大优点是可以创造良好的成交气氛，减轻顾客的成交心理压力。推销员使用小点成交技巧时，避开了直接提示巨大的成交决策问题，避开了直接提示顾客比较敏感的问题，直接提示成交内容和成交条件以及顾客不太敏感的有关成交小点，这样就可以把顾客的成交注意力集中于成交小点问题，减轻了顾客的成交心理压力，造成有利的成交气氛，此外，小点成交技巧可以有效地分担成交风险，即使顾客对某一细节问题提出否定看法，也不会影响整体的成交；这一技巧还可以针对顾客的特殊要求进行具体的讨论，使顾客产生满足感，做到以点带面；小点成交法在顾客犹豫不决时不直接提出成交，而是循序渐进，积少成多，可以帮助顾客归纳思维，促成交易；在使用小点成交技巧时，推销员可以利用各种成交小点来尝试成交，即使顾客拒绝某一特定的成交小点，推销员也可以继续提示其他成交小点，促成大点成交，使推销员始终掌握成交主动权。

在使用小点成交技巧时，如果错误地提示了小点，将会分散顾客的成交注意力，引起顾客的误会，产生成交纠纷，使顾客失去购买信心，造成成交困难；同时，由于小点成交技巧坚持循序渐进、积少成多、逐步接近目标的做法，因此就可能使得本来可以一次到位的推销变成了马拉松式的推销，拖长了成交过程，浪费了时间。

小点成交技巧在使用时应注意以下几点。

（1）运用小点成交法时，销售员应故意避开重大的成交决策问题，转移顾客的成交注意力，减轻顾客的成交心理压力。

（2）运用小点成交法促成交易时，销售员必须事先做好准备，明确成交步骤，即洽谈时从小到大、从外围到核心、从次要到主要的步骤。

（3）运用小点成交法时，销售员必须根据顾客的内在交易动机和意向，合理选择小点，注意小点问题与大点问题的联系，从而以小促大。

（4）运用小点成交法时，销售员应注意不要回避顾客异议，否则可能引起顾客误会。

9.3.6　异议成交法

异议成交法，也叫大点成交法，是推销员利用处理顾客异议的机会直接要求顾客成交。异议成交技巧是直接请求技巧的一种实际应用和发展。顾客异议既是成交的直接障碍，也是成交的明显信号。一般来说，只要推销员能够成功地处理有关顾客异议，就可以有效地促成交易，促使顾客立即购买推销品。例如，推销员在成功地处理了顾客所提出的有关产品异议后，抓住成交时机，对顾客说："王科长，既然你承认这种产品质量很好，我们就准备送货了。"这就是运用了异议成交技巧。在这种情况下，顾客先提出了有关的购买异议，直接阻碍了成交。推销员在妥善处理了顾客的异议后，施加异议成交压力，及时假定成交，促使顾客立即购买推销品，达成交易。

异议成交法适用于成交阶段的以下顾客。

（1）时间异议。如"我还要再考虑考虑。"

（2）价格异议。如"如果再便宜点就好了。"

（3）权力异议。如"我自己作不了主，还得请示一下。"

（4）服务异议。如"万一运行中出了毛病可就惨了。"

例如：

顾客："等我考虑好了再告诉你。"

推销员："请您看看我们每天的销售记录，我真不希望您失去这么好的购买机会。"

（稍停后）"我保证您的家人和朋友会夸您决策英明的。"

异议成交技巧一般与其他技巧配合使用，即利用该技巧探寻和排除异议，然后配合其他技巧促成交易。使用异议成交技巧应正确分析顾客异议，有的放矢地进行提问，有针对性地进行解答。如果在探寻中屡试不中，必将引起顾客的不安，形成新的成交异议；另外，推销员在使用这一方法时，要认真分析有关顾客异议及其根源，看准成交信号，抓住有利的异议成交机会，施加适当的异议成交心理压力，迫使顾客立即购买推销品，及时促成交易。

9.3.7　最后一分钟成交法

上门推销，特别是远道去推销，对于推销员来说，当然是越快越好。但是，顾客并不着急，有自己的主意："就这个价，你有心卖，我们买一点。"这话把推销员逼到"不卖，你就走"的绝境上去了。听起来是没有余地了，有的顾客，善于逼推销员在最后一分钟作出让步，以达成对顾客有利的交易。这时，推销员应冷静沉着，仔细弄清弦外音，然后采取相应的对策。

推销员也可以利用最后一分钟达成交易。在面谈不成、推销员收拾样品准备离开时，双方的心理将发生变化。顾客会对推销员在这么长时间的辛苦介绍、劝说中没有达成交易而产生同情、怜悯，或者觉得产品质量和价格都还可以，如不成交将失去这次好时机。在这种心理支配下，顾客又愿意做成一些交易。这时，成交的气氛已经达到高潮。如果推销员善于观察，应充分利用这一时机，在收拢时，把握时机，露出一点前面未露过又使顾客感兴趣的产品或者在价格上作一点让步，或者在语言表达上给顾客个体面的台阶，都可能在最后一分钟达成交易。

9.3.8　对犹豫不决顾客的成交方法

顾客对是否购买产品，犹豫不决是常见的情况，面对这样一些顾客，如何成交？

首先，犹豫本身就是购买信号。顾客之所以犹豫，一定有具体的原因。

其次，要设法弄清楚原因，可以正面向顾客询问，如"王先生，从刚才的谈话中，我知道您是喜欢这些产品的，但您又不签订合同，能告诉我是什么原因吗？"也可以从顾客周围的人那里弄清原因。顾客犹豫不决，可能是某一方面因素造成的，也可能是多方面因素的原因，推销员一定要仔细分析查明。

最后，在查明原因的基础上，推销员要站在顾客的立场上，准确、明了地讲清问题，使顾客理解，从而促使交易的达成。

例如：

某推销钢材的推销员，已经与顾客张先生谈过几次，张先生一直持犹豫徘徊的态度。经过了解分析，推销员弄清了张先生犹豫不决的原因是价格问题，最后的一次谈话内容如下：

张先生："这个价格，贵了一点。"

推销员："老张，您也是这方面的行家，从今年的基建形势看，钢材价格肯定上涨，如果过段时间购买，可就不是这个价格了！"

张先生:"你讲的话不是没道理,但是我做不了主。"(客户仍犹豫不决,又巧妙地推脱了责任。)

推销员:"如果您要请示,我这里有直拨电话,很方便。如果这次嫌贵不买的话,请给我个准信儿。这样我就把或货卖给下一家公司了。买卖不成情义在,希望今后再合作。不过今后这个价格可就买不着了。"(推销员又进逼一下。)

张先生经请示以后,签订了合同。

9.3.9 "大T"成交法

大T成交法也叫利益列举或优缺点对比成交法。也适用于那些想买未买、犹豫不定,要猛推一把才能促其采取购买行动的顾客。其做法是:推销员拿出一张白纸,用笔画一个大T,左边把购买该产品的优点好处都列出了,右边适当列举其不足,如图9-1所示。

优点(利益)	缺点(不足)
1	1
2	2
3	
4	
5	
6	

图9-1 大T成交分析图

推销员边画边说:"我觉得您是一位很聪明的顾客,只有把一切都分析清楚了才会下决心。让我们来分析一下问题的两个方面。"随后,在T的左边写出主要优点,如"安全系数高、油耗低、胎噪小、空调好、保修期长"等,在T的另一边写下一个无关紧要的缺点:"速度不及别的车快"等。写下几条优点和一两条缺点,以此类推到八九条优点时,缺点可能只有二三条;同时,在列优、缺点的过程中,推销员应邀请顾客参与,如问他:假如您不买,那您不买的理由是什么?"由于没有成交压力,所以顾客一般乐意回答推销员的问题,有些甚至是推销员没有想到的答案。

经过以上这些工作,推销员对顾客的意图已了解得比较清楚,就可对症下药地解决顾客的问题,运用其他成交技巧达到成交目的。所以,有人说:"最好的推销是顾客自己促成的。"

9.3.10 对挑三拣四顾客的成交方法

产品多了,顾客有挑选的余地,总想挑一些符合心意的产品,这是正常的购买行为。卖同一产品的厂家或店家多了,顾客想多看看,达到"货比三家不吃亏"的程度,这也是正常购买的行为。有的顾客在这方面的表现较为突出一些,就是所谓挑三拣四的人。对于这种类型的顾客,可以用"是的……但是……"的方法,促成交易。

例如:

顾客:"这种自行车不好,我想买××牌的。"

推销员:"是的,这种车不是名牌,但是你想买的这个牌子的自行车颜色是黑的,主要定位在中老年人。像您这样有眼光的年轻人，还是骑流行的××牌彩色的自行车更显时尚。"

这种方法，从容地顺着顾客的意愿讲话，不顶撞顾客，但把话题逆转到相反的方向，进而促成交易。这种方法在推销活动中用得较多，同时也很有效。

9.3.11 激将成交法

激将成交是指推销员采用一定的言语技巧刺激顾客的自尊心，使顾客在逆反心理作用下完成交易行为的成交方法。

例如，"我认为您可以再作考虑，不必再去麻烦我的上司了。您还年轻，想买这种商品，经济能力恐怕不够。请您认真考虑后，再来订货好不好！"

任何顾客都有自尊心，一旦其自尊心受到伤害或刺激，就必然作出明确的反应。在自尊心的直接支配下，人们就会中断相互间的交流；而在逆反心理的支配下，人们还会反其道而行之，按刺激其自尊心指示的相反方向行事。激将成交法就是利用顾客的这种心理促成交易的。该法仅适用于特殊的顾客，不可广泛使用。

使用激将成交法，可以避免更多顾客异议的产生，缩短整个成交过程；如果成交对象选择合适，并进行合理的激将，不但不会伤害顾客的自尊心，反而会使顾客在购买中得到自尊心的满足。例如，一位一看便知很有主见的女士在购买某商品时，推销员适时地用"是否征求一下您先生的意见再作决定"来刺激，可能会得到"这事不用和他商量"的回答，同时也完成了交易行为。

当然这种方法也有其较明显的局限，即在使用时会因时机、语言、方式等的微小变化而导致顾客的不满、愤怒，以致危及整个推销工作的进行，所以使用时须谨慎。

9.3.12 欲擒故纵成交法

欲擒故纵法是"三十六计"之一。战争中为了顺利取得胜利，根据风云变幻的沙场情况，先故意放开敌人，使其放松戒备，充分暴露，然后将其擒获。此法运用到现代的商场战争，也是很有效果的。

欲擒故纵成交法又称冷淡成交法，是针对买卖双方经常出现的戒备心理和对峙现象，在热情的服务中不向对方表示"志在必得"的成交欲望，而是抓住对方的需求心理，先摆出相应的事实条件，表现出"条件不够，不强求成交"的宽松心态。使对方反而产生不能成交的惜失心理，从而主动迎合我方条件成交。

有些顾客，自以为无所不知、无所不能，认为不必与推销员打交道，就可以买到最好的商品。遇到这种顾客，最好的应付方法便是欲擒故纵法。

和这种类型的顾客交谈时，你可以表现出一种对出售商品毫不在乎的样子。比方说，以冷淡的态度，让顾客觉得你并不是那么在乎与他成交。

而当你表现这种态度时，一定会引起顾客的好奇心和兴趣。道理很简单。当推销员被认为不认真推销，或是没有能力推销，或是在行动上显示推销与否并无关紧要时，顾客一定很想证明推销员的失职情况，亦即是想表示自己是个重要人物，应该多受他人注意，于是就会购买他们的商品了。

应对这种顾客,你可以这样讲:

"先生,我们的商品,并不是随便向什么人都推销的,您知道吗?"

此时,不论你向顾客说什么,顾客都会开始对你发生兴趣的。

"我们公司是一家高度专业化的不动产公司,专门为特殊的顾客服务。本公司对顾客和服务项目,都经过精细的选择,这点,相信您也有所闻吧!首先,请你谅解,顾客必须具备适当的条件。当然,能符合这个条件的人并不多。"

然后,再稍微向顾客谈谈生意上的事。

"如果你想知道我们的服务事项,我可以找些资料来。在讨论资料之前,您要不要先申请简易的分期付款手续呢?这非但可以节省您的时间,同时可以方便我们的作业。"

顾客同意了,开始表示出想购买的态度来,而推销员呢?还是装出毫不关心的样子。

一旦时机成熟,推销员要稳健而热诚地为顾客服务。改用经常使用的方法来应对就可以了。

9.3.13 从众成交法

从众成交法即推销员利用顾客的从众心理来促使顾客立即购买推销产品的一种成交技术。例如,推销员推销某种牌子的化妆品,在成交时发现顾客露出犹豫、难以决断的神态,就对顾客这样说:"小姐,这种牌子是××明星常用的,它的效果和评价都还不错,价钱也合理,我建议您也试试看。"

顾客原本对该化妆品感到犹豫,但经推销员如此一说,马上有所改变,觉得像××这样以演艺为业的明星,会选择这类化妆品,想必确有其价值,不妨买来一试。因此这笔交易达成了。这位推销员使用的就是从众成交技巧,直接提示推销重点,诱发顾客的购买动机,促成交易。

将一些与顾客类似的情况和故事叙述出来是最具说服力的方法。在陈述他人经验时,最好有详细的姓名、日期和细节,如此顾客才会感到故事的真实性。有些专业的推销员甚至会请以前的顾客写下他们的亲身购买和使用经验,这些证言和推荐信可激励顾客依照前例购买。

例如:

"杨先生和你一样对小型汽车有所顾虑,但因可省油费,所以他也买了一辆。由于此类型车比以前的车更容易操纵,所以上个月避开了许多不必要的车头碰撞,他说从现在起,他会一直驾驶小型车。"

从众心理是人类一种普遍的心理现象。长期的社会规范、有形或无形的组织压力以及人类自身发展的要求等,都是形成从众心理的主要原因。就顾客而言,从众心理使他们在购买行为上向多数人看齐,并认为多数顾客买的就是好的;从众心理也使顾客推导出缺货就是好货、紧俏品就是好商品的结论;从众心理还使顾客宁愿相信其他顾客的一句话,也不愿相信推销员的十句话。

从众成交法就是利用了顾客的这种从众心理,通过顾客之间的影响力,给顾客施加无形的社会心理压力,进而促成交易。

使用从众成交法,可以采取以下几种主要方式。

（1）出示与具有权威性顾客签订的供货合同。

（2）出示推销产品的销售记录或销售统计指标。

（3）帮助顾客了解认识推销产品的流行程度。

（4）有意识地创造出推销产品抢购、热销的气氛。

（5）适时利用缺货现象。

这里需要注意的是，使用从众成交法时出示的有关数据、资料必须真实可信，不能凭空捏造，欺骗顾客，推销员必须讲究职业道德，不能为了达到推销目的而不择手段；否则，受从众效应的影响，不但会破坏全部的推销工作，而且会直接影响企业的声誉。

9.3.14 最后手段成交法

这一技巧是欲擒放纵技巧的一种发展。推销员在绝对放弃说服顾客之前，必须掌握一些最后能引导顾客成交的手段或优惠措施，如特价折扣、稀有赠品、免费保养、送货上门、分期付款、品质保证、提前交货、额外赠送、广告津贴等，这些手段或优惠措施就像炸弹，不到万不得已，绝不拿出来。当其他一切成交技巧都失败以后，适时拿出这颗炸弹，就可以炸开顾客设置的最后堡垒，挽回即将失去的生意。

例如：

推销员一边说"再见，谢谢您在百忙之中和我会面，耽误您时间了"，一边整理推销文件、样品并装入公文包中，表示即将与顾客告辞。但在临别之时，又冷不防冒出一句："对了，张先生，在我走之前，我还想多问您一个问题。"

顾客："什么问题，请说吧！"

推销员："我刚才在谈话中，忘了告诉您很重要的一点，就是有关售后三年内机件免费保养和维修的问题。从你们公司的维修费看，第一年就可以节省 30 万元！"

每年节省 30 万元维修费，对于企业经营人员来说，是一种相当大的诱惑。从另一个角度看，也等于多了一笔可观的收入，顾客如果重视这一推销要点，推销员就可回头，继续进行说服或要求成交。反之，若顾客仍然无动于衷，则表示其买意甚淡，推销员可就此离别。

又如，在运用大 T 技巧时，若推销员了解到顾客不买的主要理由是运输问题难解决，那么推销员就可以将炸弹——"负责运输"扔出来："如果我们能解决运输问题，您做不做这笔生意？"这时，顾客若回答"做"，则可成交；若回答"不做"，则表明前面顾客陈述的理由是虚假的。

除以上外，诸如"您决心一定，我们就送货上门""您若全要，我可降 10%的价""每条裤子 160 元，您若要 3 条，我再送给您一条"等，都是本技巧中常见的句子，推销员应灵活使用。

以上我们介绍了 14 种成交的具体方法和技巧，无论采用哪种方法，推销员都应了解熟悉各自的适用条件及优缺点，具体情况具体分析，有的放矢，对症下药，才能使交易最终达成。

延伸阅读9
乔·吉拉德的销售成功要诀

思考题

1. 成交失败的主要原因有哪些?
2. 如何捕捉成交信号?
3. 成交的具体方法和技巧有哪些?

第10章 如何做好售后服务

 开篇案例

关怀和服务是打开顾客心田的钥匙

案例背景： 一把坚实的大锁挂在大门上，一根铁杆费了九牛二虎之力，还是无法将它撬开。

这时钥匙来了，他瘦小的身子钻进锁孔，只轻轻一转，大锁就"啪"的一声打开了。

铁杆奇怪地问："为什么我费了那么大力气也打不开，而你却轻而易举地就把它打开了呢？"

钥匙说："因为我最了解他的心。"

案例赏析： 顾客与推销员之间金钱利益的隔膜，都像上了锁的大门，你用再粗的铁棒也撬不开。唯有关怀，才能把自己变成一把细腻的钥匙，进入别人的心中，才能和他做生意并让他感谢你。而关怀只在细微之处，例如：变天的时候，一个多加衣服的短信；顾客生日的时候，一张简单的生日卡片；顾客衣服袖口纽扣松动的时候，一次简单的针线缝补；顾客物品遗失的时候，一次拾金不昧的行为……这种种细节上的关怀便可以融化顾客的心，留下他的忠诚。

乔•吉拉德有一句名言："我相信推销活动真正的开始在成交之后，而不是之前。"推销是一个连续的过程，成交既是本次推销活动的结束，又是下次推销活动的开始。推销员在成交之后继续关心顾客，将会既赢得老顾客，又能吸引新顾客，使生意越做越大，顾客越来越多。从销售理论来讲，售后服务的核心意义就是对销售渠道的维护。

推销员要开发出更多的顾客，一个重要途径是确保老顾客，使现有的顾客成为你忠实的顾客。确保老顾客，会使你的生意有稳固的基础。能否确保老顾客，则取决于推销员在成交后的行为。推销员不仅要做成生意，而且要与顾客建立关系。在成交之后，推销员要努力使顾客的大门对未来的销售总是敞开着，而不是断送机会。我的学生毕业后，打电话向我咨询如何应对顾客问题几乎都是毕业一两年的学生。两年以后，他们普遍与顾客建立了牢固的友谊和稳定的业务关系，有时顾客还主动打电话要货。相信很多做业务两年以上的推销员都有这样的体会。

大家要牢记，顾客买的不仅是产品本身，更是购买与产品相应的及额外的服务。成交后，服务才刚刚开始！

一位新推销员痛苦地说："我站在那里，手里拿着签好的合同，不停地鞠躬并说着

表示感谢的话,买主却稳坐在椅子上,用可怜的目光看着我。最后,他说道:'孩子,你只需转过身子,走出门去就得了。'我尴尬得无地自容。谁也没有告诉过我,在成交之后应该怎样离去。"显然,此人还没有意识到,文雅优美的分手方法也是推销活动的一个重要组成部分。但你想一下就会明白:只有分手分得好才能为下一次接近顾客或可能买主奠定基础和创造条件,难道不是这样吗?聪明的推销员在分手时都要进一步修补和巩固一下双方的关系。不管是已经成交还是没有成交,你都得做好分手的准备。

10.1 成交后如何分手

买卖双方成交,分手时需注意以下几个方面。

10.1.1 可以对买主道谢,但不可谢个没完

我们首先假设已经成交。在这种情况下,你必须谨防某些危险的过失。缺乏经验的推销员由于在推销时精神十分紧张,现在会猛然松弛下来,但是,这反倒会害了他。这时他的主要感觉就是:谢天谢地,洽谈总算结束了,合同总算搞到了手!由于庆幸地松了一大口气,他就很容易不由自主地对签订合同的顾客流露出感谢之意,并且倾向于用连珠炮式的语言把压抑的情感发泄出来,假如这个异常兴奋的推销员十分年轻,他甚至会变得近乎歇斯底里起来。请记住:做买卖是一种互利的交易,买方既不是在帮助你,也不是在接受你的帮助。如果你得到订单后的反应好像是为了一件少有的大事似的,买主既会看不起你,又会对你推荐的商品产生怀疑。可以对签订合同的买主表示感谢,但不要过分,谢个没完。要把谈话马上转向其他方面,如关于新一轮的广告战,或买主感兴趣的任何事。在可能买主签名的时候,你不能故意闭上嘴巴一声不吭,而应不紧不慢地继续你的友好交谈,就好像签订合同是不足为奇的平常事。

当你收拾好东西准备离去的时候,你可以这样说:"谢谢您的好客,谢谢您的订单。我马上就回去办这件事。"或 "您做出了一项明智的选择。再见,谢谢。"

这里有一个问题,你是应当立刻离去,还是应当再"泡"一会儿呢?这得看具体情况而定。但有一点绝对没错:头一个站起来的应当是推销员。

如果是买主第一个站起来与你握手,并把你送到门口,你可能就是待的时间太久,不受欢迎了。

最重要的一点是要看买主想不想让你留下。小商人,尤其是小地方的小商人通常都喜欢外人对自己和自己的问题表现出兴趣。他们不希望推销员一拿到订单就马上离开。而专业采购员需要快速地工作,时间对他们来讲十分宝贵,因此,他们都希望能理解这一点,这时你就应当迅速离开了。

有的推销员主张迅速离开以避免买主改变主意,取消合同或取消部分合同。但是,如果推荐工作做得扎实,买主一般是不会在最后一分钟改变主意的。如果他完全相信你的商品对他有价值,一般都不想失去购买的利益。如果你未能让他绝对信服,他通常会在你离开后再取消订单。如果你有理由担心他突然改变主意,那就说明你的推销工作没有做好。说明你是在他尚未真正认识到购买的好处之前迫使他购买的——东西是你卖出

去的，而不是他真心购买的。

10.1.2　不要以胜利者自居，不可一世

在顺利成交后你可能犯的第二个错误是采取高傲的不可一世的态度，好像是你把对方给打败了。这种人身上凝聚的傲气可能使"战败者"勃然大怒，其结果，不但是订单可能被取消，而且是将来的买卖更难做成。任何向买主施恩的表示都会引起反感。你绝不可以把买卖看成一场战斗，看成是你的胜利，而应当准确地把买卖看成是一笔由双方达成协议的生意。

10.1.3　给顾客留下美好的印象，不可冷漠

第三个危险是态度冷漠，零售商店的推销员最容易犯这个毛病。他们在把包装好的商品交给顾客时连一声"谢谢"也不说，绷着脸甚至看都不看顾客一眼就转身去接待他人了。到零售商店买东西的人们不知遇到过多少次这样的情形！推销员应当知道，在你这里买过东西的人将来还有可能再来光顾。你与他的分手就是下次做生意的开始，能让他满意而去，才能招引他下次再来，这是通向未来生意之路。

有一个优秀的证券经纪人认为，可能买主买下你的东西并不是生意的结束。推销员还有责任告诉买主，他将来也不会忘记他们。

一个保险员在卖出一张保险单之后对顾客说："咱们的交易并没有完，才刚刚开始。您明白吗，我的任务是进行人寿保险服务，并不单单是推销保险单。我会时不时地来看您，您随时都可以给我打电话询问有关这张保险单和其他方面的问题，我将尽力帮助您找到答案或解决问题。"

实际上，分手只是做好售后服务的开始，售后服务在本章第三节将专门讨论。

10.2　未成交如何分手

推销员百般努力，顾客仍不想购买，买卖未能成交，此时，推销员如何分手呢？

10.2.1　未能成交也要留下你的微笑

首先必须明确，未能成交的推销员的态度应当与已经成交的推销员的态度一样。当然这事说起来容易，做起来难。因为，在推销失败之后还要让冷冰冰的可能买主看到你的微笑和友好举动确实需要良好的职业修养，但你一定得这样做。

在第一次尝试失败之后，一个推销员又第二次来拜访某位可能买主。此买主在内容繁多的订单上盖过印章之后说道："喂，你知道吗！你是我见到的第一个在空手而归时还感谢我把宝贵的时间给了你的人。其实，上次分手时你就已把这些东西卖给了我。"

为公司赢得最多和最稳固生意的推销员并不是那种横冲直撞和爱做一锤子买卖的人。相反，销售经理最满意的推销员是那些能够承受一次又一次失败并从每一次失败中吸取教训进而进行下一次尝试并使每一次尝试逐步靠近成交目标的人，这种人才能开拓生意。

当洽谈以没有做成生意而告终时，你应当避免以下三种态度：藐视对方、恼羞成怒和自暴自弃。未能卖出汽车的推销员可能会对可能买主表露出藐视的神情，认为对方品位太低或掏不起腰包；他还可能恼羞成怒并外露于色；他也可能会觉得失败太惨重而深感歉疚。这样做对谁都没有好处。在遭人拒绝时继续保持愉快的心情是很困难的，但你必须这样做，因为新的生意可能会因此而产生。

当你在大办公室当着可能买主众多部下的面遭到拒绝时，你确实很难面不改色心不跳地把失败承受下来，但你还得这么做。让可能买主的部下看到你失态献丑丢面子很难堪，你应当腿不软、手不颤，照样满面春风，神情依然。在最后一刻给可能买主的部下留下良好印象，将来必有好处。

10.2.2　为"再来"拜访创造机会

真正掌握推销艺术的人不但能够在某些时候预感到失败的到来，而且能够寻出一条磊落大方的退路，他会巧妙而顺利地把谈话引到另一个方向，最后站起身来这样说："好了，我该去办别的事了。我对这次访问十分满意，过几天我还会再来看您。回头见。"使用这种退路的目的是留下再来的机会。要尽量避免可能买主作出直接和终结式的拒绝，不要让他正式宣布出来。这样，再谈生意的机会就大得多。

这样做有一种危险：过多使用这种方法会使你养成"重访"的习惯。这样一来，缺乏实力的推销员在洽谈中遇到困难时就很容易做出提前"撤退"的决定，因为他大脑中有这样一道防线；反正以后还能"再来"，问题不大。这时，还有推销员会想："如果这次给对方的压力不太大，我以后还能做成生意。所以没有必要刺激对方。"重访的另一个问题是花费增多。如果一次拜访能解决的问题分两次去解决，销售成本就会猛升。

至于怎样判断何时应当留下来继续战斗和何时应当"后撤"以便来日再战，这确实是个棘手的问题。我们在这里无法提供明确的答案，因为它完全要靠情况而定。

但是，如果洽谈遇到了重大困难，你还试图去成交，那就无异于自杀，这时，最好的办法就是实现体面的撤退，让下次洽谈的门继续敞开着。

具体在操作上应注意以下几点。

1. 如何利用失败

高明的兵法家在失败后退出战场时总要设法带走几件值得炫耀的战利品。你应当记住，即使洽谈没有成功，对方的思想也会受到一定震动。如果你跟买主原来就有良好的关系，这一次他不买你的东西而买了竞争对手的，这个行动本身就会令他产生一定的负疚感。

如果你修养不够，举措不当，让买主抓住一些似乎充分的理由和借口来拒绝你，那他就能避开这种负疚感。但是，如果你的推销工作做得很好，在失败后也表现出良好的职业风度，那么，当你提出在下一次订货时请他给予特殊考虑时，他在负疚感的驱使下就很有可能满口答应。

有一次，一个推销员在失败后的出色表现深深地打动了采购员，结果，采购员不但给他提供了一个很有希望的推销对象，而且亲自打电话把他推荐给那个人。因此，决不能让失败后的情绪反应把你的头脑搞得迷迷糊糊。要警觉地窥视那个未与你成交的买主还能为你做些什么。

需要强调的是,推销员不能总是利用顾客的负疚感逼迫其成交,否则会永远失去顾客,人际交往不是交易关系,还是应当把顾客的需要、利益和情感放在首位。

2. 请求指点

在费了九牛二虎之力还没有得到订单的情况下,如果你能让买主开诚布公地把你的失败原因告诉你,你也会受益匪浅。这听上去很容易,但办起来难。因为绝大部分买主都不愿意讨论这些原因。他们不但知道谈论这种问题会导致无法统一的争论,而且认为自己没有义务把决定拒绝购买他人商品的理由讲出来。

不过,如果你跟可能买主的关系比较紧密,你还可以从他嘴里得到一些有价值的信息。例如,用这样的话去试探他:"我十分尊重您的决定,也知道您不必向我做任何解释。但是,如果我有幸能得到您的指点的话,那将会十分有助于我个人的发展。请告诉我,我在什么地方出了差错?我保证,不管您说什么我都不反驳,不争论。我只是收集信息,以便改进工作。"

如果你已赢得买主的尊重,你请求他坦露心声并给予帮助就能办到。如果你还没有赢得买主的尊重,那你就应当想其他办法去了解内情。

10.3 做好售后服务

售后服务工作的主要内容有善后工作和售后访问,善后工作的目的是尽可能地确保买主对所买东西完全满意。这一原则适用于所有买主,不管他们可能会成为你的常客,还是以后再不会从你这里购买物品。

当你学会了销售和收钱,你才算入了销售领域的大门,更重要的是你会服务。做到这三点,你不想成功都难!

概括地说,售后服务工作主要有以下几项。

10.3.1 核验订货

通过核验订货主要是在发货前确保合同的绝对执行和发送准确及安全,这样很容易赢得买主的好感,特别是对第一次购买你货物的买主更应当这样做。有时,推销员还必须亲自去工厂、仓库或商店进行实地查验。一家大型百货公司家具部主任养成了这样一种习惯:当顾客(或许是要布置新家)在零售货位的样品中选定几种家具后,他都要亲自去仓库为顾客提货,并且在仓库大批的相同货品中尽力为顾客挑选木质上乘和饰物纯正无瑕的制品。他与送货的司机建立了友谊,促使这些司机在装卸时都能真正做到轻拿轻放。

彩电推销员在送货时尽量都随车而去,以便帮助顾客安装调试并当场教会顾客如何使用遥控器达到最佳收视效果。他还要保证让机器进入绝对正常的工作状态。

甚至专业人员也有善后工作可做。例如,有一位医生就经常打电话给服用了新药的病人,询问新药的效果如何。他有时还根据具体情况在用药剂量和用药时间上作些小的调整,并不断告诉病人要遵循医嘱。这位医生是在验核他的"顾客"是否得到了他们想得到的东西——健康。

10.3.2 调整订货规模

零售商往往搞不清楚应当进多少货合适,他们无法准确地预测出需求量,特别是在出售一种新产品或新货时。推销员在做善后工作时可以帮助他们调整订货规模,该增的增,该减的减,但多数情况会比原有的订货增加。上面提到的那位家具部主任发现,每次在顾客买了新家具他登门拜访做善后工作时,一般都能再卖出一两件家具。因为顾客对摆上了新家具的居室十分高兴,如果还有空闲处,总想再买点什么摆上。

在推销工业用品时,在接到新订单或签订了新合同之后,生产形势可能会发生迅速变化。所以,有关的推销员在做善后工作时往往都能得到对方的追加订货。

10.3.3 安装与使用

很显然,如果买主对所购产品不知如何使用或操作,那他一定很恼火甚至会把东西给你退回来。还有更糟的情况,由于不知道商品的起码知识,买主还有可能造成新购物品的损坏,然后根据你的保单要求赔偿。这种问题往往是由于推销员对自己销售的产品过于了解而产生的。因为他过于熟悉就容易认为稍加说明别人就能马上掌握使用方法。不幸的是,一般顾客都不愿意承认他们尚未完全理解你的说明或说明的某一部分,这是自尊心在作怪。只有明智的人才会承认自己有什么地方不懂。机智的推销员应当理解这一点,注意暗暗地测试买主,看他是否真正明了产品的特点,例如,一定要让买主在离去之前单独操作一次。

如果买主在回去之后遇到了无法解决的困难或者觉得使用麻烦,他完全有可能把买的东西整个扔掉。这时,你若能做好善后工作,才算真正赢得了顾客。

10.3.4 收罗新的可能买主

1. 要重视利用老顾客推荐新顾客

在寻找可能买主那一章里我们已经说过,现有顾客是提供新生意线索的源泉。"开发十个新顾客,不如维护一个老顾客。"老顾客的转介绍率对推销员业绩提升具有非常重要的作用,因为口碑的力量,往往会带来连锁反应与利润成倍的增加。所以我们要重视老顾客服务与维护,并提升老顾客转介绍率。

做好顾客转介绍有以下四个注意事项。

(1)服务比顾客预期的还要好一点,诚挚地为顾客服务,顾客满意了才愿意给你介绍。

(2)要让顾客对你的产品和服务价值了解多一点,这样顾客转介绍出去的价值也会更多,成功率也会高很多。

(3)让顾客在转介绍中得到的利益多一点,拟订顾客服务计划。设计一个回馈顾客的方案,是吸引更多顾客转介绍的好方法。

(4)不要轻视顾客人脉的力量,不以顾客消费多少论价值。诚挚地为顾客服务,并且坚信得到转介绍是理所当然的事。

2. 如何做好老顾客推荐新顾客的工作

（1）专人专岗，定期联络

顾客满意度是转介绍率的关键，虽然企业一般都有专门的客服人员，但是推销员的售后服务也是十分重要的。加强后期维护，激活老顾客是推销员的主要职责。

具体要做好以下工作。

建立好顾客档案。为了提升转介绍效果，分类是重要一环，这也是企业顾客建档水平的高低区别。

①顾客档案内容：顾客的姓名、性别、爱好、性格、年龄、生日、家庭情况、职业、收入情况、联系电话。

②成交档案内容：装修物业地址、面积、结构、户型、楼龄、物业情况、装修价格。把这些资料建立好后，定期跟踪，一定很好用，而且一定非常有效。

（2）保持联络。经常主动联络顾客，让老顾客感觉到被尊重，同时让顾客记住公司，并成为朋友，常见方法有以下几种。

①赠送生日、节假日礼物。在顾客生日时候送上鲜花与贺卡，给顾客意外惊喜。做中高端顾客群需要更细致的服务，如在顾客生日同时也赠予其家人礼物，超出期望。对于大顾客来说，其背后的人脉圈子广泛，业务量也惊人。所以，前期的顾客建档一定要详细，分档也非常关键。

②邀请参加公司各种活动，如感恩年会、顾客联谊会、旅游等，赠送礼物同时巧妙让顾客帮助转为介绍，都不失为非常有效的方式。

③刊物赠送。定期赠送企业刊物，让顾客见证企业的成长，不断增强对企业的信赖感，无形中也增加了对公司的持续关注度，让顾客人际圈有业务需求时候，第一个想到的就是自己。所以转介绍最高境界就是：让顾客习惯我们的服务。

（3）持续关注，跟踪服务

售后服务是老顾客转介绍的重要因素，我们除了提供常规的日常维护，更需要增加"超值"回报。如房屋装修完工后，每年为顾客提供定期的"体检"，提供相关免费服务，如整体厨房的卫生服务、免费安装部器具等。在目前市场情况下，在部分顾客中重复置业情况比较普遍，所以客服专员一定要定期跟踪，了解顾客的一些进展，通过电话回访、上门拜访、活动要约等形式主动询问顾客情况，并做好相应跟进。

10.3.5 进一步检查顾客是否满意

这种善后工作与第一次传授商品使用方法的善后工作不同，应在稍后的时间进行，其目的主要是建立友善关系和获取新可能买主的名字。购买了物品并使用了一段时间的顾客可能会产生一些问题，甚至怨言。你最好要适时地解答他的问题和设法排除他的不满，以免让矛盾发展到严重地步。必要时做些赔偿，也绝不能失去一个顾客。

10.3.6 巩固友谊

有些学者对这一点可能持不同的意见，但不少推销员确实是顾客的亲密朋友。他们双方目标一致，志趣相投，以各种方式互相帮助。只要有可能，我们大都喜欢跟朋友做生意。把时间用于这种善后工作，就像是把钱投入了一笔年年可以获取固定收益的生意。多少年之后还会继续得到报偿。确实，做好善后工作的一个重要收获就是顾客愿意继续用你的货，或者说他们不会改弦更张另寻卖主。人们有时很容易把这种拉拢朋友的事做过了头，一不留心超过界限，就会步入商业贿赂和商业收买的领域。当推销对象是大公司的雇员而不是小业主时更是如此。招待可能买主和顾客一向是做生意的部分内容，其中有些活动是合法的：是公司和推销员的一点表示，以感谢诚心合作的顾客。税务官员过去认为用于这方面的某些支出是合法的，对于这种观点连他们自己也越来越怀疑，因为现在查账查出的问题比过去多得多。目前，招待的形式或称临近贿赂的形式真可谓是五花八门，有的相当露骨，早已超出了合理赠送的范围。

聪明的推销员则采用更真诚更微妙的方法争取朋友。他们不断把如何赚取更多利润的新思路介绍给买主。他们帮助买主为下属机构的关键岗位物色合格人选。他们把买主值得纪念的日子记在心里，如生日，他的子孙的中学或大学毕业典礼日以及各种各样的周年纪念。总而言之，他们要对顾客或可能买主表现出真正的兴趣，在做生意赚钱的同时千方百计把双方的关系发展成实实在在的个人友谊。

这类推销员为了尽力帮助顾客在必要时还会做一些远远超出工作范围的事。他们甚至会帮顾客手下的亲属找份工作，解决孩子入托、入学等难题。

10.3.7 做好售后随访

随访的真正目的是要争取同一买主的下一笔生意。下一次生意可能会马上就做，也可能等几年后才有机会，但精明的推销员从售后随访的那一刻起就开始了这种努力。他们始终牢记着这样一点：即使同一个买主可能会长期不买他的东西，也要赢得对方的好感，满意的顾客就是公司最好的广告。这句话一点不错，出类拔萃的推销员都知道，如果一个顾客对推销员的辛勤劳动和公司的产品都绝对满意，他的情不自禁的好话一定能带来更多生意。

一个办公用品女推销员在一座大城市里只有一个顾客——一家大银行。她把自己看成这家大银行的一个组成部分，经常跑到使用她商品的各个部门帮忙赶急活儿。她每次送来一种新机器时都要组织一个培训班，专门训练准备使用这种机器的银行员工，保证让他们全部掌握有效的使用方法。她有时开玩笑说："我觉得我就是这家银行的副总裁，专门负责簿记和账目的计算机。有一天我甚至建议他们为完成一个特殊任务购买竞争对手的计算机，因为使用那种计算机比使用我们的产品更好。做这种事是很自然的，我的老板会理解。"这位女推销员不断研究该银行的记账系统，并经常提出改进意见。

说到有效的善后工作方法，这里还有一个例子：有一个电线线路承包商，在他们铺线的新楼住进入一周之后，他都要去拜访楼中的每一家住户，查看整个线路的工作情况。他有时会建议做些改装，比如再多引出一两个电源插头让用户更加方便。他的目的不是乘机再多赚几个钱，而是为了让用户满意，他知道只有靠老顾客不断向别人推荐他，他才能揽到更多的生意。

在大楼入住将近一年，线路保修期快要结束之前，他又再次拜访这里的住户，察看是否有按规定需要更换的电路设备和是否有必要继续做些调整与修缮。当然，除此而外，只要用户打电话来要求紧急服务,他随时都会赶到,不过,他坚持说,上述的善后工作反而会减少整个费用,因为许多小毛病在发展成大问题之前都已被他解决。

有个服装推销员尽管在发货前几个月就已争取到了订单,但他认为,成交并不是自己工作的结束,等商品进入商店之后他还要跟着前去做认真的调查。他要详细了解每一种服装的销售情况,哪种存货出现了短缺,广告效果怎样,推销员对他商品的宣传要点是否熟悉,等等。他说这些随访能帮他增加大笔生意。

有人对400个采购员做了一项调查,问题是:"推销员的售后服务工作是否做得充分?"38%的答卷为"是",62%答卷为"否"。很显然,还有许多推销员需要在这方面加以改进。

请大家牢记:生意在很大程度上讲决定于关系,决定于人与人之间、单位与单位之间和公司与公司之间的关系。我们应当学会如何发展、培养这些关系,这样才能使生意兴隆。

延伸阅读10
让顾客对你保持信任和忠诚的秘诀

思考题

1. 成交后应如何分手?
2. 未成交时怎样分手?
3. 为什么必须与顾客建立良好的关系?善后工作与售后随访工作有哪些?

第 11 章 商务谈判技巧

开篇案例

谈判不光用嘴，更要用心和脑袋

案例背景：比利时某画廊曾发生过这样一件事：一位美国商人看中了印度画商带来的三幅画，标价均为2 500美元。美国商人不愿出此价钱，双方各执己见，谈判陷入僵局。

终于，那位印度画商被惹火了，怒气冲冲地跑出去，当着美国人的面把其中的一幅字画烧掉了。美国商人看到这么好的画被烧掉，十分心痛，赶忙问印度画商剩下的两幅愿意卖多少价，回答是3 500美元，美国商人思来想去觉得对方狮子大开口，拒绝了这个报价。这位印度画商心一横，又烧掉了其中一幅画。美国人只好乞求他千万别再烧掉最后那幅画。当再次询问这位印度商人愿以多少价钱出售时，卖主说："最后这幅画只能是三幅画的总价钱。"最终，这位印度商人手中的最后一幅画以7 500美元的价格拍板成交。

案例赏析：在这个故事里，印度画商之所以烧掉两幅画，目的是刺激那位美国商人的购买欲望，因为他知道那三幅画都出自名家之手，烧掉了两幅，那么，物以稀为贵，不怕他不买剩下的最后一幅。聪明的印度画商施展这一招果然灵验，生意达成。而那位美国商人真心喜欢收藏古董字画，所以，宁肯出高价也要买下这幅珍宝。

中国自古就有"财富来回滚，全凭舌上功"的说法。在现代商业活动中，谈判已是交易的前奏曲，谈判是销售的主旋律。可以毫不夸张地说，人生在世，你无法逃避谈判；从事商业经营活动，除了谈判你别无选择。然而尽管谈判天天都在发生，时时都在进行，但要使谈判的结果尽如人意，却不是一件容易的事。怎样才能做到在谈判中挥洒自如、游刃有余，既实现己方目标，又能与对方携手共庆呢？本章我们一起走进谈判的圣殿，领略其博大精深的内涵，解读其运筹帷幄的奥妙。

11.1 商务谈判概述

11.1.1 商务谈判的基本概念

谈判，是生活中不可或缺的活动，是一种特殊的双向沟通的人际交往方式。每人每天都在不知不觉中进行着谈判。如一只蛋糕让两个孩子分，他们因都坚持要切一块大的

而争了起来。于是，家长向他们建议，一个孩子先来切蛋糕，他愿意怎么切就怎么切，但没有挑选权；另一个孩子则可以先挑自己想要的那一块。这个建议被他俩接受了，两人都觉得自己得到了公平的待遇——这就是一个"圆满"的谈判例子。又如，在一家旧货店中，顾客和推销员之间讨价还价的对话，也是日常生活中常见的谈判的典型例子。

顾客："这个铜盘卖多少钱？"

推销员："这个铜盘很漂亮，只卖75元。"

顾客："喂，你看上面还有凹痕，我看只值15元。"

推销员："假如你真的想买，请你认真出个价钱好不好？15元太少了。"

顾客："好吧！我把价钱提到20元。可是我不会接受75元这个价钱。"

推销员："小姐，你杀价太凶了。那么60元吧！"

顾客："25元！"

推销员："我的成本还不止25元呢！请你再认真出个价钱。"

顾客："30元，这是我愿意付出的最高价。"

推销员："你看到盘上的刻花了吧！这种盘子到了明年价钱将是你现在付出的两倍。"

这样，双方经过交谈，进行价值判断，逐步向互利合作的"成交"契合点上靠拢。

1. 谈判的定义

谈判是有关组织（或个人）对涉及切身权益的分歧和冲突进行反复磋商，寻求解决途径和达成协议的过程。

理解谈判的这一定义，必须掌握谈判所具有的三个特质。

（1）它是"施"与"受"兼而有之的一种互动过程。这就是说，单方面的施舍或单方面的承受（不论它是自愿的还是被动的），都不能算作一种谈判。因为谈判涉及的必须是"双方"，所寻求的是双方互惠互利的结果。互惠互利，不是那种"我赢你输"或"我输你赢"的单利性"零和博弈"结果，而是"我赢你也赢"的双双获利的"非零和博弈"结果。唯有达成双方互惠互利，才能实现确认成交的良性结果。

"博弈"，也叫"对策"。所谓"非零和博弈"是相对于"零和博弈"$[1+（-1）=0]$而言。对谈判来说，"非零和博弈"的原则，应始终贯穿于全过程。一场成功的谈判，每一方都是胜者。

（2）它同时含有"合作"与"冲突"两种成分。任何一方的谈判者都想达成一个满足自己利益的协议，这是要进行谈判的原因。为了达成协议，参与谈判的各方均须具备某一程度的合作性。缺乏合作性，双方就坐不到一起来。但是，为了使自身的需要能获得较大的满足，参与谈判的各方势必处于利害冲突的对抗状态。否则，谈判就没有必要。因此，任何一种谈判均含有一定程度的合作与一定程度的冲突。

（3）它是"互惠"的，但并非均等的。"互惠"是谈判的前提，没有这一条，则谈判将无从继续。"非均等"是谈判的结果，导致产生这种谈判结果的主要原因在于：谈判各方所拥有的实力与投入、产出的目标基础不同，包括双方的策略技巧各不相同。

2. 商务谈判的概念

商务谈判是指当事人各方为了自身的经济利益，就交易的各种条件进行洽谈、磋商，最终达成协议的过程。

任何一项协议，都是因为各方利益不同才产生达成协议的愿望。在商品交易谈判中，买主和卖主对商品与货币都喜欢，但偏爱的对象却不同。卖主对货币的兴趣超过他对商品的兴趣，买主则相反，于是，交易就这样达成了。

商务谈判作为谈判的一个种类，除了具有一般谈判的特质外，还有它自身的特点：第一，商务谈判是以经济利益为目的，讲求经济效益，一般都是以价格问题作为谈判的核心；第二，商务谈判是一个各方通过不断调整自身的需要和利益而相互接近，争取最终达成一致意见的过程。第三，商务谈判必须深入审视他方的利益界限，任何一方无视他人的最低利益和需要，都将可能导致谈判破裂。

因此，共同性的利益和可以互补的分歧性利益，都能成为产生一项明智协议的诱因。商务谈判不是瓜分剩余利益，更不是为了打倒对方。谈判也是一种合作，必须追求共同利益，才能使双方都得利。

11.1.2 商务谈判的类别

商务谈判，按谈判性质划分可分为意向性谈判、实务性谈判、决定性谈判三种；按谈判主题划分可分为单一型谈判、统筹型谈判两种；按谈判内容划分可分投资谈判、商品供求谈判、技术引进与转让谈判三种。

1. 按谈判性质划分

（1）意向性谈判

意向性谈判，是指双方派出一般人员，在约定的时间、地点所进行的先期探询性谈判。主要是就双方买卖交易的有关信息、行情、各自的意愿、交易的规模方向、条件等进行粗略的交流与探测，属于预备性的非正式谈判。一般人数不多，有时因双方意向投合程度较高，也可以拟签意向书，为进一步深入洽商奠定基础。

（2）实务性谈判

这种谈判，也可称为实质性谈判，只有反复地进行多次谈判，才能就实质性的问题求同存异。如价格、规格、包装、货运、折扣、付款方式及条件、售后服务、退货条件、增量订购优惠条件、违约惩罚条款等诸多实质性问题，按轻重缓急诸项逐条进行反复洽商。每次洽谈之前，都应按谈判过程确立主题，列出讨论点，确定谈判方式，规定人选及时间地点。对每次谈判的内容都有完整记录，记录不但要准确无误，还要经双方认同签字。

（3）决定性谈判

决定性谈判又叫关键性谈判，大多指决定谈判全过程成败的最后一轮谈判。谈判的主题都是此前多轮谈判中遗留下来的个别难点或棘手的问题。例如，关于双方报价的争执、拒绝、让步、变通、妥协等直接涉及双方利害得失的难题。难题的解决与否，意味着最后谈判结果的产生，要么签约、鼓掌、干杯；要么宣布谈判终止，双方一无所获而分道扬镳。

2. 按谈判主题划分

（1）单一型谈判

单一型谈判，是指谈判的主题单一，要求双方必须确定某个能共同调节的连续变量的值。如买卖双方的销售谈判，其中"能共同调节的连续变量"就是价格，卖方期望这个值要高，且越高越好；而买方则企望这个值越低越好。如卖方报价1 000万元，买方报价600万元，经过谈判，双方"共同调节的连续变量"变化为买方报价升为780万元，卖方报价降为820万元，最后以800万元卖价成交。

单一型谈判的一般规律，是首先要全面准确地掌握对方的情况，吃透对方欲求目标的底线和顶线等，然后制定谈判策略。单一型谈判多为接近成功的谈判，应尽力寻求双方利益的交合点。各方又要警惕自己不要越过"临界点"的饱和警戒线，既要防止"心黑吃薄粥"，又要防止紧逼对方导致"箍紧必炸"，双方拼得鱼死网破，一无所获。毕竟，一切商贸谈判的目的不是拒绝或让步，而是获利，或者减少损失，一言以蔽之，是为了谈判成功。故不能意气用事，而要善于作"退一步，进两步"的巧妙妥协。

（2）统筹型谈判

统筹型谈判，多指双方洽商谈判的主题由多个议题构成。由于涉及的不是单一议题，故而双方在不同的议题上所寻求的"理想值"互有参差，双方不仅可以避免单一化的激烈交锋，而且可以在不同的议题上有进有退，互谅互让，以不同议题的利益互补，达成合作，使得双方各得其所，同时会得到较多的利益实惠。

如甲乙双方正在进行谈判：一个是关于金钱问题，甲方要求成交价至少为3万元才能签约，而乙方则坚持最多只能考虑2万元，双方不存在达成协议的临界范围；另一个是交货时间问题，甲方提出最早6个月才能交货，而乙方则要求最晚不超过4个月交货，双方同样不存在达成协议的可能。在很难找到双方都可以接受的妥协方案时，用统筹型谈判的方式，协议就可能达成，即如果乙方愿意在价格上接受3万元的成交价，那么，甲方也愿意在交货时间上接受乙方不超过4个月的期限。

综上所述，统筹型谈判是把双方所存在的两种不同的换比率（"金钱"和"时间"）结合起来，使他们有机会利用这个差异。这种谈判艺术的关键是：为了得到某项利益，而甘愿放弃另一项利益。有退才有进，不可能企求项项得好处。因此，在谈判时，许多主谈者往往表现得很明智：在一个问题上坚持自己意见，而在另一个问题上则乐意接受对方的意见。"棋逢敌手，将遇良才"，即在于双方进退有方，各取所需，利益互补，达到左右逢源。

3. 按谈判内容划分

（1）投资谈判

投资谈判，以投资方式看，可分单独投资和合伙投资两种。单独投资又可分为投资到对方和让对方投资到本方两种；合伙投资是用协议或其他具有法律约束效力的合同来维系的双方或多方的投资。

作为投资谈判者，谈判的动机不一样，采用的谈判策略具有明显的差异。投资到对方，目的是获取投资回报率，那么就应该在可行性分析的基础上，同对方谈互利合作，以保障投资权益；若是为了吸收对方资金，则应在谈判时注重创造适宜的投资环境条件；若是合伙投资，谈判双方则在投资可行性论证后，对各自投入的内容（如不动产、资金、技术、人力等）、合伙期限、权益、资产管理等进行谈判。

（2）商品供求谈判

商品供求谈判是最普遍的商务谈判。由于商品的种类十分繁多，按不同的分类可分成数量、内容不同的商品类别。因此，商品供求谈判的内容也十分广泛。但是，不论什么种类的商品购销谈判，其谈判的内容在一般情况下都应包括标的、数量、质量、价格、日期、验收、责任等条款。

（3）技术引进与转让谈判

在商品经济社会，技术是一种特殊的商品。技术与生产的结合过程，往往是通过技术引进与转让谈判开始的。因此，技术引进与转让谈判是现代经济活动的重要内容。它的类别主要有技术服务、专利、专门知识、工程服务、商标和专营权六种。

11.1.3 商务谈判三要素

任何一次商务谈判都必须具备三个要素：当事人（谈判的关系人）、分歧点（协商的标的）、接受点（协商达成的决议）。这三个要素是缺一不可的，如缺少其中任何一个，商务谈判都不可能进行。

1. 当事人（谈判的关系人）

当事人，即谈判的关系人，是指代表各方利益谈判的人员。当事人概念包含以下几点含义。

（1）一般是双方，但在某些特殊情况下，也可能不止双方。因此，当事人至少由两个"角色"承担。

（2）对一些比较重大的商务谈判，当事人通常以谈判小组的形式参加。谈判小组一般由3～5人组成，不宜过多。谈判小组除了应有一位富有谈判经验、业务知识全面的主谈人外，还应有与谈判议题相关的专业人员参加，像法律、金融、财务等专业人员，对外谈判则需要配备翻译人员。另外，可根据谈判议题的具体要求，对谈判小组人员进行动态组合。

（3）对于一般的、常规性的业务谈判，由一两位有经验的人员参加即可。

（4）当事人可能是接受委托，亦可能是谈判利益的承受者。

（5）商务谈判是一种各方自愿参加的社会活动，在任何一方面前都有"不愿谈判"和"不可谈判"的选择。换言之，有的问题一方认为不能谈或超越了谈判的"临界点"，就会退出谈判，谈判即告破裂。

2. 分歧点（协商的标的）

分歧点，即当事人之间为"需求"或"利害得失"协商的标的。这是商务谈判的核心，也是商务谈判行为产生的绝对必要条件。分歧点概念包含以下几点含义。

（1）分歧所引起的谈判，总是在一定范围内进行的。通常人们对待"分歧"有六种方法：回避、对抗、妥协、谈判、行政决定和诉诸法律。其中能构成平等角色之间相互作用的办法有：对抗、妥协和谈判。其中"对抗"和"妥协"构成谈判区域界限的两个极端，如图11-1所示。

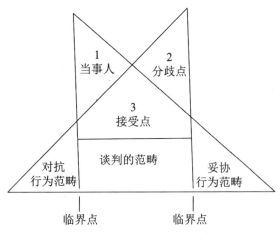

图 11-1 谈判近似活动示意图

（2）标的。标的是指目标、结果、协商的方向，商务谈判的标的是由谈判当事人事前磋商、确定的议题、事项等，一切可以买卖的有形商品或无形服务，以及这些商品交易过程中的相关事项或是条件，都可以称为商务谈判的标的。

（3）商务谈判标的本质属性是"责、权、利"。任何商务谈判都离不开责任、权利、利益的划分、分享、承担等问题。"责、权、利"普遍地存在于所有的商务谈判标的之中。如商品交易中有关交货责任、支付义务、索赔权利等议题，都是围绕着当事人之间的"责、权、利"问题而展开的。

（4）商务谈判标的代表着一定的经济利益，即双方参加谈判的目的都是争取各自的某种经济利益。

3. 接受点（协商达成的决议）

接受点，即各当事人都谋求的、能为各方接受的条件。这里必须指出，当事人之间必须进行协商，以达成一致意见。而将协商后的一致意见写成决议就是协议。

11.2 商务谈判前的准备工作

11.2.1 知己知彼

谈判之前，应详尽地了解国内外的市场，并以此为基础，充分地了解自己和对方的优劣、意图、需求，以及可能作出多大的让步等情况，只有"知己知彼"，才能"百战百胜"。这阶段的工作包括三方面：收集和分析各类信息、组织和安排谈判人员、选择和确定谈判目标。

1. 收集和分析各类信息

谈判前收集了有关的情报（信息和资料），才能采用相应的谈判策略、方法，有针对性地制订相应的谈判方案和计划。如果对对方的情况一无所知，或者知之不多，就会造成盲目谈判。这样即使不是"每谈必败"，至少也是"每谈获利甚少，甚至无利可获"。

例如，美国前总统肯尼迪在前往维也纳与苏联部长会议主席赫鲁晓夫谈判之前，就通过各种渠道收集了赫鲁晓夫的全部演说和公开声明，他还收集了可以获得的这位部长会议主席的其他资料，诸如个人经历、业余爱好，甚至早餐嗜好、音乐欣赏趣味等，并精心进行了研究，从而对赫鲁晓夫的心理状态、思维特点均有所了解。所以，尽管还未见面，肯尼迪一旦说起赫鲁晓夫，能像对待老朋友那样，如数家珍地说上一大通，以至于两人谈判时，肯尼迪总是胸有成竹，仿佛对赫鲁晓夫下一句要说什么都了如指掌一般。

这次谈判的结果虽然没有公布于世，但不少观察家分析，在后来的古巴导弹危机中，肯尼迪之所以敢于作出如此强硬的姿态，不仅是因为他已经摸透了赫鲁晓夫的脾气，说不定就是在那次谈判中，赫鲁晓夫败在肯尼迪的手下，对肯尼迪惧怕三分所致。

可见，谈判前情报的收集有多重要。

1）收集的内容

谈判前收集的情报主要有两个方面：一是与谈判标的有关的情报；二是与谈判对手有关的情报。

（1）与谈判标的有关的情报。就经济谈判而言，与谈判标的有关的情报就是指商业行情、对方的经营情况，以及对方谈判的策略、计划、态度等。

商业行情包括商品价格的高低、市场销售情况的好坏，产品质量的优劣高低以及相关的交易信息等。只有掌握了商业行情，才能准确地报价（包括最低价格和最高价格），才能科学地确定谈判的目标（既不过高，也不过低）。

对方的经营情况，是指对方的经营、生产、销售、财务等情况，一方面，可以揣摩出对方真正的实力；另一方面，也是为了避免与皮包公司打交道，防止上当吃亏。

对方谈判的策略、计划、态度等包括对方的谈判目的、真正的需要、可能采取的策略、所持的真正立场等。只有掌握这方面的情报，才能有针对性地制订相应的谈判方案和计划，采用相应的谈判策略和方法。

例如，日本某株式会社出产的农业加工机械正是中国机床工厂急需的关键性设备，为了进口这些设备，中国某进出口公司的代表与日本方面在上海进行了一场艰苦的谈判。

按照惯例，由日本方面先报价，他们狮子大开口，开价1 000万美元。中方谈判代表事先作了精心的准备，充分掌握了与谈判标的有关的种种情报，知道日方的报价大大超出了产品的实际价格，便拒绝说，"根据我们对同类产品的了解，贵公司的报价只能是一种参考，很难作为谈判的基础"。

日方代表没有料到中方会马上判断出价格过高，有点措手不及，便答非所问地介绍其产品的性能与质量。可是对方哪里知道中方对这类产品的价格、成本、质量、性能以及在国际市场上的销售行情早已了如指掌，中方代表故意用提问法巧妙地拒绝道："不知贵国生产此类产品的公司一共有几家，贵公司的产品价格高于贵国某某牌的依据是什么？不知国际上生产此类产品的公司一共有几家，贵公司的产品价格高于国际上某某品牌的依据又是什么？"

中方代表的提问使日方代表非常吃惊，对方不便回答也无法回答。日方主谈借故离开了谈判桌，他的助手也装着低头找什么材料不说话。过了一会儿，日方主谈回到谈判桌前，问他的助手："这报价是什么时间定的？"他的助手马上醒悟过来，接口说是以前定的。日方主谈笑着打圆场，作了一番解释，宣称已经与总经理重新作了成本核算，同意削减 100 万美元。

中方主谈根据掌握的交易信息，并且以对方不经请示就可以决定降价 10%的让步信息作为还价的依据，提出 750 万元的还价。但马上遭到了日本方面的拒绝，谈判陷入僵局。

为了打开谈判的局面，说服日本方面接受中方的要求，中方代表郑重地指出："这次引进，我们从几个国家的十几个公司中选中了贵公司，这已经说明了我们对成交的诚意。"接着，中方代表以掌握的详细情报为依据，开始摆事实讲道理："你说价格太低，其实不然。此价虽然比贵公司销往澳大利亚的价格稍低一点，但由于运费很低，所以，总的利润并没有减少。"

中方代表侃侃而谈，面对中方的准确情报，日方代表哑口无言，不知说什么才好。为了帮助日方代表下决心，中方代表拿出了撒手锏——制造竞争："更为重要的是某某国、某某国出售同类产品的几家公司，还正等待我方的邀请，迫切希望同我方签订销售协议。"说完，中方主谈随手将其他外商的电话传递给了日方代表。

在中方代表的强大攻势面前，日方代表不得不败下阵来，他们被中方所掌握的详细情报和坦诚的态度所折服，感到中方的还价有理有据，无可挑剔，只好握手成交。

在这场激烈的交锋中，中方代表之所以能够获得极大的成功，关键就在于他们掌握了大量而详细的与谈判标的有关的情报，并巧妙地利用这些情报为谈判服务。

（2）与谈判对手有关的情报。在重大的经济谈判中，除了必须掌握与谈判标的有关的情报外，还必须掌握与谈判对手有关的情报。这包括：对方人员的组成情况；对方主谈的个人情况；对方人员的权限和策略，等等。

对方人员的组成情况包括：职位的高低（可以看出对方对这次谈判的重视程度）；性别差异（尤其要注意对方谈判代表中的女代表，不可掉以轻心）。

对方主谈的个人情况则包括以下几项。

①年龄：年老的经验丰富但精力不足；年轻的精力有余但经验不足；中年人则年富力强又有经验（最不好对付）。

②家庭情况：和睦幸福的则容易安于现状，不大敢冒风险；濒临破裂的则容易走极端，可能会破罐子破摔；有外遇的则喜欢猎奇，可能出怪招。

③嗜好：从个人嗜好中很容易窥视出对手的心理特征，如美国前总统克林顿喜欢看美国的西部牛仔片，爱好橄榄球，从中就不难分析出他的心理特征来。

④个性：个性倔强的，有时会刚愎自用；个性软弱的，有时会委曲求全，容易让步；性格内向的，深藏不露，有时会有阴谋诡计；性格外向的，容易激动，也容易上当受骗。

⑤经历：一方面指个人的成长经历，经历坎坷的人，性格顽强，能百折不挠地去实现目标，这样的人不大好对付；一帆风顺的人，一遇到困难，容易灰心丧气，相对来说，这样的人比较容易对付。另一方面指对手的谈判经历，要分析他的哪些谈判是成功的，为什么能成功？运用了哪些谈判策略？又有哪些谈判是失败的，为什么会失败？对于在谈判中成功运用的策略，他会牢记在心，而且会在以后的谈判中，情不自禁地一再运用这些策略，所以可以事先有所防备；相反，那些使他失败的教训，由于"压抑"心理的

第 11 章　商务谈判技巧

作怪,他很容易重蹈覆辙,不妨挖一个同样的陷阱,让他再一次跳进去。

对方人员的权限和策略则指本方制定计划、方案和策略的依据,其重要性不言而喻。

2) 收集的方法

(1) 依靠专门的信息咨询机构查询。随着我国社会主义市场经济的发展,越来越多的信息咨询机构诞生了,他们专职收集各种各样的商业情报,为顾客提供比较客观的分析和有价值的情报。在重大的经济谈判前,请这种专门的信息咨询机构进行分析论证是必不可少的一步。

(2) 收集公开的资料。在市场经济不断完善的今天,我们可以从企业的管理部门了解该企业的注册资金、经营范围,从金融机构了解该企业的信用等级、经营状况,如果是股票上市公司,还可以从它们公开发布的资料和股市的股票行情作出比较客观的判断。

(3) 从国外的计算机网络查询。如果是和国外的公司打交道,不妨通过和国外计算机联网的国内计算机系统,查询该公司各方面的情况。因为国外的经济法规往往比较完善,公司的注册资金、经营范围、信用等级、财务状况等,一般在网上都可以查到,而且相当客观,比较准确,一般水分比较少。

(4) 派出专门的人员前往调查。有些信息可能有很大的水分,特别是对方为了要蒙骗你,很可能将各种各样的资料搞得像模像样,好像什么问题都没有似的。然而,一旦派人前去实地调查,马上就能了解得一清二楚。最简单的例子是,前些年某些单位为了留住某人,当外单位来了解他时,单位领导把他说得一无是处;相反,当希望把某人调出时,又对外单位来调查的人,将其说得没有任何缺点。所以商界有句行话:"市场上叫得最响的人,往往是想把最坏的货物卖出去的人。"

(5) 找知情人开座谈会了解情况。知情人可以是曾经在对方公司工作过的人员,或者曾经和对方公司谈判过或打过交道的人。他们往往有亲身体会和丰富经验,可以通过调查了解对方参加谈判人员的各种情况,也可以了解对方公司内部的组织人事关系、机构管理情况等。由于得来的都是感性材料,需要分析对待。

应当说明的是,在通信联系发达的今天,收集情报的方法多种多样,只要下决心收集,总能收集到许多有价值的资料和信息,多多少少总能在谈判中派上这样那样的用处,最终为取得谈判的胜利打下基础。

如果以上方法都无法得到谈判对手的信息,或者对方突然更换了谈判人员,要善于通过第一次见面时对方的言谈举止,细心观察,捕捉对方的相关信息。一个有经验的谈判者,能透过相互寒暄时的那些应酬话去掌握谈判对象的背景材料:他的性格爱好、处事方式、谈判经验及作风等,进而找到双方的共同语言,为相互间的心理沟通做好准备。

比如,日本松下电器公司创始人松下幸之助先生刚"出道"时,曾被对手以寒暄的形式探测了自己的底细,因而使其产品销售大受损失。

当他第一次到东京,找批发商谈判时,刚一见面,批发商就友善地对他寒暄:"我们第一次打交道吧?以前我好像没见过你。"批发商想用寒暄托词,来探测对手究竟是生意场上的老手还是新手。松下先生缺乏经验,恭敬地回答:"我是第一次来东京,什么都不懂,请多关照。"正是这番极为平常的寒暄答复却使批发商获得了重要的信息:对方原来只是个新手。批发商问:"你打算以什么价格卖出你的产品?"松下又如实地告知对方:"我的产品每件成本是 20 元,我准备卖 25 元。"

批发商了解到松下在东京人地两生,且急于要为产品打开销路,因此趁机杀价,"你首次来东京做生意,刚开张应该卖得更便宜些。每件 20 元,如何?"结果没有经验的松下先生在这次交易中吃了亏。

2. 组织和安排谈判人员

谈判是一种思维要求较高的活动,是谈判人员知识和才能的较量。因此,谈判人员必须要有较好的素质。而商务谈判又是一种有组织的经济活动。谈判的班子应该是一个组织,是一个群体结构,而不是个人。

(1) 根据谈判的性质和对象确定班子规模。一般最多不超过 8 人。

(2) 确定谈判人员的层次结构。第一层是主谈人;第二层是懂行的专业人员;第三层是速记员或打字员。

(3) 规定谈判纪律,明确分工和权责。

(4) 应赋予主谈人必要的权力与资格。

3. 选择和确定谈判目标

在谈判前,一般是根据以下四个目标层次来选择和确定谈判目标。

(1) 最优期望目标。这是最有利的理想目标,即在满足自身利益之外,还有一个增加值。当然,在实际操作时,一般是很难达到的。

(2) 实际需求目标。这是经反复研究后作出的"预算",也是谈判人应努力达到的目标。

(3) 可接受目标。这是指能满足谈判方某部分要求的目标。可接受的目标对于谈判方来说应采取这样的态度:一是现实态度,即树立"满足一部分也是成功"的意识;二是利益来源多元化,多交谈判伙伴,"积少成多"就会利益最大化。

(4) 最低目标。这是决定谈判价值的目标。

以上四个谈判目标层次是一个整体,但它们又各有各的作用,需要在谈判前认真规划设计。最低谈判目标是低于可接受目标的。可接受目标在实际需求目标与最低目标之间,是一个随机值;而最低目标是谈判一方依据多种因素,特别是其拟达到的最低利益而明确的"限值";而实际需求目标又是一个"定值";最优期望值只是一个"随机数值",即高于实际需求目标就可以了。

11.2.2 谈判地点的选择

1. 谈判地点

谈判地点的选择,往往涉及谈判的环境心理因素问题。

有利的场所能增加自己的谈判地位和谈判力量。人们发现动物在自己的"领地内"最有办法防卫自己。人也是一种有领域感的动物,他与自己所拥有的场所、物品等有着密不可分的联系。离开了这些东西,他的感情和力量就会有无所依附之感。

美国心理学家泰勒尔和他的助手兰尼做过一次有趣的实验,证明许多人在自己的客厅里谈话,比在别人的客厅里更能说服对方。因为人们有一种心理状况:在自己所属的领域内交谈,无须分心于熟悉环境或适应环境;而在自己不熟悉的环境中交谈,往往容易变得无所适从，导致出现正常情况下不该有的错误。所以对一些决定性的谈判，若能在自己选择的地点内进行，则最为理想。但若争取不到这个地点，则至少应选择一个双方都不熟悉的中性场所，以减少由于无"场地优势"导致的错误，避免不必要的损失。最差的谈判地点，则是在对方的"自治区域"内。如果说，这项谈判将要进行多次，那谈判地点应该依次互换，以示公平。

2. 谈判环境

谈判环境的选择也很重要。选择谈判环境，一般看自己是否感到有压力，如果有，说明环境是不利的。不利的谈判场所包括：嘈杂的环境，极不舒适的座位，谈判房间的温度过高或过低，不时地有外人搅扰，环境陌生而引起的心力交瘁感，以及没有与同事私下交谈的机会，等等，这些环境因素会影响谈判者的注意力，从而导致谈判的失误。

心理学家 N.L.明茨（N. L. Mintz）早在 20 世纪 50 年代就做过这样一个实验：他事先布置了两个房间，一间窗明几净，典雅庄重（叫做 beautiful room，以下简称"B"）；另一间粗俗龌龊，凌乱不堪（叫作 ugly room，以下简称"U"）。实验对象分别被安排到这两个房间里，每人必须对 10 张相片上的人作出判断，说出他（或她）是"精力旺盛的"还是"疲乏无力的"，是"满足的"还是"不满足的"。结果坐在"B"房里的实验对象倾向于把相片上的人看成"精力旺盛的"和"满足的"；在"U"房里的则倾向于把相片上的人看成"疲乏无力的"和"不满足的"。

这个实验表明环境是会影响人的感知的。因此，良好的谈判环境应具备以下基本条件。

（1）适宜的灯光、温度、通风、隔音条件。
（2）起码的装饰、摆设、座位。
（3）使谈判者有良好的视觉效果。
（4）保证谈判者的行动安全和交通、通信的方便。
（5）周围环境的肃静、幽雅，使人心情舒畅。
（6）必备的待客饮料、水果及摄像设备等。

3. 谈判座次位序

谈判时的座次位序，是一个比较突出、敏感的界域文化问题。一个敏锐的观察者，会试着去了解座位的安排，并且会去研究它们究竟有着什么样的意义。正式的商务谈判，按照礼仪要求，一般要在谈判场所内设长桌，谈判双方代表各坐在桌子的一侧（有时，事先已按出席谈判人员名单，在桌上放好既定的座位桌牌），双方主谈者居中相向而坐。

谈判中的座次位序包含两层含义：一是谈判双方的座次位置；二是谈判一方内部的座次位置。

谈判双方的座次位置安排，应充分体现主宾之别。按照我国传统文化中以左为尊、坐北朝南为主、坐南朝北为客的习惯，应让客方坐在左侧或南侧，以使对方有被尊重之感，增强谈判中的友好气氛。如果谈判是在异地举行，则应尊重当地风俗和主人的安排。

谈判一方内部的座次位置安排，一般是主谈者或决策者座位在中间位置，其余的人沿其左右依次而坐；也可以主谈者居中，其余的人围其而坐。两种安排各有特点，前者严肃、庄重；后者凝聚力强，能提高士气。

11.2.3 谈判计划书的拟订

1. 拟订谈判计划书的基本要求

谈判计划是商务谈判人员在谈判前预先对谈判目标具体内容和步骤所作的安排，是谈判者行动的指针和方向。拟订谈判计划的基本要求：第一，文字表述要简明扼要，高度概括，以便每一个谈判人员都能记住；第二，项目内容要具体，以便把握关键问题；第三，整体安排上要有一定的灵活性，以便应付那些不可控因素。

英国学者比尔·斯科特曾对拟订谈判计划有个"四P"要求：目的（purpose）、计划（plan）、进度（pace）、个人（personalities）。

目的，说明为什么我们要坐在一起洽谈；计划，指需要讨论的内容及双方必须遵守的章程；进度，指会议进展的速度；个人，是指每个谈判小组的单个成员的情况，包括姓名、职务、专长等。

2. 谈判计划书的主要内容

1) 确定谈判目的和目标

谈判的目的，是谈判中某一方的公开观点，不必与确定的具体谈判目标完全一致。谈判目的一般最好能用一两句话来表达。如供货谈判的目的是以优惠的价格为我方制造电视机提供优质零部件。

谈判的目标就是如前所述的商务谈判目标的四个层次，即最优期望目标、实际需求目标、可接受目标和最低目标。

2) 拟定谈判议程

谈判议程也就是谈判的程序，包括所谈事项的次序和主要方法。典型的谈判议程至少要包括下列三项内容。

第一，谈判应何时举行？为期多久？如果是一系列的谈判则分几次举行？每次所花的时间大约多久？休会时间怎么安排？

第二，谈判在何处举行？

第三，哪些事项应列入讨论？哪些事项不应列入讨论？列入讨论的事项应如何编排先后顺序？每一事项应占多少讨论时间？

美国谈判专家嘉洛斯说："拟好议程之后再进行商谈，它将帮助你获得主动。"同时，他对议程问题还提出以下告诫。

第一，未经详细考虑后果之前，不要轻易接受对方所提出的议程。

第二，要仔细考虑何者是要讨论的主要问题，以及在何时提出最佳。

第三，在安排问题前，要给自己充分的思考时间。

第四，详细研究对方所提出的议程，以便发现是否有什么问题被对方故意摒弃在外，或者用来作为拟定对策的参考。

第五，千万不要显示你的要求是可以妥协的。对于我方不容讨论的问题可以早点提出，避免把它排入议程中。

3）确定谈判进度

谈判进度是对谈判所需时间的估计。这个时间的长短主要根据双方时间的充裕程度和具体谈判内容来决定。

11.3 商务谈判的过程

11.3.1 开局

所谓开局，就是指一场谈判开始时，谈判各方间的寒暄和表态。对整场谈判而言，开局是至关重要的，开局的情况决定了以后谈判的进展。所以应该研究谈判的开局，把握、控制谈判的局势。一般地讲，开局阶段应把握好以下几个问题。

1. 应形成良好的谈判气氛

如果谈判一开始形成了良好的气氛，双方就容易沟通，便于协商，所以谈判者都愿意在一个良好的气氛中进行谈判。如果谈判一开始双方就怒气冲天，见面时拒绝握手，甚至拒绝坐在一张谈判桌上，则整个谈判无疑会蒙上一层阴影。

为创造和谐的谈判气氛，谈判一开始，可以采取以下方法。

①选择使对方感到适宜的地点进行谈判，给对方某种好感。

②了解对方的生活习性，注意营造使对方舒适的环境。

③谈判开始时握手致意，自我介绍，相互问候。

④谈一些双方都感兴趣的话题，以形成一种和谐的谈判气氛。

⑤各自可以交换一些关于这次谈判的一些看法。

例如，以色列和叙利亚曾在美国的华盛顿附近的一处农庄举行过和平谈判，东道主美国精心准备的谈判桌，既不是条桌，也不是方桌，而是一张桃花心形的圆桌。桌子中央放着白色的郁金香，壁炉里的炉火熊熊燃烧着；外面，牛群在白雪覆盖的草原上悠闲地吃草，几头小鹿在凝霜的枯树间走动。这种精心挑选的田园风情和精心营造的和谐氛围，目的在于打破谈判人员的心理隔阂，有利于达成一致的意见。

2. 应确定谈判议程

谈判的议程包括谈判的议题和程序。通俗地说，就是要确定谈什么，以及先谈什么，后谈什么等问题。外交谈判中，外交官都十分重视谈判议程，往往为其绞尽脑汁。可企业家往往不重视议程，结果往往在谈判中失去主动权。

谈判的议程实际上决定了谈判的进程、发展的方向，确定谈判议程是控制谈判、左右局势的重要手段。

（1）不同的议程可以阐明或隐藏谈判者的动机。

（2）可以建立一个公平的原则，也可以使之对一方形势有利。

（3）可以使谈判直接切入主题，富有效率，也可以使谈判变得冗长，进行无谓的口舌之争。

例如，几年前《哈佛商业评论》上曾经刊登了一则题为《"强制达成"一致的程序》的文章，介绍了发生在某跨国公司内部的一次谈判。有一次，它的经理班子就某一决策产生了两种对立意见，大多数人反对，少数人支持，问题是少数人的意见是正确的。主席按照常例主持会议，不久由于意见尖锐冲突，会议出现僵局。主席不得不宣布中止会议，经过一番深思熟虑，支持少数人意见的主席再开会时，宣布一种"特别的程序"：在得到特别允许之前，必须尊重别人的发言，不得打断或插入反对意见，不得展开不同意见的争论。但允许反对方提出旨在"澄清事实"的问题，诸如"你提出的方案好在哪里？""你说的是这个意思吗？"等。

接着，主席请少数派的人发言。由于执行了这种特别的程序，少数派得以从容地从各方面详细地阐述自己的立场，而不至于尚未把道理讲清楚就被压了下去。事实上，只要让多数人清楚地了解了少数人的意见，并且通过提问进一步理解了少数人的观点，就为打破僵局、消除分歧、统一思想打下了基础。结果这一特别的程序非常有效，"迫使"经理班子统一了思想，取得了一致的意见，内部谈判获得了成功。

所以，制定了某种议程，实际上也就控制了谈判的进程，更重要的是能够避开自己不愿意、对自己不利的谈判内容。

11.3.2 报价

商务谈判中的"报价"一词是广义的，不光指价格的高低，也是对各种谈判要求的统称。例如，它包括俗称买卖中的开价和还价。

在开局和报价之间没有明显的界限，开局中双方各自阐述本方观点时，实际上是一种探测。在这种探测中，高明的谈判者能从对方的表态中体会言外之意，摸清对方的真实意图，从而调整自己的谈判策略（一般情况下都是微调，必要时也可以作重大的调整），其中，首先是报价上的调整。

报价是很有艺术性的，报价的好坏，直接影响谈判的成败，历来为有经验的谈判者所重视。例如，1986年2月，菲律宾举行了总统大选，阿基诺夫人接任总统。她上台后设立"总统府廉政委员会"，追查传说有200亿美元的马科斯财产。可廉政委员会经过数年的努力，也没有查出马科斯的财产。他们意识到，要想追回财产，必须得到马科斯家人的配合，于是与马科斯家人举行了谈判。谈判在一个很长的时间内毫无进展。因为阿基诺夫人始终认为：这笔财产是不义之财，马科斯家人不应分享；马科斯家人中有人犯罪，应绳之以法；马科斯家人现有的不动产，有的应收归国有，等等，这样的报价无疑是与虎谋皮，自然不能指望马科斯家人会有什么配合。

后来，阿基诺夫人同意：撤销所有对马科斯家人的指控；现有的不动产和个人财产仍归马科斯家人；查出的海外财产，政府与马科斯家人按比例分配，等等。再经过细节上的讨价还价，政府方面的报价终于被马科斯家人所接受，就在阿基诺夫人离任前四天，双方达成了第一个协议。

1993年，根据总统拉莫斯的授权，廉政委员会又与马科斯家人签署了第二份协议，双方分配的比例是：政府占75%，马科斯家人占25%。不久就查到了第一笔价值为4.75亿美元的财产（关于报价技巧方面的内容，后面有专门的章节进行分析）。

报价时必须做到：严肃、明白、不加评论。

（1）严肃——可使对方相信我方报价的正确性。

（2）明白——可使对方对我方报价不产生异议与误解（在一些重大的商务谈判中，有必要采用书面报价的形式）。

（3）不加评论——如果你主动向对方解释、评论你的报价，不仅会暴露你的意图、实力等秘密，而且会流露出你的信心不足。如果对方对你的报价有不清楚或不满意的地方，你不必担心，他会主动质疑的。

11.3.3 僵持（讨价还价）

在完成报价以后，即开始了谈判场上最艰巨也是最精彩的一幕，双方开始了讨价还价的拉锯战，各坚持自己的立场毫不相让，出现了僵持。当然，所谓"僵持"有短有长，有的友好妥协，有的非常对立。僵持阶段讨价还价的技巧与谋略，足以表现一个谈判者素质的高低，也是对谈判者耐心的极大考验。常常有这种情况发生，当你觉得再坚持下去已无希望，准备让步的一瞬间，对方实际上也已经准备放弃原有的立场。因此，坚持到最后一分钟乃是明智之举、制胜之术。

一旦出现各方毫不退让的僵持局面应该做到：

（1）反复重述本方的立场和要求。

（2）保持攻势，刻意挑剔对方的毛病，以削弱对手的立场。

（3）注意隐蔽自己的弱点。例如，你强烈地希望达成协议，就是你的弱点，因为对方就能利用你成交心切而加以要挟，所以，即使该协议对你来说是生死攸关的事，你也应该坦然处之。

（4）坚持到最后一分钟。

例如，原定于1995年12月德国总理科尔访华前结束的上海地铁二号线商务谈判陷入僵局。由于地铁一号线的良好合作，德国成为上海地铁二号线提供政府贷款的首选国家，贷款总额高达7.8亿马克。但最后是否确定还要看对方提供的地铁设备的价格是否合理。形成僵局的原因是，对方的报价比中方能接受的价格高出7 500万美元。

中方代表根据手中掌握的地铁车辆国际行情，知道即使按照中方的报价，德国公司仍然有钱可赚。同时，中方代表也清楚地知道，对方企图倚仗提供了政府贷款漫天要价，把贷款的优惠，通过车辆的卖价又悄悄地拿回去。

原来在北京的谈判进行了一轮又一轮，科尔如期访华，原定在北京签字的上海地铁二号线贷款协议未能如期签署。随着科尔来到上海，谈判也转移到上海进行，这时已经到了最后的关头。对方代表到处制造舆论，扬言要撤回贷款。了解内情的人，包括一些相当职位的领导都提出了警告：不要为了7 500万美元，丢了7.8亿马克。对方代表更是有恃无恐，甚至在谈判桌上拍桌子威胁中方代表，扬言再不签约，一切后果由中方负责。

中方代表非常冷静地朝他做了一个手势说："STOP！请你不要这样激动，也不要用这种要挟的态度。本人哥伦比亚大学的博士，上海交通大学管理学院院长。对于国际融资的常识和规则懂得不比阁下少。我们现在不是乞求你们的贷款，请用平等的态度看待我们的分歧。"

中方代表接着说，在国际融资中，贷款者和借贷者应该是一种平等互利的关系，成功的融资谈判应该双方都是赢家。并且十分明确地告诉对方代表，如果不把车辆价格降下来，他将向上级汇报，中方将谋求其他国家的贷款，而谈判破裂的后果将由德方负责。

由于中方代表拒绝在协议上签字，科尔访华期间应签署的上海地铁二号线贷款协议，不仅未能在北京如期签署，结果在上海也未能签署。德方代表这才见了"真佛"！在以后的谈判中不得不缓和自己的态度，再经过一轮又一轮的艰苦谈判，德方代表最后同意把车辆价格下降7 500万美元，整个地铁项目的报价也比原来的降低了1.07亿美元。

中方代表坚持到了最后，也取得了最终的胜利！

当然，谈判的僵持阶段不会无限制地持续下去，因为僵持阶段实际上是各方实力和谈判者之间能力与素质的较量。较量的结果，要么是僵局的打破，往往是先退让的一方损失大，坚持到底的一方往往能获得较大的利益；要么是另一种结局——谈判的破裂。

11.3.4 拍板、签约

经过一番唇枪舌剑，双方取得了一致的意见，达成了某种协议。这种口头上的允诺，就是拍板。在重大商务谈判中，就要先签订意向书。在一般性谈判中，就直接进入签约阶段，这时双方协商用恰当的语言，用书面或其他法定形式将谈判内容固定下来。至此，一场谈判方可宣告结束了。

应当指出的是，谈判即使越过"拍板"阶段，进入"签约"阶段，谈判的各方仍然不能掉以轻心，因为，只要双方没有签约，谈判还是有可能发生变化，甚至谈判破裂的。例如，上海地铁一号线的融资谈判经过紧张激烈的讨价还价，于1988年底，最后与德国、法国、美国分别签订了意向书，并商定于1989年年中签订正式协议书。可是由于在1989年春夏之交中国发生了"政治风波"，西方国家对中国进行经济制裁，因而融资协议书也就无法按时签订了。所以有经验的谈判者总是千方百计地缩短"拍板"阶段的时间，甚至越过"拍板"阶段，直接进入"签约"阶段，以免夜长梦多，节外生枝。

谈判协议的签订，必须注意下面几个问题。

（1）达成的协议必须见诸文字。许多谈判后的争端不少是由于没有将协议形成文字引起的，仅凭口头协议，一方面在执行过程中容易被曲解，另一方面如果发生了破坏协议的事，也无据可查。

（2）协议的文字要简洁，概念要明确，内容要具体；谈判后的争端往往是由于对关键性的概念使用了模棱两可、含混不清的词语，或者重要的细节没有交代清楚而造成的。

（3）不要轻易在对方拟定的谈判协议上签字；对方拟定的协议，不管有意无意必然对他有利，你应该详细地谨慎地予以检查。必要时，自己准备一个协议的草案，以便两相对照。在确信没有问题后方可签字。不然，草率签字后，即使协议有陷阱，你也必须照着去做。

重大的商务谈判协议签订以后，还应该让协议具有法律效力，通常是将协议经过公证部门的公证。这样，一旦一方违反协议，经过交涉无效，可以对簿公堂，寻求法律解决。

重大的商务谈判协议签订以后，绝不是高枕无忧了，必须随时密切注意以下几点。

（1）有无影响协议执行的不可抗拒的因素会发生，力求防患于未然，以免造成无法挽回的损失。

（2）密切注意对方的经营状况，以防对方经营不善，造成协议无法执行的局面，尽管可以用一纸诉讼把对方送上被告席，但往往十赔九不足，吃亏的还是自己。

（3）继续不断地研究协议，因为世界上没有十全十美、没有漏洞的协议，尽管协议已经白纸黑字不可更改，但有经验的谈判者总是力求在解释协议的过程中，为自己谋求利益，同时也防止对方对协议作出不利于自己的解释。

例如，上海地铁一号线融资协议在执行的过程中，就出现了上述情况。原来协议上写明上海地铁一号线的地铁车辆是在西德的杜瓦洛工厂制造的。后来东西德国合并，西德的杜瓦洛工厂兼并了东德的地铁车辆厂，仍用原来的厂名，但把为上海地铁一号线制造地铁车辆的任务转给了原东德的工厂，东德的工厂制造出来的地铁车辆，质量上明显差得多。中方尽管再三交涉，德方坚持认为他们没有违反协议，仅仅作出让步，同意由中方派出专业技术人员驻东德进行质量监督而已。

可见，协议的签订并不是结束，而是一个新的起点，只有协议执行完毕，才可以说"结束"这两个字。

11.4 商务谈判的策略与技巧

11.4.1 报价策略与技巧

商务谈判中的报价，通常是谈判者所有要求的总称，包括价格、交货期、付款方式、数量质量、保证条件等。商务谈判中的报价直接影响谈判的结果，事关谈判者最终获利的大小，是关系到谈判能否取得胜利的关键问题之一。而在一部分商务谈判中，价格因素的作用非常之大，也就是说，卖方开价与买方还价的技巧，在很大程度上直接影响谈判的最终结果。所以，本部分内容，主要讨论处理价格的技巧问题（下面简称"报价"）。

1. 报价的原理

1）一般报价的三种情况

商务谈判中的报价，不仅取决于卖方的开价和买方的还价，还取决于买卖双方各自的底价。一般地说，卖方的开价往往是很高的，但他一定有一个低得多的底价；买方的还价往往是很低的，但他也有一个高得多的底价。

（1）卖方的一系列报价通常是递减的，即价格一路往下跌，最多跌到底价；而买方的一系列报价通常是递增的，即价格一直往上涨，也是最多涨到底价为止。可见，当卖方的底价小于买方的底价，则谈判有可能成功（见图11-2）。

（2）卖方的底价小于并且接近等于买方的底价时，谈判成功的难度就相当大了。因为即使成交也都接近双方的底价，都觉得不划算（见图11-3）。

（3）如果卖方的底价大于买方的底价，则谈判是不可能成功的，因为根本没有成交区（见图11-4）。

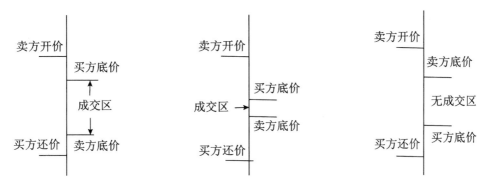

图 11-2 可能成交报价图　　图 11-3 成交困难报价图　　图 11-4 不可能成交报价图

2）可能成交的三种报价

就可能成交的商务谈判而言，双方报价的优劣又分为三种情况。

（1）买方或卖方的报价如能报到图 11-5 所表示的情况，这种报价是非常成功的。因为一方的报价与对方的底价之间还有较大的距离，这是讨价还价的本钱。而且，卖方的开价越是大于买方的底价，或者买方的还价越是小于卖方的底价，那么只要不犯大错误，是可以获得较大的利益的。

（2）从图 11-6 来看，如果卖方开价比买方的底价低，由于卖方的开价是一路下跌的，所以，只可能在低于卖方开价的基础上成交；同样，如果买方的还价比卖方的底价高，由于买方的还价只会上涨，所以，结果也只会在高于买方还价的基础上成交。无论其中的哪一种情况，都会损失很大的利益。所以说，无论是卖方还是买方，这类报价都是失败的报价，应该竭力避免。

（3）从图 11-7 来看，一方的报价与对方的底价比较接近，由于谁都不愿在自己的底价或接近底价的价格上成交，都要竭尽全力获得更多的利益，所以，在一般情况下，不可能在其中一方的报价上成交，往往只会在高于卖方底价，或者低于买方底价的价格上成交，可想而知，双方讨价还价起来是多么艰巨。所以说，无论是卖方还是买方，这种报价都是不太成功的报价，应该努力避免。

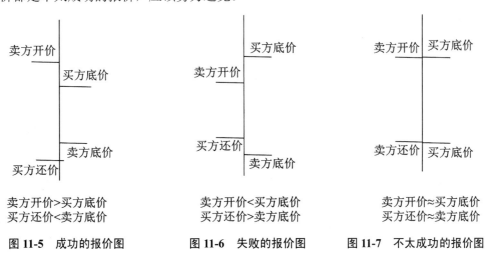

图 11-5 成功的报价图　　图 11-6 失败的报价图　　图 11-7 不太成功的报价图

2. 先后报价的利弊

在商务谈判中，究竟先报价有利呢，还是后报价有利？实践证明，各有利弊。

（1）先报价的利弊。无论是卖方或买方先报价其有利之处在于：对谈判影响较大，而且为谈判划定了一个框框，即便是报出来的价很高或很低，只要对方能坐下来谈往往对先报价者有利。

例如，多年前，北京服装检测中心的同志曾经公开说过，北京市场上的服装，往往高出进价的 3～10 倍。如果一套衣服进价 100 元，标价 900 元。请问，购买者还价会还到多少呢？一般还到 700～800 元，就不得了了；还到 600 元的，算是很有勇气了；买主很少敢还到 400～500 元，他们怕被卖主骂，怕被人瞧不起，所以，宁可不还价而转身一走了事，免得招惹是非。而卖主往往在 400～500 元的价位上就愿意成交了；何况买主愿意出 600～700 元，甚至 800 元呢？所以说，卖主只要一天中有一个人愿意在 900 元的价格上与他讨价还价，他就大大地成功了。

然而，先报价也有不利之处，因为你一旦先报价，首先显示了你的报价与对方事先掌握的价格之间的距离。如果，你的报价比对方掌握的价格低，那么就使你失去了本来可以获得的更大利益；如果你的报价比对方掌握的价格高，对方会集中力量对你的价格发起攻击，逼你降价，而你并不知道对方掌握的价格，变成你在明处，他在暗处，你降到哪里才好，心里没有底，往往在对方的攻击之下，贸然降得太多，以至于遭到了不必要的损失。

例如，20 世纪 80 年代，我国某铝厂为进口意大利 B 公司的先进技术设备，派代表前往意大利谈判。对方派出了公司总裁、副总裁和两名高级工程师组成的谈判团与中方进行谈判。

谈判一开始，对方企图采用先报价、报高价的谈判手法，为谈判划定一个框框，所以，抛出了一个高于世界市场上最高价格的筹码。中方主谈是铝厂精通技术的厂长，也精通谈判之道，等到对方报价、吹嘘完毕以后，他很有礼貌地向对方说，我们中国人是最讲究实际的，请你们把图纸拿出来看看吧！

等到对方把图纸摊开来，中方主谈不慌不忙地在图纸上比比画画、指指点点，中肯而又内行地分析出哪些地方不够合理，哪些地方又不如某某国家的先进……眼看对方代表面面相觑，无法下台，中方主谈又很有心机地给他们一个台阶："贵公司先进的液压系统是对世界铝业的重大贡献……"接着又不无讽刺地说："……我们在 20 年前就研究过。"B 公司的谈判代表深深地被折服了，对方主谈由衷地说："了不起，了不起！……你们需要什么，我们就提供什么，一切从优考虑！"

这一仗打得如此漂亮，以至于该铝厂以极为优惠的价格引进了一套世界先进水平的铝加工设备，为国家节约了一大笔外汇。

分析上例，不难看出，意大利 B 公司的失败原因主要是由于先报价，给中方提供了可攻击之处。

（2）后报价的利弊。后报价的利弊似乎正好和先报价相反。其有利之处在于，对方在明处，自己在暗处，可以根据对方的报价及时地修改自己的策略，以争取最大的利益。

例如，汤姆是某跨国公司的电气工程师，他的某项发明获得了发明专利权。一天，公司总经理派人把汤姆找来，表示愿意购买他的发明专利，并问汤姆希望要得到多少钱。汤姆对自己的发明到底有多大的价值心里没底，有10万元他就心满意足了。但聪明的汤姆不愿先开价。他巧妙地回答："我的发明对于公司有怎样的价值，我并不清楚。请你说一说吧！"这样无形中，把球踢给了对方，让总经理先报价。

总经理果然先报价了："40万美元，怎么样？"汤姆内心笑了，经过一番装模作样的讨价还价，谈判很快就结束了。

可见，汤姆就是靠了这位经理的先报价，所以才及时修改了自己的报价，得到了他意想不到的收获。

然而，后报价的弊病也很明显，即被对方占据了主动，而且必须在对方划定的框框内谈判，正如本节开头所举的服装例子一样，如果你不得不在标价900元的框框里谈判时（进价才100元），你能有多大的本事讨价还价才不吃亏呢？

（3）注意事项。关于先、后报价孰优孰劣，要视具体情况而言。一般地说，应注意以下几点。

①在高度竞争或高度冲突的场合，先报价有利。
②在友好合作的谈判背景下，先、后报价无实质性区别。
③如果对方不是"行家"，以先报价为好。
④如果对方是"行家"，自己不是"行家"，以后报价为好。
⑤双方都是"行家"，则先、后报价也无实质性区别。

另外，商业性谈判有以下惯例。

①发起谈判者，一般应由发起者先报价。
②投标者与招标者之间，一般应投标者先报价。
③卖方与买方之间，一般应由卖方先报价。

3．常见的报价技巧

1）报高价法

俗话说："漫天要价，就地还钱。"有要价很高，还价很低的意思。这句俗话和商务谈判中报高价法的原理大致相符。不过可以再发挥一下，赋予更新的意义：其中的"天"，可以指天空，是说所要的价格，仿佛在天空中，漫无边际地飘荡，高得吓人；而"地"，可以指大地，是说把对方的价格从天上拉下来，压到了地面上，低得不能再低。

（1）报高价的好处。在价格型的商务谈判中，有经验的谈判者为了拔高自己的要求，或者压低对方的要求，往往采取这种"漫天要价，就地还钱"的报高价法。实践证明，如果卖主开价较高，则往往在较高的价格上成交；相反，如果买主还价很低，则往往在较低的价格上成交。这两种情况既矛盾又统一，开价高还价低，这是矛盾的；但两者报价的统一之处在于：大多数的最终协议结果往往在这两个价格中间，或者接近中间价格上成交。例如，一件上衣卖主开价100元，买主还价60元，那么最后买卖可能在80元或接近80元的价格上成交。所以，高明的谈判者，在不导致谈判破裂的前提下，尽可能地报高价，从而争取更大的利益。

例如，撒切尔夫人与欧盟各国首脑的谈判就是典型的例子。某年在柏林召开的欧盟各国首脑会议上，举行了削减英国支付欧盟经费的谈判。各国首脑原来以为英国政府可能希望削减3亿英镑,从谈判的惯例出发,撒切尔夫人会提出削减3.5亿英镑,所以,他们就在谈判中,提议可以考虑同意削减2.5亿英镑。这样讨价还价谈判下来,会在3亿英镑左右的数目上达成协议。

可是,完全出乎各国首脑的意料之外,撒切尔夫人狮子大开口,报出了10亿英镑的高价,使首脑们瞠目结舌,一致加以坚决的反对。可撒切尔夫人坚持己见,在谈判桌上始终表现出不与他国妥协的姿态,欧盟各国首脑简直拿这位铁娘子没有任何办法,不得不迁就撒切尔夫人,结果不是在3.5亿英镑,也不是在2.5亿~10亿英镑的中间数6.25亿英镑,而是在8亿英镑的数目上达成协议,即同意英国对欧盟每年负担的经费削减8亿英镑。

撒切尔夫人用报高价的手法获得了谈判的巨大成功。

(2) 报高价的作用。归纳起来,这种报高价技巧主要有以下作用。

第一,改变谈判对手的最初要求,从而使自己能得到更多的利益。报出的高价,只要能使对方坐下来谈判(对方不是拍案而起,拂袖而去),就是报价者的成功。因为大多数谈判的最终协议价格,是在你报出的高价与对方报价的中点上下。可见你报得越高,可能获得的利益也就越大。

第二,报高价还可以向对方提出诸多刻薄的要求,向对方施加压力,以此来动摇对方的信心,压低对方的期望目标,并使你在以后的讨价还价中,具有较大的余地。那时,你在价格上每退让一步,都可以指望对方在其他方面对你有所回报。

(3) 报高价的弊端。但是万物有利也有弊,报高价有以下弊端。

第一,过高的报价,往往容易导致谈判的破裂。从前面的报价图可以看出,如果卖方的开价大大超过买方的底价,或者买方的还价大大低于卖方的底价,那就势必导致谈判的破裂。例如,你去自由市场买菠菜,假如一般行情是3元一斤。如果菜贩开价30元一斤,或者你还价3分一斤,请问这样的谈判还能进行下去吗?不是你怀疑菜贩疯了,就是菜贩怀疑你是疯子。

第二,太高的价格会延长谈判时间,降低谈判效率,增加谈判的成本支出,甚至可能令竞争的第三方乘虚而入。因为无论是哪一方"漫天要价",另一方一定会"就地还价",双方报价的差距越大,讨价还价的时间也就越长。对一般谈判来说,就可能增加了住宿费开销、工资支出、办公经费等,如果算起经济账来,有可能得不偿失。还以上面买菠菜的例子来说明,菜贩开价4元,你还价2分,两个人讨价还价,纠缠了两个小时,就算以3.5元钱成交了,你买了一斤,便宜了5毛,请问你两个小时的工资是多少?难道不是得不偿失吗?

至于在实际的商务谈判中,早就在一旁窥视的第三方就会乘虚而入,以比你优惠一点的条件,与你的对手达成协议,把你抛弃了,而事实上有可能你愿意出比第三方更优惠的条件,只是木已成舟,无法改变既成事实了。

第三,抱着敌意的高报价只能造成双方的对立,很难达成一致。如新一轮的中美贸易谈判,美方罔顾事实,狮子大开口,提出了不切实际的"漫天要价":

- 从2018年6月1日开始的12个月以内,中国需要减少1 000亿美元的对美贸易顺差。

- 从 2019 年 6 月 1 日开始，中国继续在 12 个月以内减少第二个 1 000 亿美元的对美贸易顺差，也就是到 2020 年底共计减少 2 000 亿美元的顺差。
- 2018 年 6 月 1 日—2019 年 5 月 31 日新增进口 1 000 亿美元中，至少 75% 是购买美国商品；中国承诺，自 2019 年 6 月 1 日开始的第二个 1 000 亿美元，至少 50% 是购买美国商品。
- 中国立即停止对"中国制造 2025"扭曲市场的补贴和其他形式的政府支持，因为这样可能会造成这些行业产能过剩。
- 截至 2019 年 1 月 1 日，中国将消除有关技术转让的特定政策和做法。
- 到 2020 年 7 月 1 日，中国把所有非关键领域的产品关税降到和美国同等的水平。
- 2018 年 7 月 1 日，中国撤回在 WTO（世界贸易组织）要求和美国就从中国进口商品征收关税进行磋商的要求，同时中国不再在 WTO 的规定框架和条款下对美方采取更多行动。
- 中国在 WTO 撤回对欧盟和美国把中国列为非市场国家的申诉。

谈判中，美方提出的实际要价远比上面的还要多，这 8 条只是比较突出的。目前中国从美国每年进口不到 1 400 亿美元的商品，在两年里增加 2 000 亿美元，是完全不可能的。至于要求中国把关税降低到跟美国一样的水平，也是非常过分的要求。

针对美方的无理要求，我国政府明确表示，决不以国家核心利益作为谈判的筹码。但同时强调，作为世界上最大的发展中国家和发达国家，中美在经贸关系上具有很强的互补性，双方的共同利益远远大于分歧，是可以和而不同、实现互利共赢的。中方谈判的大门始终是敞开的，欢迎美方随时随地坐下来商谈。

谈生意、做买卖，有争议和不愉快很正常，争议解决的过程，也是双方加强了解、增进互信的过程。中美经贸合作依然任重道远，前方还会有风雨坎坷，双方只有秉持以诚相待和互惠互利原则认真去谈，才有可能取得共识，矛盾和分歧才能逐个解开。若抱持敌意，一意威胁，是达不成任何协议的。

总的来说，报高价一般只适用于一次性谈判，或垄断性供求关系（指无竞争对手），或时限较宽的谈判。这种谈判即使成功了，双方代表的感情往往比较对立，以后很难再进行这方面的合作。

2）鱼饵报价法

商务谈判的特点是"利己"和"合作"兼顾，因此，如果谈判者想要顺利地获得谈判的成功，而且还想维系和发展同谈判对手之间的良好关系，那么在尽可能维护自己利益的基础上，还要照顾和满足谈判对手的需要与要求。这个道理有点类似用鱼饵钓鱼，你想要钓到大鱼，就得准备"牺牲"鱼饵；而且有经验的钓鱼者知道，用什么样的鱼饵钓什么样的鱼，正如俗话所说的"舍不得孩子，套不住狼"。因此，我们把这种在维护本方利益的基础上，兼顾谈判对手的利益的报价技巧称作鱼饵报价法。

例如，美国有位大富翁詹姆斯经营旅馆、戏院、自动洗衣店等颇有章法，他出于某种需要决定再投资一本杂志。经内行人介绍，詹姆斯看中了杂志出版界的大红人鲁宾逊。鲁宾逊本人恃才傲物，瞧不起其他同行，更不要说外行人了。以至于很多出版商争相罗致，甚至出一大笔钱，也无法把他和杂志社弄到手。

精于谈判之道的詹姆斯，在谈判之前对鲁宾逊进行了全面而细致的调查，除了了解到鲁宾逊恃才傲物的一面外；还了解到鲁宾逊有一个幸福的家庭，他非常珍惜家庭的幸福，并且非常热爱自己的妻子和孩子。另外，鲁宾逊对于独立承担竞争性非常强烈的这类杂志，已经没有当初的兴趣了；而且，为了节省开支，他不得不整日泡在办公室里，处理繁杂的事务，对此，他早已感到乏味。

针对鲁宾逊的性格和心理，詹姆斯决定在谈判中实施鱼饵报价法。经过两次会面和共进午餐之后，双方有了初步的了解，并同意坐下来谈判。

谈判一开始，詹姆斯开门见山地承认自己对出版杂志一窍不通，因此，需要借助鲁宾逊这样有才干的专家。满足了鲁宾逊恃才傲物的心理，使鲁宾逊对詹姆斯产生了好感。

接着，他把一大笔数目的现金支票和他公司的股票放在鲁宾逊面前，告诉鲁宾逊他公司的股票在过去几年中如何涨价，利益如何可观，利息有多大，等等。这等于告诉鲁宾逊，如果合作的话，他的家庭生活有了保障；他的杂志有了足够的财政支持，不仅没有破产的危险，而且还有扩展业务的可能。

最后，他告诉鲁宾逊，为了把鲁宾逊从繁杂的公务中解脱出来，他已经物色了一批人，并把这些人一一介绍给鲁宾逊，其中还有未来的经理。他指着这些人说，他们将来都归他使用，帮助他处理办公室的烦琐事务，好让他全力以赴只管杂志的编辑工作。

詹姆斯的"鱼饵"一下子就打动了鲁宾逊，尽管还进行了现金和股票数目的讨价还价，实际上，詹姆斯仅仅花了其他出版商 1/10 的钱，就将鲁宾逊和他的杂志社弄到了手。理由很简单，詹姆斯把这笔钱的大部分作为"鱼饵"，钓到了鲁宾逊，而不是出 10 倍的钱去买整个杂志社。

使用鱼饵报价法必须注意掌握以下分寸。

（1）鱼饵太少，就想获得对方很多利益，势比登天。

（2）鱼饵太多，付出的代价太大，得不偿失。

（3）在使用鱼饵报价法时，必须清醒地认识到：投下鱼饵的目的是钓到大鱼，即满足对方的需要是手段，最终满足自己的需要才是目的，不可本末倒置。

3）中途变价法

顾名思义，此法指在报价的中途，改变原来的报价趋势，从而争取谈判成功的报价方法。所谓改变原来的报价趋势，是说买方在一路上涨的报价过程中，突然报出一个下降的价格，或者卖方在一路下降的报价过程中，突然报出一个上升的价格来，从而改变了原来的报价趋势，促使对方考虑接受你的价格。

谈判的大量实践告诉我们，许多谈判者为了争取更好的谈判结果，往往有极大的耐心，没完没了地要求、要求、再要求，争取、争取、再争取。碰到这种对手实在让人头疼，尽管已经满足了对方的许多要求，使他一次又一次地受益。可他似乎还有无数的要求在等着你，而你不愿意一而再、再而三地答应对方的要求，此时对付他的有效方法就是"中途变价法"，即改变原来的报价趋势，报出一个出乎对方意料的价格来，从而遏制对方的无限要求。

例如，美国商人山姆去圣多明哥旅游，在街上一家皮件商店的橱窗里，看到了一只皮箱和自己家里的一模一样。忍不住停下来，看了看。皮箱店的老板正在门口拉生意，看见山姆，马上上前推销。好话说尽，山姆就是不买。同为商人的山姆，为了看看店主到底有些什么推销的手段，站着没走。店主看山姆不动心，把价格一再下降，从20美元、18美元一直降到11美元，可是山姆还是不买他的皮箱，而老板又不想再跌价了，在报出了"11美元"以后，突然改变下降的趋势，报出了一个上升的价格"12美元"来，当感到奇怪的山姆揪住"11美元"不放时，老板顺水推舟地以11美元的价格把皮箱卖给了山姆。

再如，皮特律师准备购买一幢别墅，已经与一房产商进行了几轮讨价还价，皮特的报价一路上升，房产商的报价一路下降，双方已就房屋的价格基本达成一致。可精明的皮特看中了别墅里的全套法国路易时代的家具，这套家具至少值10万美元，而房屋的价格中并不包括家具在内，怎么样才能少花钱，把这套家具也吃下来呢？深谙谈判之道的皮特决定采用"中途变价法"来对付房产商。

在两人再次谈判时，皮特突然把原来答应的价格下降了10万美元，说是从其他渠道得知，原来答应的价格太高，他吃亏了，而且他的太太也反对以原来答应的价格成交。房产商很气愤，但又不愿失去这个主顾，两人又陷入激烈的讨价还价之中。在接下来的谈判中，皮特始终坚持价格下降10万美元，使得房产商十分沮丧。

就在房产商有点绝望之时，皮特像说漏嘴似的，在有意无意之中，透露了他的太太喜欢那套法国路易时代的家具。聪明的房产商马上明白是怎么回事儿了，他提出如果要那套家具的话，必须在皮特原来答应的价格上，再加上5万美元。而皮特则坚持房屋加家具以原来答应的价格成交。接着，两人就在5万美元的框架里讨价还价了，双方再各自作出些让步，房产商的价格下降些，皮特的价格上升些，最后双方在原来价格的基础上上升2万美元成交了。

精明的皮特采用了"中途变价法"，仅用2万美元，就买下了原来要用10万美元才能买到的法国路易时代的家具。

总而言之，"中途变价法"作为一种谈判的技巧，有时候也确实有令人意想不到的效果。但是，这种方法不宜多用，多用此法者，很可能会被人认为你言而无信，这当然是很糟糕的。另外，如果对方识破你的企图，此法不仅不能发挥作用，甚至可能弄巧成拙。

4）挑剔还价法

有句俗话叫"鸡蛋里挑骨头"，有个成语叫"吹毛求疵"，都是说人们有一种挑剔的习惯，再好的东西也能从中找出毛病来。这种挑剔的习惯，如果运用到谈判中，就是一种讨价还价的高招儿。这种技巧通常被买主用来压低卖主的报价，方法是故意找碴儿，提出一大堆问题和要求，其中有些问题的确存在，有的则是"鸡蛋里挑骨头"，"故意"制造出来的。

例如，美国谈判学家罗切斯特有一次去买冰箱。推销员指着罗切斯特要的那种冰箱说："249.5美元一台。"接着罗切斯特上演了一台精彩的"挑剔还价法"的喜剧：

罗：这种型号的冰箱一共有几种颜色？

营：共有32种颜色。

罗：可以看看样品本吗？

营：当然可以！（说着马上拿来了样品本）

罗：（边看边比）你们店里现货中有几种颜色？

营：现有 20 种。请问您要哪一种？

罗指着样品本上有而店里没有的颜色说：这种颜色与我的厨房墙壁颜色相近！

营：非常抱歉，这种颜色现在没有。

罗：其他颜色同我的厨房颜色都不协调。颜色不好，价格还那么高，要不便宜一点。省得我再去其他的商店了，我想别的商店有我要的颜色。

营：好吧，便宜一点就是了。

罗：可这台冰箱有点小毛病！你看这儿。

营：我看不出什么。

罗：什么？这一点毛病虽小，但冰箱外表有毛病，通常不都要打点儿折扣吗？

营：……

罗又打开冰箱门，看了一会儿说：这冰箱附有制冰器吗？

营：有！这个制冰器每天 24 小时为您制冰块，一小时才 2 美分电费（他以为罗切斯特对这制冰器感兴趣）。

罗：这可太糟糕了！我的孩子有哮喘病，医生说他绝对不能吃冰块。你能帮助我把它拆下来吗？

营：制冰器是无法拆下来的，它和整个制冷系统连在一起。

罗：可是这个制冰器不仅对我根本没用，相反，现在我要花钱把它买下来，将来还得为它付电费，这太不合理了！……当然，价格可以再降低一点的话……

结果，罗切斯特以不到 200 美元买下了他十分中意的冰箱。

以上罗切斯特的"挑剔"在日常工作和生活中绝不是可取的态度，但在谈判过程中，买方却常常利用这种方法来和卖方讨价还价。为此，国外谈判学家曾经做过许多这方面的实验，实验证明：在谈判中，如果其中一方用这种"挑剔还价法"向对方提出的要求越多，得到的也就越多；提出的要求越高，结果也就越好。

现在要问，假如在谈判中，遇到这样难缠的主儿怎么办？

一般地说，可以这样来对付。

（1）作为卖方，你首先必须有这样的心理准备，买方总是喜欢挑剔的，这是他的权利；从这点出发，要做到两点：一是要有足够的耐心，心平气和地对待挑剔者，千万不能发火，一旦没有耐心而对挑剔者发火，就可能把真心购买者气走了。二是对待挑剔者千万不要轻易让步，否则对方会得寸进尺，要求越提越多，越提越高，使你无法招架。至于挑剔者在你这里尝到了甜头，下次再来时，会变本加厉地挑剔。

（2）对待任何难缠的挑剔者，最好的武器是耐心加笑容，只要你有足够的耐心一定会使任何难缠的挑剔者的挑剔问题失去作用和影响；同时只要你始终能心平气和地微笑，那么任何难缠的挑剔者也找不出发火的理由。

（3）要观察和识别挑剔者是否真心购买，如果挑剔者根本没有购买的诚意，那只要用心平气和的微笑来对付他就足够了。如果挑剔者是真心购买的，那就要分析对方的挑剔和问题是否确实存在。如果是确实存在应该尽量帮助解决；如果是节外生枝，故意找碴儿，则不必搭理，仅用微笑来对付就够了。

（4）除了"心平气和"这一招外，对付真心购买的挑剔者的故意挑剔，不妨来个针锋相对，即把对方无中生有挑剔出来的问题，毫不留情地打发回去，只要来那么几下，往往会使他无法再挑剔下去了。例如，高明的推销员对付罗切斯特对冰箱颜色的挑剔，可以这么打发他："你要的那种颜色是畅销货，价格要贵得多！"至于对付罗切斯特说冰箱有小毛病的挑剔，则可以说："正因为有所谓的小毛病，现在才卖这个价，不然要高得多。"罗切斯特要拆掉制冰器的要求更是故意找碴儿，不妨这么对付他："你也知道，制冰器和整个制冷系统连在一起是无法拆下来的。而且你要的这种冰箱都有制冰器，看来你只好到冰箱厂去订做一台了。"试想，如果罗切斯特连碰几个这样的软钉子，他还能挑剔多少呢？

5）加法、除法报价法

（1）加法报价法。所谓加法报价法，就是报价时并不将自己的要求一下子报出，而是分成几次提出，以免一锅端出吓倒了对方，导致谈判破裂。由于总的要求被分解后逐个提出的，往往都是一个个小要求，容易被对方所接受，而一旦接受了第一个要求后，就增加了下一次让他接受进一步要求的可能性。

例如，前些年我国某汽车制造厂为引进比较先进的某种汽车生产线，曾经与M国K汽车公司进行谈判。在汽车生产线中，最大的也是最重要的项目，是发动机生产线。谈判中，K公司表现出对中国人民的友好和对中国汽车工业腾飞的大力支持，以相当优惠的价格，把汽车发动机生产线的成套技术和设备转让给中方。

中方谈判代表以为，在前面友好合作的基础上，接下来的谈判一定非常友好而顺利。没料到下面的谈判非常的艰巨、格外的困难。对方对接下来的任何一个小项目，都是狮子大开口，报价都非常之高。中方代表一看，合起来整条汽车生产线的价格变得非常之贵，原来汽车发动机生产线的优惠荡然无存。回过头来，中方代表才发现，K公司所玩弄的是"加法报价"的把戏。不得不中止了余下所有项目的谈判，以免上当使国家财产遭受巨大的损失。

M国K公司毫不在乎中方代表中止谈判的行为，他们胸有成竹地等待，等待中方代表再回头找他们。因为，已在建设的发动机制造厂对中方来说，是一块食之无味、弃之可惜的"鸡肋"，将来成批的发动机制造出来，没有与之相配的其他部件，怎么能装配成汽车。再说，这种发动机不要说在其他汽车上，就是在同一种牌子的其他型号上也派不上用处。所以，M国K公司在等待，等待中方主动回头找他们，那时他们还可以再抬高价格，迫使中方接受他们开出的类似天文数字的价格。

中方代表在一段时间内，也确实是走投无路。此事被欧洲X国的D汽车公司知道了，这家汽车制造公司已经和中方有友好合作的项目。D公司总经理邀请中方代表前往参观。

到了X国D公司下属的汽车制造厂，中方代表非常惊讶地发现，D公司技术人员已经成功地把K公司的汽车发动机，装在了D公司的A牌汽车车身里了。在接下来的谈判中，D公司谈判代表表示，愿意提供除了发动机以外的、A牌型号汽车的所有配件的制造技术和成套设备，本着以往友好合作的历史，他们表示在保证他们的利益的基础上，愿意以比较优惠的价格与中方成交。中方谈判代表经过精心的计算，认为D公司的报价比较客观，对中方相当有利，如果再加上K公司提供的优惠的发动机制造厂，一条合成的汽车生产线反而比整条引进节省了大量的外汇。

于是欣然拍板，握手成交。

M 国的 K 公司做梦也没想到，X 国的 D 公司从中插了手，搅了他们的美梦，使他们"赔了夫人，又折兵"。

（2）除法报价法。所谓除法报价法，与加法报价法不同的是报价时先一下子报出自己的总要求，然后再根据某种参数（如时间、用途等）将价格分解，使买主觉得价格不贵，可以接受。

例如，太平洋保险公司的煤气保险广告说，一年 3.6 元——一天一分钱，天天保太平。而某种电脑游戏机的广告则称，一台电脑 VCD 机=一台 VCD+一台游戏机+一台计算机。这样就把一台本来价格不算便宜的电脑 VCD 机，通过"除法报价法"，使买主在心理上感到不贵、便宜，从而下决心购买。

6）哄抬报价法

在谈判场上，有些卖主为了提高价格，刺激买方的购买兴趣，同时也创造一种竞争的局面，不惜采用哄抬报价法。这是利用人们的"从众心理"，如电视台曾经采访一位炒股的老年人，问他什么时候买进，什么时候抛出，他的回答只有一句话，但很有意思，他说："人家买进，我也买进；人家抛出，我也抛出。"他的回答就是典型的"从众心理"。

正是因为这种"从众心理"，我们经常发现，如果有家商店里挤满顾客，他们都在争相抢购某种商品，就会有路过者不分青红皂白挤进去抢购，他们往往不管自己是否真正需要这种商品，也不管这种价格是否真正合算，抢到手为好，买下来再讲。支配他们的只有一种观念，那就是那么多人都在抢购，肯定是好东西，肯定合算，不然，他们都发疯了不成？在这种"从众心理"作用下，这种商品往往会被抢购一空。而抢购者事后发现，这种商品很可能是价高质次的劣等货，大呼上当已经来不及了。而以后再遇到这种情况，他们往往还会重蹈覆辙，再次上当。

有些人卖东西，搞几个自己人充当买主在那里煞有介事地讨价还价，天津人叫"托儿"。

也有人假扮乡下人，拿了一枚黄澄澄的戒指，眼泪汪汪地说什么被偷了钱包，或者投亲不成，或者中途生病，急需钱用，忍痛变卖。一旦有人上去看，旁边就煞有介事地围上几个"内行"来，说什么成色不错四九金，店里起码卖 800 元到 1 000 元，现在才卖 600 元，绝对合算，只可惜自己没带钱，不然一定买下，等等。等到看的人心活了，但拿不定主意时，就有人叫乡下人等着，自己回去拿钱，使得看的人下决心购买，旁边又有人帮忙了，叫乡下人再便宜一点，500 元算了，于是，看的人贪小便宜买下了戒指。可是，买回去叫识货的人一看，原来是一枚黄铜戒指，此时大呼上当为时已晚了。这样的事情古已有之，现在更不少见，只是戏法天天在变，处处在变，花样略有不同而已。

这种哄抬报价法在商业场上运用比较多，特别在个体和私营交易中十分常见。这种策略确实不道德，尤其现在越用越滥，渐渐演化为带有欺骗性勾当，如上例即是证明。在提倡商业道德、文明经商的今天，我们尤其要反对这种不道德的伎俩，但是，只有了解这种伎俩才不至于上当受骗，所以，在这里我们详细分析这种伎俩。

11.4.2　让步策略与技巧

让步是谈判中的普遍现象，可以说只要有谈判存在，就有让步行动；没有让步也就没有谈判。因为没有让步，谈判各方无法达成任何协议，谈判各方的需要无法得到满足，谈判也就名存实亡，没有任何意义了。

谈判开始前，谈判各方总要制订谈判的目标，然而他们的报价往往高出预想的谈判目标很多，他们之所以报那么高的价，就是准备在谈判过程中，逐步降低自己的条件，以求得一致和共同的利益。正如前面所讲的，在价格型经济谈判中，卖方的开价比底价高得多，但卖方的价格总是一路下跌，跌到底价为止；而买方的还价则比底价低得多，相反，买方的价格一路上升，升到底价为止。这种卖方价格的递减与买方价格的递升，就是谈判中的让步。也许人们都知道谈判中要让步，也知道让步就是谈判各方从自己原有的立场上后退，降低自己的要求和需要。但是如果仅仅作这样的理解，未免太简单了。如前所述，卖方价格的递减与买方价格的递升，其幅度多大才是安全的、合理的？怎么样才能制止对方的无限要求？等等，这就有很多讲究了，要研究起来，那是谈判技巧中一个重要的方面——让步技巧。至于说到用让步作为一种手段来促使谈判双方达成协议，那甚至是一种艺术了。

宝山钢铁公司原副总工程师王铁梦在一次报告中说起，他为筹建宝钢，曾经参与了和日本新日制铁公司的谈判。谈判下来的重要体会是，凡是在谈判中，和日本人针锋相对地讨价还价，使对手占不了什么便宜的人，日本人非常尊敬他们；相反，那些在谈判中，被日中友好搞糊涂了，在谈判中糊里糊涂就作出让步的人，被日本人瞧不起，他们私下叫这种人是中国的"熊猫"。因为熊猫虽然可爱，但傻里傻气的。可见，让步让得不得法，不仅本方的利益要遭受巨大的损失，而且会失去对方对你的尊重，真是名副其实的"人财两空"。

1. 让步的节奏和幅度

谈判中让步的次数该多少？幅度该多大？这是一个颇有争议的问题。例如，我国某地机械进出口分公司准备购买一台先进的机械设备，在收到了众多的报价单后，看中了西方某国的公司，因为他们的设备和技术都比较先进，所以，决定邀请他们来我国进一步谈判。谈判的焦点集中在价格问题上，外商的报价单和谈判中的报价一样，都是20万美元；而中方的还价是10万美元。双方都已估计有可能在14万到15万美元的价格范围内成交，但以往的经验告诉他们，还要有好几个回合的讨价还价，双方才能在价格问题上达成一致意见。面对让步的节奏和幅度问题，中方代团内部意见分歧，主要有以下三种意见。

第一种意见认为要速战速决，既然对方开价20万美元，我方还价10万美元，双方应该互谅互让，本着兼顾双方利益、消除差距、达成一致的原则，在第二回合中，还价14万美元为好。

第二种意见否定了第一种意见，认为这种让步节奏太快、幅度太大，别说还价14万美元，就是还价11万美元，也嫌幅度太大，在第二个回合中，我方让步不能超过5 000美元，即增加到10.5万美元。

第三种意见又否定了第一、第二种意见，认为第一种意见让步的节奏太快、幅度太大，而第二种意见的让步节奏太慢、幅度太小，认为我方的让步应分为几步：第一步，增加到 11.5 万美元（增加了 1.5 万美元），第二步，增加到 12.7 万美元（增加了 1.2 万美元），第三步，增加到 13.5 万美元（增加了 8 000 美元）。这样几个回合讨价还价下来，最后再增加 5 000 美元，就有可能在 14 万美元的价格上成交。这些意见孰是孰非，已经涉及让步的类型与技巧等问题了。

2. 让步的类型

西方谈判界对让步已有比较深入的研究，他们把常见的正确和错误的让步类型分为九种，现在假定买卖双方各准备让步 100 元，又都准备让四次，那么，可以从表 11-1 中看到九种让步不同的情况。

表 11-1　九种不同让步情况

	让步的类型	第一步	第二步	第三步	第四步
1	坚定冒险型	0	0	0	100
2	强硬态度型	5	5	5	……
3	刺激欲望型	25	25	25	25
4	诱发幻想型	13	22	28	37
5	希望成交型	37	28	22	13
6	妥协成交型	43	33	20	4
7	或冷或热型	80	18	0	2
8	虚伪报价型	83	17	-1	+1
9	愚蠢缴枪型	100	0	0	0

表格中的数字，对于卖方来说，是报价时逐步减少的数字；对于买方来说，是还价时逐步增加的数字。

1）坚定冒险型（0—0—0—100）

这种让步的特点是谈判的前阶段里丝毫不让步，给人一种没有讨价还价余地的感觉，只要对方比较软弱，有可能得到很大利益，但更大的可能是导致谈判的破裂。这种让步使用的场合比较少而特殊，由于要冒很大的风险，应该慎用。

2）强硬态度型（5—5—5—…）

与上面的让步类型相比，这种方法的特点是有所让步，但幅度很小，因而给对方一种十分强硬的感觉，而第四步之所以用省略号，是因为有可能让下去，也有可能就此为止，不再让步了。这种让步类型与上述让步类型的结果相似，所以，也应该慎用为好。

3）刺激欲望型（25—25—25—25）

这种让步的特点是定额增减，它会刺激对方要你继续让步的欲望，因为在三个 25 之后，对方都等到了一个 25，那么在第四个 25 之后，对方也完全有理由等待第五个 25、第六个 25…，而你一旦停止让步，就很难说服对方，从而很可能导致谈判的中止或破裂。

这种让步是极不明智的外行做法，内行人决不采用这种让步方法。

4）诱发幻想型（13—22—28—37）

这种让步比第三种更糟糕，其特点是每次让步都比以前的幅度来得大，这会使对方坚信，只要他坚持下去，你总会作出越来越大的让步。这无疑诱发了对方的幻想，给你带来灾难性的后果。

5）希望成交型（37—28—22—13）

看上去这种让步与第三种让步的幅度正好颠倒了一下，实质上两者有本质的区别，这种让步的高明之处在于：一是显示出让步者是愿意妥协，希望成交的；二是显示出让步者的立场越来越强硬，即让步不是无边无际的，而是明白地告诉对方让步到什么时候为止，对方不要再抱什么幻想了。这种让步方法在合作性较强的谈判中常常使用。

6）妥协成交型（43—33—20—4）

这种让步的特点是先作一次很大的让步，从而向对方表示一种强烈的妥协姿态，表明自己的成交欲望，然而，让步幅度的急剧减小，也清楚地告诉对方，自己已经尽了最大的努力，要作进一步的让步根本不可能了。这种让步往往是在谈判实力较弱的场合中经常使用。

7）或冷或热型（80—18—0—2）

开始让步的幅度巨大，表示出强烈的妥协态度；后来让步的幅度又剧减，表示出强烈的拒绝态度。开始的妥协使对方抱有很高的期望，后来的拒绝又使对方突然非常失望。这样或冷或热，使对方很难适应，不知你葫芦里卖的是什么药。所以，这种让步带有很大的危险性，是外行人使用的方法，内行人只有在非常极端的情况下，偶尔一用。

8）虚伪报价型［83—17—（-1)）—（+1）］

所请虚伪报价型，可从让步的数字中看出有个起伏的过程，第三步（-1）是在前两步让了 100 元的基础上，减去 1 元，实际上成了 99 元，这当然会遭到对方的坚决反对，于是第四步再加上 1 元，实际上还是 100 元，可是却给对方一种满足感，好像他又赢得了一个回合的胜利似的。不过这里有两点要说明：一是开始让步的幅度不应这么大、这么快，这里受表格的局限，为了凑成四格才这么安排的；二是这种让步法难登大雅之堂，在大多数正规庄重的谈判场合，决不能采用这种让步法，因为给人虚伪欺诈之感，有失身份和体面。

9）愚蠢缴枪型（100—0—0—0）

这种让步法是谈判一上来就把自己所能作的让步和盘托出，从而断送了自己讨价还价的所有资本，下面因为没有退让的余地，只好完全拒绝作任何进一步的退让。这种让步是愚蠢地放下了自己的谈判武器，如同战场上缴械投降一般。所以，不可能给自己带来任何利益，而且反而因为你太愚蠢而让对方看不起。既输了谈判，又失了人格。真所谓是"赔了夫人又折兵"。一般地说，在任何情况下，这种方法都不宜采用。

针对上述九种让步的类型，必须有两点要交代。

首先，九种让步类型又可分为以下三种。

（1）常用型：第五种"希望成交型"和第六种"妥协成交型"两种。

（2）慎用型：第一种"坚定冒险型"、第二种"强硬态度型"、第七种"或冷或热型"和第八种"虚伪报价型"。这些类型必须视具体情况而定,应小心而慎重地采用,不然很可能会惨遭失败。

（3）忌用型：第三种"刺激欲望型"、第四种"诱发幻想型"和第九种"愚蠢缴枪型"。这三种类型是外行人经常容易犯的错误，一般地说，在谈判中不能采用，初学谈判者更不必去冒这种险。

其次，不必死抠表中的数字，这里所举的数字只是一种大约的概数，仅供读者参考之用，不能拘泥，也不必拘泥。例如，在我们前面所举的某地机械进出口公司的例子中，第三种意见是正确的，四次让步的幅度大致与第五种"希望成交型"相符，但是若按照第五种让步的数字比例，第三种意见四次让步的数字都将出现小数点，这是完全没有必要的。至于第一种意见那是"愚蠢缴枪型"，完全不可取；第二种意见类似"强硬态度型"，也是不可取的，所以都是错误的。

3. 特殊的让步技巧

1）附加条件让步法

前面讲过，任何一方作出的让步都应该是有价的，即应从对方那里得到你所需要的让步。有的谈判者虽然知道只有自己的让步才能换来对方的让步，但是也担心两点：一是自己作出了让步，对方不作出任何让步来回报；二是对方虽然作出了让步，但不是你所希望的那种让步。

正因为如此，谈判高手总是用条件句"如果……那么……"来表述自己的让步。前半句"如果……"是明确要求对方作出的让步内容，后半句"那么……"是你可以作出的让步。这前半句是条件，后半句是结果，没有前半句的条件，就没有后半句的结果。

这种表达有两个作用，一是对方必须在你作出让步后，也作出让步来回报，因为你的让步是以对方的让步为条件的，对方如果不作出相应让步的话，你的让步也就不成立了。二是指定对方必须作出你所需要的让步，以免对方用无关紧要的、不痛不痒的让步来搪塞你。

例如，在一次批发买卖的谈判中，买方因为行情看好，所以希望交货期越快越好，他私下准备出一个较高的价格，而卖方因为价格看涨，也希望卖个好价。谈判一开始，精于谈判之道的买方，坚持要求在不涨价的基础上成交，把交货日期越快越好的要求隐而不提。而卖方坚持要涨价，因为行情看好。在讨价还价的过程中，由于买方坚持不涨价，卖方的价格作了几次让步后，涨价的幅度已经非常小了，只比原来的价格高出了一点儿。此时，看到火候已到，买方觉得是作出必要让步的时候了。他非常聪明地采用了"附加条件让步法"，作出了如下让步："考虑到我们以往多次愉快的合作，如果贵方能够把交货期比以往提早10天的话，那么我方可以考虑贵方的涨价要求。"

卖方考虑到反正他能保证在对方所要的日期内交货，所以毫不迟疑地答应了。在这种行情看涨、价格上升的情况下，如果买方不是这样谈判，而是一开始就提出交货日期提前10天，价格放在后面谈判的话，卖方会作出怎么样的反应是可想而知的，谈判结果又会怎么样，是不难猜测的。

再如，多年前，在一次中方向日本购买集成技术和集成块的谈判中，中方对集成技术的情况不明，导致购买价格过高，因而决定少买集成块，并把价格压得很低。日方很想把这批对他们来说已经过时的集成块一起卖给中方,所以日本代表一再让步,最后的让步也是采用了"附加条件让步法"。日方主谈说:"代表先生,你们也知道这种集成块成品的成本是多少,所以,十分抱歉,我方不能再降价了。但考虑到我们在转让集成技术谈判方面的愉快合作,如果贵方能够接受我方集成块成本价,而且又能购买一定数量的话,那么,我方愿意将转让集成技术的费用适当降低一点。"下面双方就购买集成块的数量和降低集成技术转让费的幅度,又进行了新一轮的讨价还价。中方直到集成技术的价格下降到理想的价位后,才同意以成本价购买全部集成块,结果双方满意,握手成交。

2)无损让步法

谈判中的让步是有高低之分、雅俗之分的。我们往往可以在谈判场上见到许多低级、粗俗的让步现象:有时,甲方作了让步,乙方并未感觉到甲方的让步;有时,甲方作了很大的让步,乙方却一点都不领情;有时,一方作了一点似乎微不足道的让步,却带来全线的崩溃,不得不节节让步、处处让步;有时,甲方作出了让步,乙方非但不作出让步来回报,反而提出更多、更高的要求,等等,诸如此类的让步,就是没有达到目的的让步,是失败的让步。如果你的让步让对方了解了你的诚意,感到了你的宽宏大量,体会到你在作自我牺牲,这样的让步是达到了目的的让步,是比较成功的让步,但是这样的让步必须以牺牲自己的利益为代价。如果你的让步并不减少你的利益,甚至你未作任何让步,对手却感到你在让步,这样的让步就是比较高级的让步,是具有艺术性的让步了。这种让步虽然并不多见,但也并非天方夜谭,大家以后可以在自己的谈判实践中慢慢体会。

例如,前面"鱼饵报价法"一节中,企业家詹姆斯在与鲁宾逊的谈判开始时,首先坦诚地承认自己对于出版杂志是个外行,需要有鲁宾逊这样的能人来帮助自己。承认自己不行,也是一种"让步",这一"让步"满足了鲁宾逊的心理需要,詹姆斯没有任何利益上的损失,但为谈判的成功起了不可低估的作用。这就是一种比较高级的让步了。

下面就卖方而言,介绍几种不损害自己利益的让步,你实际上未作让步,而对方却感觉到了你在让步。

(1)向对方说明,其他大公司或者有地位、有实力的人也接受了相同的条件。

(2)明示或者暗示这次谈判成功将会对以后的交易产生有利的影响。

(3)反复向对方保证他享受了最优惠的条件。

(4)尽量圆满、严密、反复地解释自己的观点、理由,详尽地提供有关证明、材料,但是,不要正面反对对方的观点(这是关键,否则力气全是白费)。

(5)反复强调本方的完美、周到、突出的某些条件,如交货日期、付款方式、运输问题、售后服务甚至保证条件等。

(6)努力帮助对方了解自己产品的优点和市场行情。

(7)全神贯注地倾听对方的讲话,不要打岔,不要中途反驳,打岔会使对方不快,中途反驳会使对方生气,都是得不偿失的行为。

(8)在恰当的时候重述对方的要求和处境。通常人们都喜欢自己被别人了解,所以这是于己无损的妙法。

从心理学上讲，人们满意时，就会付出高价。所以，以上方法都会使买主满意，但都于己无损，并往往能让对方作出让步来回报你。

3）针锋相对法

谈判中我们往往可以发现有些难缠的人，类似"铁公鸡——一毛不拔"，他们往往报价很高，然后在很长的时间内拒不让步。如果你按捺不住，作出让步，他们就会设法迫使你接着作出一个又一个的让步。

对于这类谈判对手，美国心理学家作了深入的研究和模拟实验。模拟实验是汽车买主与卖主之间的讨价还价，他们找来了许多互不相识的人，组成两人一组的买卖对子。在实验前，私下关照所有对子中的一方（简称 A 方，可能是卖方，也可能是买方）。扮演强硬而难缠的对象。然后把这些买卖对子又分为三组，并根据三组不同的要求，分别对买卖对子中的另一方（简称 B 方）规定了让步的总额，但要执行不同的让步要求：甲组作幅度相等的让步；乙组作一般常规性的让步（指类似表 11-1 中的第五种、第六种让步类型）；丙组也作强硬而难缠的态度（指类似表 11-1 中的第一种、第二种让步类型）。模拟实验的结果表明，对待强硬而难缠的 A 方谈判对手，甲组和乙组的 B 方实验选手采用的让步方法根本没有任何作用，他们的"汽车买卖"谈判少部分完全破裂，大部分以 B 方遭受巨大的损失而告终。

只有丙组的 B 方实验选手成绩斐然，他们中将近 1/4 的人，迫使 A 方对手就范，获得了很大的利益；将近 1/2 的人，与 A 方对手打了个平手，基本不亏也不赚；剩下的那部分由于双方态度都是强硬而难缠的，结果以谈判破裂而告终。

实验的结果告诉我们，对付强硬而难缠的对手，唯一有效的办法是：针锋相对，以牙还牙。

4. 让步应注意的其他事项

在本部分开头已讲过，商务谈判中价格占主要的地位，但除此之外，报价还包括交货期、运输问题、付款方式、数量质量、保证条件等。所以，关于让步的问题还须注意下列几点。

（1）要懂得让步的辩证法，前面所讲的种种让步类型也好，所举的具体数字也好，所分析的种种让步技巧也好，都要根据具体的情况作具体的分析，不能一概而论，切忌生搬硬套，必须根据对方的情况、本方的情况、谈判场上的进展情况等，选择不同的让步措施，作出不同的让步幅度，目的只有一个：争取最大利益。

（2）要懂得让步的重要心理因素之一是，轻易得到的让步人们往往都不珍视，不仅如此，对方因为能从你手里轻易得到让步而拒绝作出他的让步，更谈不上较大的让步了。相反，对方珍视从你手里费了九牛二虎之力争取来的微小让步，不仅如此，他还愿意为此付出较大的代价，即愿意作出较大的让步来作为回报。所以，让步学问中的重要经验是："不要轻易让对方从你手里获得让步。"

（3）除了必须作出的让步以外，应在较小的、不太重要的问题上先作出让步，以争取对手在较大的问题上作出让步来回报自己。

（4）你的让步应该是有回报的，即你的每次让步应该从对方那里获得好处；而对于对方的让步，你不必马上作出让步来回报，或者不必作出同等幅度的让步来回报。

（5）谈判场上崇尚精明、能干的人，所以不要企图通过让步来赢得对方好感，这种人往往不是被对方认为愚蠢，就是被对方认为无能，如本部分开头所举的例子中，日本代表把那些在谈判中轻易让步的人叫作中国的"熊猫"就是最好的证明；相反，你在谈判场上和他打得难解难分，越是针锋相对地和他干，谈判场下越是能赢得他的尊重，因为他反而认为你是精明、能干的谈判行家。真所谓"棋逢敌手，将遇良才"，不打不相识嘛！

11.4.3　拒绝策略与技巧

谈判中不仅充满了让步，同时也充满了拒绝，如果说，没有让步就没有谈判的话，那么，没有拒绝不仅没有了让步，同时也就没有了谈判。

苏联外长葛罗米柯不仅是著名的外交家，而且是杰出的谈判家。他有一个奇特的绰号——"不先生"。其实只要"顾名"，就可"思义"，他的雅号与"不"字有关。原来他擅长在谈判中使用"不"来拒绝对手，特别是从1946年到1949年，在任苏联驻联合国大使期间，他经常使用不说明理由的"不"来拒绝对手，甚至在安理会代表苏联使用否决权时也是如此，因而被人们戏称为"不先生"。葛罗米柯使用"不"是一种技巧，一种商务谈判中的重要技巧——拒绝的技巧。

1. 什么是拒绝

（1）拒绝与让步的辩证关系

在阐述什么是谈判中的拒绝之前，有必要先讨论拒绝与让步的关系。在深谙谈判之道的人看来，拒绝与让步是一对孪生的兄弟。可以说，没有拒绝就没有让步，同时没有让步也就没有拒绝。换句话说，让步的本身也就是一种拒绝。因为让步是相对的，也是有条件或有限度的。试想难道有无条件、无限制的让步吗？所以，一方的让步既说明他答应了对方的某种要求，同时这也就意味着拒绝了对方更大的要求。假定在某次买卖中，甲方报价1 000万元，乙方报价600万元；当甲方让步到900万元时，实际上拒绝了乙方的600万元；而乙方让步到700万元时，也意味着拒绝了甲方的900万元。所以说让步中蕴含着拒绝。

（2）拒绝的实质

谈判中的拒绝，不是日常生活中的拒绝。日常生活中的拒绝，往往是对某事、某物的全面的立体的拒绝，往往没有可商量、可讨论的余地。

谈判中的拒绝决不是宣布谈判破裂，彻底失败，拒绝只是否定了对方的进一步要求，却蕴含着对以前的报价或已承诺的让步的肯定，而且谈判中的拒绝往往不是全面的、立体的，相反，大多数拒绝往往是单一的、有针对性的，所以，谈判中拒绝某些东西，却给对方留有在其他方面讨价还价的可能性。就拿上例来看，假定讨价还价进行下去，在第二轮让步中，甲方让步到950万元，乙方让步到750万元，在第三轮让步中，甲方再让步到920万元，乙方让步到780万元时，形成了僵局，双方拒绝在价格上再作任何让步了。此时，甲方的920万元是对乙方780万元的拒绝，同时也是一种新的承诺，即可以在此价格上成交。乙方的780万元也同样蕴含了这两层意思。假定为了打破僵局，乙方用"附加条件让步法"提议，如果甲方能把交货期提前10天的话，那么乙方可以考虑把价格再提高 10 万元,即 790 万元。甲方表示赞赏乙方的提议,不过甲方认为,如果价格定在 800 万元的话,那么可以满足乙方提前 10 天交货的要求。最后双方达成了价格 800 万元、提前 10 天交货的协议,握手成交。可见,拒绝绝非意味着关上了所有的大门。

(3) 拒绝是一种谈判手段

谈判中的拒绝,说是"策略"也好,"艺术"也好,是指拒绝对方时,不能板起脸来,态度生硬地回绝对方;相反,要选择恰当的语言、恰当的方式、恰当的时机,而且要留有余地巧妙拒绝,这就需要把拒绝作为一种手段、一种学问来探讨和研究。

2. 常见的拒绝策略

下面介绍几种经济谈判中常见的拒绝策略。

(1) 问题法

所谓问题法,就是面对对方的过分要求,提出一连串的问题。这一连串的问题足以使对方明白你不是一个可以任人欺骗的笨蛋,无论对方回答或不回答这一连串的问题,也不论对方承认或不承认,都已经使他明白他提的要求太过分了。

正如前面曾提到的,在一次中日关于某种农业加工机械的贸易谈判中,中方主谈面对日方代表高得出奇的报价,巧妙地采用了问题法来加以拒绝,中方主谈一共提出了四个问题:

①不知贵国生产此类产品的公司一共有几家?

②不知贵公司的产品价格高于贵国某某牌的依据是什么?

③不知世界上生产此类产品的公司一共有几家?

④不知贵公司的产品价格高于某某牌(世界名牌)的依据又是什么?

这些问题使日方代表非常吃惊,他们不便回答也无法回答这些问题,因为他们明白自己报的价格高得过分了,所以,只好设法自找台阶,把价格大幅度地降了下来。

运用问题法来对付上述这种只顾自己利益、不顾对方死活而提出过分要求的谈判对手,简直是一副灵丹妙药。

(2) 借口法

现代企业不是孤立的,它们的生存与外界有千丝万缕的联系。在谈判中也好,在企业的日常运转中也好,有时会碰到一些无法满足的要求,而提要求的对方来头很大:或者过去曾经有恩于你;或者是你非常要好的朋友、来往密切的亲戚。如果你简单地拒绝,那么很可能你的企业会遭到报复性的打击;或者你会背上忘恩负义的恶名。对付这类对象,最好的办法是用借口法来拒绝他们。

例如,某中外合资企业的产品销路非常好,有人拿了某领导的批条来找销售经理,要以低于批发价的价格购买一大批。销售经理看日近中午,灵机一动先把来人让进餐厅,招待吃饭,并对来人说:"你要的东西数量大、批价低,已经超出我的权限。不过你放心,这件事我马上全力去办,你先吃饭。"饭后,他又对持条人说:"你的条子要我们总经理批,可总经理刚到北京开会去了。是否你先回去,过两天再打电话来问。"这家伙碰了个软钉子,发不出火,只好先回去了。

过了两天,这家伙打电话去问时,销售经理告诉他,他向总经理汇报过了,总经理答复说,这种大事要开董事会研究。他安慰持条人说他会尽力向董事会争取的,要持条人过两个星期再打电话问情况。持条人一听这么麻烦，心就凉了半截，他明白要董事会那些外国人点头同意是不可能的事，所以再也不打电话问结果了。

销售经理巧妙地把对方的注意力从自己身上转移到总经理身上，再转移到外国董事身上，叫他有气也无处发。

（3）补偿法

所谓补偿法，顾名思义，是指在拒绝对方的同时，给予某种补偿，这种补偿往往不是"现货"，即不是可以兑现的金钱、货物、某种利益等，可能是某种未来情况下的允诺、某种未来场合下有条件的让步、某种未来的前景等，甚至是提供某种信息（不必是经过核实的、绝对可靠的信息），或者某种服务（例如，产品的售后服务，甚至出现损坏或者事故的保险条款，等等）。这样如果再加上一番并非己所不为而乃不能为的苦衷之后，就能在拒绝了一个"朋友+对手"的同时，继续保持你和他的友谊。

例如，有一个时期，市场上钢材特别紧张，有个专门经营成批钢材的公司生意非常兴隆。一天，公司经理的好朋友来找他，说急需一吨钢材，而且要求价格特别优惠，其优惠程度要求比市场上的批发价还要低10%。公司经理因为过去的亲密友谊，实在无法毫不留情地加以拒绝，所以就巧妙地用补偿法来对付这位朋友。

他对朋友说，公司经营钢材是以千吨为单位的，无法拆开一吨来给他。不过，总不能让老朋友白跑一趟，空手回去。所以他提议这位朋友去找一个专门经营小额钢材的公司，这家小公司和他们有业务往来，他可以给这家小公司打招呼，以最优惠的价格（毫无疑问，这种"最优惠"的含义是模糊语言，因为再优惠，也不会比市场批发价低10%）卖给他一吨。这位朋友虽然遭到了拒绝，但因为得到了"补偿"，所以拿着他写的条子，高高兴兴地走了。可以想象，这位朋友拿着条子去找那家小公司，以批发价买了一吨钢材。结果他不仅不会因为要求没有得到满足而愤怒，相反，他从心底里感谢他的经理朋友帮了大忙。可见，补偿法不失为一种拒绝对手的妙法。

（4）转折法

在英语国家也叫"yes...but..."法。在前面推销技巧章节中我们曾介绍过这种魔力句型。这种拒绝法渗透了说服的原理，即在拒绝时的开始，先不亮出自己的观点，而是从对方的观点、意见中找出双方的共同点，加以肯定、赞赏，或者站在第三者的角度对对方的观点表示理解，从而减少对方的对抗心理，减弱其心理防范，然后再用婉转的语言陈述自己的观点，来拒绝对方，甚至说服对方。

例如，在一次商品交易会上，某公司的产品陈列台前来了一位顾客。他四下看了看后，转身想走。公司的推销员不肯放过任何一个机会，所以主动上去搭话，问道："你想买什么？"

"这里没什么可买的！"顾客轻蔑地说，说完又要走。

"是呀，别人也说过这话。"想走的顾客站住了脚，不走了。他似乎有点暗暗得意，让他说中了，情绪完全松弛下来。

"可是，他们后来都改变了看法！"推销员话锋一转，来了个一百八十度的大转弯。

"噢？为什么？"猎奇的心理引起了顾客的极大兴趣。推销员顺水推舟地开始了推销，而顾客也在无形中接受了推销员的观点，心甘情愿地买了公司的大批产品。

世界上的事物都是辩证的，只要你有耐心，总能从对手的意见中找出一条或几条可以肯定的东西来，实在不行的话，至少可以从一条意见中找出可以肯定的方面来。

（5）条件拒绝法

赤裸裸地拒绝对方必然会恶化双方的关系，甚至导致对方对你的攻击。可以在拒绝对方前，先要求对方满足你的一个条件。如对方能满足，则你可以满足对方的要求；如对方不能满足，那你也无法满足对方的要求。这就是条件拒绝法。

这种条件拒绝法，往往被外国银行的贷款发放人员用来拒绝向不合格的发放对象发放贷款。例如，日本某著名医院的院长在创办该医院时，是个一贫如洗的医学院毕业生。他去向银行借贷时，银行的主管对他说："如果你能从亲戚朋友那里获得一些不动产或有价证券做担保，或者有著名的大公司做担保的话，我一定批准你的贷款要求。"

这是一种留有余地的拒绝，银行方面的人绝不能说要求借贷的人"信誉不可靠""无还款能力""从事的投资前景不妙"等，那样既不符合银行的职业道德，也意味着断了自己的财路，因为说不定银行方面看走了眼，这些人将来飞黄腾达了，成了有钱的大财主了呢？那位日本著名的医院院长不就是最好的证明吗？所以，银行方面的人总是像拒绝那位医院院长那样，用条件拒绝法来拒绝不合格的发放对象。这样，那些遭拒绝的顾客往往会马上起身，去说服自己的亲戚朋友。如果说服成功，那当然一切都好说，如果说服不成功，他们只会迁怒于亲戚朋友头上，因为那不是银行的原因，而是亲戚朋友不信任他。进一步说，连亲戚朋友都不信任的人，银行又怎么能信任他呢？

拒绝了别人，又让别人不朝你发火，这就是条件拒绝法的威力所在。

（6）不说理由法

本部分开头所举的葛罗米柯的例子就是这种拒绝法的典型。作为苏联外长的葛罗米柯是精通谈判之道的老手，他在对手准备了无可辩驳的理由时，或者无法在理论上与对手一争高低时，或者不具备摆脱对手的条件时，他的看家本领是不说明任何理由，光说一个"不"字。

美国前国务卿万斯早就领教过葛罗米柯的"不"战术，1979年，他在维也纳同葛罗米柯谈判时，出于好奇在谈判中记录了葛罗米柯说"不"的次数，一次谈判下来竟然有12次之多。平心而论，葛罗米柯之所以历经数位苏联领导人的变换而不倒，先后同9位美国总统谈判而不败，这种不说明理由的"不"战术，是他众多制胜法宝之一。

（7）幽默法

在谈判中，有时会遇到不好正面拒绝对方，或者对方坚决不肯让步的情况，此时不妨用幽默法来拒绝对方。所谓幽默法，就是对于对方提出的、对你来说是不可接受的要求或条件，你并不直接加以拒绝，相反全盘接受。然后根据对方的要求或条件推出一些荒谬的、不现实的结论来，从而否定了对方的要求或条件。这种拒绝法，往往能产生幽默的效果，所以称为"幽默法"。

例如，有一个时期，苏联与挪威曾经就购买挪威鲱鱼进行了长时间的谈判。在谈判中，深知贸易谈判诀窍的挪威人，卖价高得出奇。苏联的谈判代表与挪威人进行了艰苦的讨价还价，挪威人就是坚持不让步。谈判进行了一轮又一轮，代表换了一个又一个，就是没有结果。

为了解决这一贸易难题，苏联政府派柯伦泰为全权贸易代表。柯伦泰是苏联著名的女大使，也是一位杰出的外交家和谈判家。聪明的柯伦泰面对挪威人报出的高价，针锋相对地还了一个极低的价格，无疑双方进入了一个漫长的、艰苦的讨价还价的阶段。而且由于双方都不愿作出大幅度的让步，谈判像以往一样陷入了僵局。挪威人并不在乎僵局，更不害怕僵局，因为不管怎么样，你们苏联人只要吃鲱鱼，就得找我们买，所以是"姜太公钓鱼，愿者上钩"。而柯伦泰是拖不起也让不起，而且还要非成功不可，情急之余，柯伦泰使用了幽默法来拒绝挪威人。

她对挪威人说："好吧！我同意你们提出的价格，如果我的政府不同意这个价格，我愿意用自己的工资来支付差额。但是，这自然要分期付款，可能要我支付一辈子。"

挪威的绅士们从来没有遇到过这样的谈判对手，堂堂绅士能把女士逼到这种地步吗？所以，在忍不住一笑之余，就一致同意将鲱鱼的价格降到最低标准。而柯伦泰用幽默法完成了她的前任们历尽千辛万苦也未能完成的工作。

此外，还有许多拒绝的技巧，不一一细述。

3. 使用拒绝策略的注意事项

要掌握谈判中拒绝的艺术，还必须注意以下两点。

（1）拒绝本身是一种手段而不是目的

这就是说，谈判的目的不是拒绝，而是获利，或者避免损失，一句话，是谈判成功。这一点似乎谁都应该明白，毋庸多言的。其实不然，纵观谈判的历史，尤其在激烈对抗的谈判中，不少谈判者被感情所支配，宁可拒绝也不愿妥协、宁可失败也不愿成功的情况屡见不鲜，他们似乎就是为了出一口气。

（2）该拒绝时果断拒绝

有的谈判者面对老熟人、老朋友、老顾客等时，该拒绝的地方不好意思拒绝，生怕对方面子下不来，其实，该拒绝的地方不拒绝，不是对方没有面子，而是你马上就可能没有面子。因为你应该拒绝的地方，往往是你无法兑现的要求或条件；你不加以拒绝，就意味着你承诺了你无法兑现的要求或条件，这不意味着你马上就要失信于对方，马上就要没有面子了吗？

11.4.4 最后通牒策略与技巧

最后通牒作为一种商务谈判的重要技巧，是值得学习、研究和探讨的。

1. 最后通牒的原理

1）什么是最后通牒

最后通牒原来是外交上的术语，是指在谈判破裂前的"最后的话"。通常是一方对另一方提出某种苛刻条件或绝对要求，限制在一定时间内接受其要求，否则就要使用某种强制手段，如国家间断绝外交关系、实行经济制裁，甚至使用武力等。在商务谈判中，有时也使用最后通牒这一概念。

一般地说，商务谈判中的最后通牒包含两个方面：最后出价和最后时限。

（1）最后出价。所谓最后出价，是指谈判一方给出了一个最低的价格，告诉对方不准备再进行讨价还价了，要么在这个价格上成交，要么谈判破裂。西方谈判界把最后出价形象地描述为"要么干，要么算"。

例如，1990年8月2日，伊拉克搞突然袭击，派出了10万大军占领了科威特，为了解决海湾危机，联合国安理会多次召开紧急会议，通过各项决议要求伊拉克撤军。有关方面也曾试图寻求过和平之路。但由于伊拉克撤军的条件过分苛刻，国际社会的众多和平努力，也都付诸东流，一次又一次的谈判都不欢而散。在其他办法用了都不见效的情况下，联合国安理会再次召开特别会议，通过第678号决议，向伊拉克发出最后通牒——1991年1月15日以前（最后时限）必须无条件地从科威特撤军（最后出价），并授权以美国为首的多国部队，到时候如果伊拉克还未撤军，就可以"使用一切必要的手段"迫使伊拉克撤出科威特。但伊拉克顽固地坚持对抗的立场，拒不从科威特撤军。

在最后时限过了两天即1991年1月17日，当地时间凌晨2点40分，以美国为首的多国部队向伊拉克发动了代号为"沙漠风暴"的海湾战争，伊拉克部队遭到沉重打击。多国部队发起地面进攻之前，伊拉克宣布愿意接受联合国安理会的第660号决议，有条件地从科威特撤军。但在撤军的时间问题上，双方又不能达成一致。美国前总统布什再次向伊拉克发出最后通牒，规定伊拉克无条件撤军的最后时限是2月23日17时（格林威治时间）。又由于伊拉克仍然采取强硬的态度，多国部队向伊拉克军队发动了第二次世界大战以来最大的海、陆、空立体式的进攻。在多国部队强大的攻势之下，伊拉克军队无法抵抗，只得在26日正式通知联合国安理会，宣布从科威特无条件撤军，持续6个多月的海湾危机也随之基本结束。

应当说明的是，联合国安理会的第678号决议主要是针对伊拉克的撤军条件而言的，所以，可以看成是以最后出价为主的最后通牒。

（2）最后时限。所谓最后时限，是指规定出谈判的最后截止日期，借以向对方施加压力来达到自己的目的。

例如，几年前，我国某大型钢铁公司曾经为引进两套大型轧钢机，同两个国家的四家公司进行了接触，他们都报了价。其中D国X公司的技术对我国来说最适用，可是这家公司的报价最高，而且又自恃神通广大，所以，谈判代表的态度十分傲慢，立场十分强硬。

这两套轧钢机是国家急需的成套设备，费用昂贵，事关重大。中方主谈在3月1日主动找了D国X公司的谈判代表，希望他能降低报价。可对方说，现在不是降价的问题，而是升价的问题，他特别提醒中方主谈，他们公司的报价有效期是3月15日晚上12点（最后时限），过了这个时间，他们就涨价15%（暗含了最后出价）。

经验丰富的中方主谈为了打开谈判的局面，采用了制造竞争的技巧。撇开D国的X公司，转向其他三个公司。经过了同R国的B公司的多次谈判，其价格已经比X公司低了很多。中方主谈又通过某种渠道，把与B公司谈判的情况捅给了X公司的上层人物，说X公司的谈判代表要价太高，而B公司的报价比较优惠，X公司将失去这一大笔买卖。X公司的总经理一听急了，马上通知该公司的谈判代表，要他无论如何也要谈成这笔大生意。

X公司的谈判代表再也坐不住了，他放下了架子主动来找中方主谈，说接到了新的指示，愿意降低价格同中方进行新一轮谈判。这回轮到中方主谈收拾这个狂妄自大的家伙的时候了，中方主谈正告对方："你们等着吧！到了3月15日，我会给你答复的。请注意，这是贵公司规定的最后时限。"X公司的谈判代表急得跳了起来，中方主谈抓住对方急于谈判的心理，以其人之道，还治其人之身，狠狠地报了一个低价，比B公司的报价还要低2 000万美元，并且也来一个最后时限，限他在3月15日晚上12点以前答复。理由很简单，因为中方和B公司的谈判有了一定的成果，如要撇开B公司与X公司达成协议，除非X公司的价格比B公司还低，否则中方将失去信誉。此时离3月15日已经没两天了，所以，X公司的谈判代表勃然大怒，指责中方主谈存心不和他做生意，他要向有关方面控告，要打官司以赔偿他来华谈判所花的几百万美元！中方主谈义正词严地把他顶了回去。

到了3月15日晚上11点45分，离最后时限还有15分钟，X公司的谈判代表敲开了中方主谈的房门，无可奈何地同意了中方的价格。中方谈判代表不仅为国家引进了急需的、技术先进的大型轧钢设备，还为国家节约了好几千万美元的外汇，更重要的是维护了国家的尊严和个人的人格。

在这一谈判实例中，对方先规定了最后时限，中方针锋相对地也规定了最后时限，尽管也都给出了最后出价，但无疑是以最后时限为主的最后通牒。如上例海湾危机中，联合国安理会两次规定的时间：1991年1月15日和2月23日17时，其实也是最后时限。

2）最后出价与最后时限的关系

最后出价与最后时限是最后通牒中不可分割的两个内容，在谈判中这两种技巧往往合二为一混合使用，只是在使用中侧重点不同而已。

（1）规定了最后时限，不是说可以让对方提出无限的要求，本方可以作出无限的让步，只要谈判在最后时限前结束就可以了；相反，在规定最后时限的同时，也一定给出了一个最后出价。所以，实际上是指在最后时限前、在最后出价的基础上结束谈判。

（2）规定了最后出价，也不是说谈判时间可以任意拖延下去，而是同时也规定了结束谈判的时间。只是由于侧重点不同，强调的方面不同，给人的印象也不同，好像有最后出价与最后时限的区别了。

例如，据新华社1995年6月29日报道，在日内瓦举行的日美汽贸谈判中，美国谈判代表坎特曾向日本谈判代表通产大臣桥本龙太郎发出了最后通牒：如不能满足美方的要求，自1995年6月29日起，将对日本实施特殊"301条款"，对日本出口到美国的豪华小汽车征收惩罚性关税。这一最后通牒也是包含了最后时限：1995年6月29日前。最后出价：①到1996年6月，在日本出售非日产小汽车的经销点数量增至200家；5年内增至1 000家；②日本购买美国汽车零件的款额，比现在增长50%，3年内增加约90亿美元。

6月28日这一天，双方举行了长达11个小时的艰难谈判，日方接受了美方的要求，双方最终达成了协议。美国总统克林顿高兴地于6月28日（由于时差关系）在白宫发表了5分钟的讲话，郑重宣布：美国和日本就两国汽车贸易问题最终达成的协议，是美日两国人民的"伟大胜利"，同时也宣布取消对日本豪华小汽车征收惩罚性关税的威胁。

由于在这一最后通牒中，最后出价的内容比较突出，最后时限似乎被淡化了。其实谈判之所以长达11个小时，于日内瓦时间接近午夜结束，克林顿之所以抢在华盛顿时间

6月28日的午夜前宣布谈判成功,其中,最后时限的重要性、最后出价与最后时限相辅相成的关系,是不言而喻的!

2. 最后通牒的实施

最后通牒的使用必须谨慎,因为无论是政治谈判、外交谈判、军事谈判还是经济谈判,或者其他谈判,使用最后通牒并不是一种常规的做法,充其量只是一种在特定的环境下不得已而为之的策略。因为实践证明,最后通牒常常被看作一种威胁,对手为了维护自己的尊严,为了保留选择的自由,往往对实施最后通牒的一方表示强烈的不满,甚至采取强硬的反击措施。

例如,美国通用电器公司在与工会的谈判中,采用最后通牒的谈判技巧长达20年之久。这家大公司往往在谈判刚刚开始的时候,就提出一个规定的工资标准,同时也审慎地提交了一大堆统计表、分析数字以及有关材料,来支持他们对工资的最后出价。直到1969年,通用工人心中的怨气再也压抑不住了,酿成了一场超越经济利益的大罢工。他们在纽约的报纸上刊登的罢工公告明确地宣布:他们无法忍受公司一次又一次的最后通牒的摆布,忍气吞声地在公司画下的道道上就范,他们的罢工是为自己争得安排自己命运的自由——出一口气!

可见,最后通牒不仅把对方,同时也把自己逼到了"不成功,便成仁"的境地,很容易造成双方的对抗,导致谈判的破裂。一般地说,商务谈判中,谈判者往往不愿意中断谈判。因为任何经理、老板都明白,商场竞争是何等激烈,一旦自己退出谈判,很可能有许多在旁的竞争者会乘虚而入,取代自己的位置。所以,在商务谈判中对待使用最后通牒的战术,往往是慎而又慎的。

1)何时实施最后通牒

美国克莱斯勒的前总裁亚科卡曾经这样评价最后通牒,他说:"最后通牒绝不是谈判的好办法,但是有时只能这样做。"那么在什么情况下不得已而为之呢?由于最后通牒有最后出价与最后时限的侧重点不同,所以必须分开来介绍。

(1)最后时限的实施。就最后时限而言,在对方无休止的讨价还价没完没了的情况下,可以规定最后时限,借以向对方施加无形的压力,来达到结束讨价还价的目的。

例如,1977年8月,克罗地亚的几个暴徒劫持了美国环球航空公司的一架飞机。被劫持的飞机从纽约起飞后,到达法国巴黎查尔斯·地高尔机场。在机场上,法国的警卫部队射中了飞机的机轮,使它瘫痪在机场上。警方和暴徒进行了三天紧张的讨价还价,谈判因双方要求的差距太大而没有任何结果。最后,法国警方向暴徒使用了最后时限,法国警方负责人通过扩音器,向暴徒喊话:"听着,你们高兴做什么都可以,不过美国警方代表已经到达了。如果你们现在就投降,和他们回美国去,顶多只在牢里关2年,最多不过4年。这也表示你们可能在10个月内获得假释。"

这位负责人故意停了一会儿,让暴徒们仔细考虑他的话,然后接着说:"但是,如果在一分钟内拒不投降,我们的特种部队就要进攻,那时被我们逮住的话,根据法国法律,你们就会被判处死刑。现在给你们一分钟考虑,你们准备怎么办?"在最后时限的压力之下,暴徒们投降了。

前面我们已经讲过,谈判的过程就是让步和拒绝的过程,而每次让步,就是以牺牲自己的利益去满足或服从双方的共同利益，这是任何谈判者都不情愿的。所以为了维护自己的最大利益，谈判者都尽可能地讨价还价，不到谈判结束，往往都不肯善罢甘休。其实有经验的谈判者，早在谈判开始的一两个回合中，就已经预见到谈判将在什么价位上成交，只是不到谈判结束谁都不肯轻易摊牌。这样做一方面说明谈判者尽职尽责，善始善终；另一方面，谈判者也寄希望于对方犯错误或者对方没耐心而过早让步，从而争取更好的谈判结果。所以，最后时限是对付这种谈判心理的有效手段。

（2）最后出价的实施。就最后出价而言，只有在下列情况下才可使用。

第一，谈判的一方处于极为有利的谈判地位，"皇帝的女儿不愁嫁"，对手只能找自己谈判，任何人都不能取代自己的位置。

第二，讨价还价到最后，所有的谈判技巧都已经使用过，均无法使对方改变立场，作出自己所希望的让步。

第三，讨价还价到这样一种情况，自己的让步已经到了极限，再作任何让步，都将带来巨大的损失，而对方还在无限制地提出要求。

例如，本部分前面所举的 D 国 X 公司的谈判代表对中方实施的最后通牒就属于第一种情况；而美日汽贸谈判中美国提出的最后通牒，可以说属于第二种情况；就第三种情况而言，克莱斯勒的总裁亚科卡曾经成功地使用过一次最后通牒，是不可多得的典范。

当时，亚科卡刚刚上任克莱斯勒的总裁，而克莱斯勒公司正因为工人要求提高工资的罢工而处于困境之中。果断的亚科卡明白，要挽救濒临倒闭的克莱斯勒公司，必须压低工人的工资。他首先把高级职员的工资降低了 10%，并且把自己的年薪也从 36 万美元降到了 10 万美元。然后，他告诉工会领导人："17 美元一个小时的工作有的是，20 美元一个小时的工作一件也没有。"

工会并未答应他的工资价格，双方为此进行了长达一年的讨价还价，但谁都没有作任何让步。亚科卡觉得不能再让这种局面僵持下去了，在圣诞节前几天的一个晚上，他找到了工会谈判委员会，对工会谈判代表说："明天早上以前，你们非作出决定不可。如果你们不帮我的忙，明天上午我就宣布公司破产。你们还可以考虑 8 个钟头。"聪明的亚科卡选在圣诞节前来这么一下最后通牒，迫使工会作出了让步，答应了亚科卡的工资价格。

2）实施最后通牒的技巧

最后通牒作为一种谈判技巧，和其他谈判技巧一样，都有真假之分。即可能是被逼无奈，不得不实施；但也可能仅仅是作为一种技巧，用来威胁对方，向对方施加压力的。如美日汽贸谈判中的最后时限、亚科什的最后通牒等就属于前者；而前面所举的轧钢机谈判中，D 国 X 公司的谈判代表的最后通牒就应该属于后者。就效果而言，当对方认为你的最后通牒是属于后者，即仅仅是一种策略的话，那么，你的最后通牒就会没有效果。

总之，在商务谈判中，前者应该认真对付，以免导致谈判破裂；后者则不妨考虑使用何种策略来应付对方。可见，实施最后通牒是否有效果、有威力，关键在于你能不能使对方相信你的最后通牒是真的，而不是一种策略。

所以说，如何实施最后通牒也是有技巧的。

（1）最后通牒的态度要强硬，语言要明确，应讲清正、反两方面的利害。最后通牒的语言同一般所讲的谈判语言要委婉、要留有余地的特点是截然不同的，这从美日汽贸谈判中的最后时限、亚科卡对工会谈判委员会的最后通牒、D国X公司谈判代表的"3月15日晚上12点后涨价10%"的强硬表态中，是不难体会出来的。

（2）最后通牒最好由谈判队伍中身份最高的人来表述，发出最后通牒的人的身份越高，其真实性也就越强。当然，你要改变的难度也就越大。

（3）用谈判桌外的行动来配合你的最后通牒，如同旅馆结账，预订回程的车、船、机票，给谈判人员放假去游玩当地名胜，购买当地土特产等，从而向对方表明最后通牒的决心，准备谈判破裂打道回府。

（4）实施最后通牒前必须同自己的上级通气，使他明白你为何实施最后通牒，究竟是出于不得已，还是作为一种谈判技巧，否则，你的上级很可能由于不明情况，而对你实施最后通牒横加干涉，破坏你的谈判策略和步骤。最典型的例子就是前面所举的轧钢机的谈判中，D国X公司的上层由于不明情况，干预谈判代表实施的最后通牒，因而造成了经济利益上的极大损失。

3. 运用最后通牒失败后的补救

世界上的万事万物，有生就有灭，有成功也就有失败。

更何况最后通牒这种技巧失败的比例大大超过成功的可能，所以，我们不得不研究万一最后通牒失败后如何补救的问题。一般地说，当你的最后通牒未能奏效时，不妨采取几种措施，比较体面地下台。

1）新指示法

一旦最后通牒失效，你不妨向对方说，你从上级那里获得了新的指示，可以在新的价位的基础上进行新一轮的谈判。这样无形中就把最后通牒的失误、价位变化的责任全推到了上级的头上。不过，这种"从上级那里获得的新指示"可真可假，当然，也绝没有那种傻乎乎的对手会问你是真的还是假的。

例如，前面所举的轧钢机谈判中，D国X公司的谈判代表在最后通牒失败以后，来找中方主谈。表明他接到了新的指示，愿意降低价格，同中方进行新一轮谈判。这样他以前实施最后通牒所造成的僵局，就在无形中被巧妙地解决了。

如果不是中方谈判代表经验丰富，挖了一个陷阱让对方自己往里跳的话，那么X公司的代表很可能在新一轮的谈判中，继续利用他的优势，和中方进行新一轮的讨价还价，争取他的最大利益。

2）升格法

所谓升格法，就是换一套谈判人马。由于习惯上所换的人马从级别上来讲，往往比原班人马要高一级，所以称之为升格法。用新的谈判人马来取代旧有的谈判人马，就在无形中使发出最后通牒的人和最后通牒一起成为过去，从而理所当然地开始了新一轮的谈判。

例如，皮尔斯太太因车祸受伤而向保险公司提出索赔。

她的律师贝克先生在同保险公司经过长达四年之久的"马拉松"谈判之后，由于保险公司拒绝皮尔斯太太提出的保险金额，所以贝克先生代表皮尔斯太太向保险公司发出最后通牒，要求保险公司赔偿55万美元，否则就向法院起诉保险公司。而保险公司经过计算，认为即使上法院也不会损失更大的数字，因而拒绝了贝克先生的最后通牒。

在开庭前夕，保险公司得知，贝克律师已经被另外一名律师所代替。而新律师提出新的最后通牒，要求保险公司赔偿 45 万美元，否则法庭上见。这回保险公司同意了这个数字，不上法庭了结了此案。

3）重新出价法

所谓重新出价法，它与新指示法是有本质区别的。前面介绍的新指示法，往往是降低价格和要求，是一种让步，而且是在上级的指示和授权下所采取的。重新出价法的真正含义在于，提出一种与原先出价本质根本不同的出价，是一种全新的计算方法、全新的要求、全新的条件等。而不仅仅是在原来出价基础上的让步。

举例来说，改革开放后不久，中国内地因高级豪华旅游船"昆仑号"经费不足，长期亏损，考虑合资。香港某旅行社愿意出资租赁，双方坐到了谈判桌上。谈判中中国香港方面虽然一再让步，三次加价。可是内地谈判代表态度强硬，所报的价格一成不变，甚至对香港谈判代表发出最后通牒：要么接受内地的价格，要么拉倒（谈判破裂）。聪明的香港谈判代表循循善诱地提醒内地代表考虑，是否有其他双方均能接受的方法，从而达成能使双方满意的协议？冷静下来的内地代表，感到了香港谈判代表的诚意，认真地考虑以后，提出了一个全新的方案：一改先前定期、定价的租赁方法，变为双方合作经营，即由香港方面负责组织旅客，内地分管船只的使用、维修、保养，香港方面按运营的天数支付游船的租金。

针对内地的重新出价，双方抛弃了原先的最后通牒所带来的不快，又认真地进入了新一轮的谈判，双方终于达成了一个令双方都能接受的协议，谈判取得了成功。

4. 如何对付最后通牒

如果对方对你实施最后通牒，你不必紧张，也不能流露出非常重视的神态来，你应该考虑采用下列方法来对付他的最后通牒。

1）制造竞争

对方向你实施最后通牒，目的是迫使你答应他的条件，同他达成协议。如果你不理他的最后通牒，转向第三者，摆出与第三者达成协议的架式，就有可能击败他的最后通牒。例如，在上述购买轧钢机的谈判中，中方主谈面对 D 国 X 公司谈判代表的最后通牒，转而去找 D 国 B 公司的谈判代表，摆出一副认真进行谈判的架式，并且取得了某些成果。回过头来，再以这些成果来压对方，迫使对方就范，从而击败了对方的最后通牒。

2）反下最后通牒

面对对方的最后通牒，如果你有把握、有能力击败他的话，不妨以其人之道还治其人之身，也来个最后通牒。还是上例中的中方主谈，在有了充分的把握之后，也对对方实施了最后通牒，正告对方：最后时限也是 3 月 15 日晚上 12 点，最后出价是比 B 公司的报价还低 2 000 万美元，从而狠狠地教训了那个无比狂妄的 X 公司的谈判代表。一般地说，没有十分的把握，不宜反过来下最后通牒。不然，只会将局面越弄越糟，反而不可收拾。

再如，中美新一轮的贸易战，美方先是开出了针对 500 亿美元货值的关税罚单，然后威胁再追加 1 000 亿美元。同时，激活了对中兴通讯的处罚措施，足以让这家企业消失，然后威胁调查华为。做好了这一切之后，派出了强大代表团到中国谈判。而美方代表带来的，则是一份中国不可能答应的条款。美国代表的漫天要价，是为了给自己争取更大的谈判空间，给中方带来心理震撼。至于中方，早就看透了这一切，我们提出了针锋相对的反威胁措施，给美方下了反最后通牒。

3）中断谈判

只要了解对方实施最后通牒仅仅是玩弄谈判的技巧，就不妨中断谈判，让他明白他的最后通牒意味着谈判破裂，在这种情况下，并不打算使谈判破裂的对方就会露馅儿，乖乖地收起他的那一套。例如，浙江某企业的谈判代表对付狮子大开口的对手的最后通牒，就是采用了中断谈判的高招，指着门对对方说："没什么好谈的了，你走吧……"这一棍把对方打懵了，迫使他们不得不乖乖地把价格降下来。

4）让步法

对于对方的最后通牒，你可以作出某些让步（这当然是在你原来让步的计划之内的），不过在作出让步之前，应用恰当的语言，表示对对方最后通牒的态度。然后，找些体面的理由（如以往的友好合作、个人之间的友谊、未来的合作前景等）作为让步的借口。如果在未表明态度之前就作出让步，则是在对方面前示弱，并可能鼓励对方在今后的谈判中用强硬的态度对付你。

5）抗议法

如果你不怕谈判破裂的话，可以向对方甚至向对方的上级提出抗议，然而仅仅是抗议而已，不必采取其他任何行动。这就把球踢给了对方，看他下一步采取什么样的行动。因为对方下一步最多是中断谈判，甚至宣布谈判破裂，这已经吓唬不了你。而很多情况下，如果对方见最后通牒对你不起作用，就有可能采取某种补救措施，甚至降低要价，进行新的谈判。所以，"要在乎，但不要太在乎"的心理，在这里就显得非常重要了。

视频 11—商务谈判

延伸阅读 11

新品牌成功进入超市的谈判过程

思考题

1. 什么是商务谈判？商务谈判的三要素是什么？
2. 商务谈判前的准备工作有哪些？
3. 商务谈判的报价技巧有哪些？
4. 商务谈判的让步策略与技巧有哪些？
5. 商务谈判的拒绝策略与技巧有哪些？
6. 商务谈判的"最后通牒"技巧有哪些？

参 考 文 献

[1] 罗纳德·B.马克斯. 人员推销[M]. 6版. 郭毅，等，译.北京：中国人民大学出版社，2002.
[2] [英]弗兰克·索尔兹伯里. 销售培训[M]. 北京：商务印书馆国际有限公司，1999.
[3] 韩建中 编译，实用销售——美国七十年营销经验结晶[M]. 北京：红旗出版社，1992.
[4] 吴建安 主编，实用推销学[M]. 北京：中国商业出版社，1997.
[5] 夏年喜，等 主编. 推销智慧全书（上、下）[M]. 北京：中国工商出版社，1997.
[6] 李先国 编著. 销售管理[M]. 北京：企业管理出版社，1996.
[7] 邹东和 编著. 金牌推销员速成技巧[M]. 北京：中国商业出版社，2004.
[8] 陶婷芳等 编译. 实用推销术[M]. 北京：中国对外经济贸易出版社，1993.
[9] 博瑞森 编著. 陌生拜访细节训练[M]. 北京：中国商业出版社，2006.
[10] 黄聚河 编著. 市场营销学[M]. 北京：清华大学出版社，2017.
[11] 国际商务沟通（影印版）[M]. 2版. 北京：高等教育出版社，2002.
[12] 潘肖珏. 商务谈判与沟通技巧[M]. 上海：复旦大学出版社，2000.
[13] 吴健安 主编. 现代推销学[M]. 4版. 大连：东北财经大学出版社，2014.

教学支持说明

▶▶ 课件申请

尊敬的老师：

您好！感谢您选用清华大学出版社的教材！为更好地服务教学，我们为采用本书作为教材的老师提供教学辅助资源。鉴于部分资源仅提供给授课教师使用，请您直接手机扫描下方二维码实时申请教学资源。

任课教师扫描二维码
可获取教学辅助资源

▶▶ 样书申请

为方便教师选用教材，我们为您提供免费赠送样书服务。授课教师扫描下方二维码即可获取清华大学出版社教材电子书目。在线填写个人信息，经审核认证后即可获取所选教材。我们会第一时间为您寄送样书。

任课教师扫描二维码
可获取教材电子书目

 清华大学出版社

E-mail: tupfuwu@163.com　　　　　　　　　网址: http://www.tup.com.cn/
电话: 010-83470158/83470142　　　　　　　传真: 8610-83470107
地址: 北京市海淀区双清路学研大厦B座509室　邮编: 100084